本书为2020年度安徽省哲学社会科学规划一般项目"大运河安徽淮北段出土残瓷的锔瓷金缮修补及创新性发展研究"（项目批准号：AHSKY2020D111）的研究成果

古陶瓷修复装饰研究

张红岩　著

吉林出版集团股份有限公司
全国百佳图书出版单位

版权所有　侵权必究

图书在版编目（CIP）数据

古陶瓷修复装饰研究 / 张红岩著. -- 长春：吉林出版集团股份有限公司, 2021.12
ISBN 978-7-5731-0920-0

Ⅰ.①古… Ⅱ.①张… Ⅲ.①古代陶瓷—器物修复—研究 Ⅳ.①G264.3

中国版本图书馆CIP数据核字(2021)第241800号

GUTAOCI XIUFU ZHUANGSHI YANJIU

古陶瓷修复装饰研究

著　　者	张红岩	责任编辑	刘晓敏
出版策划	齐　郁	封面设计	雅硕图文

出　　版	吉林出版集团股份有限公司
	（长春市福祉大路5788号，邮政编码：130118）
发　　行	吉林出版集团译文图书经营有限公司
	（http://shop34896900.taobao.com）
电　　话	总编办 0431-81629909　营销部 0431-81629880/81629881

印　　刷	长春市华远印务有限公司	开　本	787mm×1092mm　1/16
印　　张	13	字　数	210千
版　　次	2022年7月第1版	印　次	2022年7月第1次印刷
书　　号	ISBN 978-7-5731-0920-0	定　价	68.00元

印装错误请与承印厂联系

前　言

中国是个历史悠久的文明古国，几千年来古代先民们创造了无数的珍贵文物。这些文物记录着国家的传承和发展，为人们了解和学习历史文化提供了很好的资料。然而由于经历了长久的岁月，历史遗存下来的文物难免会有各种残缺，例如瓷器"十器九残"的破损现象较为常见，而对大运河出土残瓷进行锔瓷与金缮修补实践，从而拓展为古陶瓷修复装饰研究，如何恢复古代艺术品的原有面貌及神韵，重新构实用价值与审美价值，其社会意义重大。近年来，借助现代先进技术和先进材料，新时代融入传统的修复工艺不断取得进步，此外，我国古代陶瓷的装饰兼具实用性与艺术性，融合了装饰美和趣味美。不同时期的陶瓷装饰艺术反映出了不同的民族特点和文化底蕴，传统吉祥纹样、漆艺语言和中国画等是古代陶瓷装饰艺术的主要元素，这些元素对我国现代陶瓷艺术的造型设计、装饰设计具有一定的借鉴意义。

《古陶瓷修复装饰研究》一书在内容安排上共设置六章：第一章探讨文物保护与修复基础，内容包括文物的来源及分类、文物的价值功用与特点、文物保护工作的实施过程、文物修复的道德准则；第二章解读古陶瓷及其修复环境设施，主要包括陶器与瓷器的认知、古陶瓷修复的界定与类型、古陶瓷修复工作室的建设、古陶瓷修复工具与常用材料；第三章围绕检查与记录、清洗与拆分、拼接与加固、陶瓷器配补、陶瓷器上色剖析古陶瓷修复的工艺流程；第四章解读古陶瓷修复的方案，内容包括古陶瓷的考古修复、古陶瓷的展览陈列修复、古陶瓷的商品修复、传统锔瓷手艺的存续与创新传承、古陶瓷修复的新技艺——金缮；第五章从古陶瓷上的鱼纹装饰、古陶瓷装饰中的色彩运用、古陶瓷装饰技法——剔花、古陶瓷中的"局部铜红釉装饰"和釉里红装饰不同角度探究古陶瓷的装饰方法；第六章研究萧窑和烈山窑古陶瓷的绘画装饰艺术。本书撰写目的清晰，针对性明确，以实用性出发，深入浅出地讲解了古陶瓷修复所需材料、制作步骤及要领，具有很好的实践指导意义。

在撰写本书的过程中，得到了许多专家学者的帮助和指导，还接受安徽省哲学社会科学规划项目的资助，在此向他们表示诚挚的谢意。由于笔者水平有限，加之时间仓促，书中所涉及的内容难免有疏漏之处，希望各位读者多提宝贵意见，以便笔者进一步修改，使本书更加完善。

目　录

第一章　文物保护与修复基础 ·· 1
第一节　文物的来源及分类 ··· 1
第二节　文物的价值功用与特点 ·· 15
第三节　文物保护工作的实施过程 ······································ 21
第四节　文物修复的道德准则 ·· 32

第二章　古陶瓷及其修复环境设施 ···································· 34
第一节　陶器与瓷器的认知 ·· 34
第二节　古陶瓷修复的界定与类型 ······································ 53
第三节　古陶瓷修复工作室的建设 ······································ 54
第四节　古陶瓷修复工具与常用材料 ···································· 55

第三章　古陶瓷修复的工艺流程 ······································ 63
第一节　检查与记录 ·· 63
第二节　清洗与拆分 ·· 73
第三节　拼接与加固 ·· 84
第四节　陶瓷器配补 ·· 94
第五节　陶瓷器上色 ·· 104

第四章　古陶瓷修复的方案 119
第一节　古陶瓷的考古修复 119
第二节　古陶瓷的展览陈列修复 123
第三节　古陶瓷的商品修复 127
第四节　传统锔瓷手艺的存续与创新传承 132
第五节　古陶瓷修复的新技艺——金缮 136

第五章　古陶瓷的装饰方法探究 166
第一节　古陶瓷上的鱼纹装饰 166
第二节　古陶瓷装饰中的色彩运用 170
第三节　古陶瓷装饰技法——剔花 173
第四节　古陶瓷中的"局部铜红釉装饰"和釉里红装饰 175

第六章　萧窑和烈山窑古陶瓷的绘画装饰艺术 179
第一节　绘画艺术对萧窑和烈山窑古陶瓷的影响 179
第二节　萧窑和烈山窑瓷器装饰手法与美学追求 183
第三节　萧窑和烈山窑古陶瓷对现代陶瓷艺术的启示 189

参考文献 193

第一章　文物保护与修复基础

第一节　文物的来源及分类

一、文物的来源

（一）文物的概念界定

文物，在国际上尚无一个被各国共同确认的统一的定义。我们认为文物是指人类社会发展过程中，由人类创造及与人类活动有关的具有历史、艺术、科学和纪念价值的古代、近代乃至现代的物质文化遗存（如遗物、遗迹）的总称。

文物两字合用，在中国出现得很早，但其在不同时代有着不同内涵，且称谓也不同。"文物"一词最早始见于："夫德，俭而有度，登降有数。文物以纪之，声明以发之，以临照百官，百官于是乎戒惧，而不敢易纪律。"（《左传·桓公二年》）这里"文物"其意为文字依附于物体。其后，也有关于"制衣裳，备文物"（《后汉书·列传·南匈奴列传》）的记载，这则引文中的所谓"文物"系指当时的礼乐典章制度，与现代所指"文物"的涵义有别。至唐代，从骆宾王诗云："文物俄迁谢，英灵有盛衰"（《夕次旧吴》）及杜牧诗云，六朝文物草连天，天淡云闲今古同"（《题宣州开元寺水阁阁下宛溪夹溪居人》），可知诗句中所指"文物"，其涵义已接近于现代所指文物的含义，即指前代遗物。到北宋中叶，以青铜器、石刻为主要研究对象的金石学兴起，以后其研究范围又逐渐扩大到其他各种古代器物，并把这些器物统称为"古器物"或"古物"。明代和清初，则较普遍把"文物"称为"古董"或"骨董"。清乾隆年间开始又称文物为"古玩"。唐宋明清各代对文物的称谓虽然不同，但含义基本相同。不过，在很多场合，古董、骨董、古玩指书画、碑帖以外的古器物。

1912—1949年，称文物为"古物"，且古物的概念和内涵已较唐宋明清各代所称的文物、古董、骨董、古玩更为广泛。如1930年颁布的《古物保存法》明确规定："本法所称古物是指与考古学、历史学、古生物学及其他与文化有关之一切古物而言。"至20世纪30年代，"文物"一词又重新出现。如1935年编辑出版了《旧都文物略》，同年又成立了专门负责研究、修整古代建筑的"北平文物整理委员会"。这表明当时的"文物"概念已包括了古建筑等不可移动的文物。

中华人民共和国成立后，由中央人民政府政务院及后来的国务院，各省、市、自治、直辖市区人民政府和中华人民共和国文化和旅游部或国家文物局，各省、市、自治区文物管理委员会（或文物管理处）颁发的文物法令、法规、通知、条例等均沿用了"文物"一词。直到1982年全国人民代表大会常务委员会通过了《中华人民共和国文物保护法》，才把"文物"一词及其包括的内容用法律形式固定下来。"文物"的内涵实际上包括了可移动的和不可移动的一切历史文化遗存，在年代上不仅限于古代，而是包括了近、现代，直到当代。但是，20世纪90年代出版的一些有关文物的书籍甚至辞书的书名仍用"古董""古玩"一类词。这类用词不当，会造成概念上的混乱。

世界上的国家对不同类别的文物，均各有其通常使用的名称，且尚无概括所有类别文物的统称。如欧洲在17世纪英文和法文中都使用antique一词。此词的来源，一说是源于拉丁文ante，原意是古代的、从前的；另一说这个字系直接来源于法文。这一词开始作为名词使用时，主要是指古希腊、古罗马的文化遗物，后来才逐渐发展为泛指各时代的艺术品，其词义接近于中国所谓的古物、古董。日语所说的"文化财"，虽近似中国所指的文物，但其涵义和范围又不尽相同。埃及所用的阿拉伯文中与中国所称文物的概念是基本相同的。1983年埃及颁布的《埃及文物保护法》规定，在埃及领土上出现的或与其历史有联系的，凡史前、历史上各时代直至一百年前的与各种文化、艺术、科学、文学和宗教有关的一切具有考古价值或历史意义的动产和不动产均属文物。

在国际上，由联合国教育、科学及文化组织（简称联合国教科文组织）会议通过的一些有关保护文物的国际公约中，一般把文物称作为"文化财产（cultural property）"或者"文化遗产（cukural heritage）"，二者的内涵并非等同的。

上述表明，迄今为止，世界各国对文物的称谓仍不一致，其内涵和范围也有所不同，而尚未有被各国共同确认的文物定义。但对文物是指具体的物质遗存，应具备两个基本特征的认识已较一致，这两个基本特征是指：第一，必须是由人类创造的或是与人类活动相关的；第二，必须是已经成为历史的且不可能重新创造的。

（二）文物的内涵阐释

关于文物的内涵，世界各国或组织的阐释也有所不同。

联合国教科文组织于1970年11月14日在巴黎通过的《关于禁止和防止非法进出口文化财产和非法转移让其所有权的方法的公约》中的第一条规定："具有重要考古、史前史、历史、文学、艺术或科学价值的财产"属"文化财产"。其具体包括以下内容。

1. 动植物、矿物、人体骨骼稀有收集品和标本，古生物学具有重要研究价值的实物。

2. 有关历史，包括科学史、技术史、军事史及社会史，与国家领袖、思想家、科学家、艺术家之生平有关的财产及和国家重大事件有关的财产。

3. 考古发掘（包括正式发掘和秘密发掘的）或考古发现的成果。

4. 已被拆解的艺术或历史纪念建筑或考古遗址的组成部分。

5. 一百年以前的古物，如铭文、钱币和雕刻印章。

6. 具有人种学研究价值的实物。

7. 具有艺术价值的财产。如：①完全用手工不管用什么材料和在什么质地上制作的绘画及草图（工艺设计图和手工装饰的工业产品不包括在内）；②用任何材料制成的雕塑及雕塑艺术品原件；③版画、印及平板画的原件；④用任何材料组集或拼集的艺术品原件。

8. 单本或整套的珍贵手稿及古书、公文及有特殊意义的（历史、艺术、科学、文学等）出版物。

9. 单张或成套的邮票、印花税票及类似的票证。

10. 档案，包括录音带、照片、电影摄制档案。

11. 一百年以前的家具和古乐器。

联合国教科文组织于1972年11月16日通过的《保护世界文化和自然遗产公

约》第一条中规定"文化遗产"包括"从历史、艺术或科学角度看具有突出的普遍价值的建筑物、碑雕和碑画、具有考古性质成份或构造物、铭文、窟洞以及景观的联合体";"从历史、艺术或科学角度看在建筑式样、分布均匀或与环境景色结合方面具有突出的普遍价值的单立或连接的建筑群";"从历史、审美、人种学或人类学角度看具有突出的普遍价值的人类工程或自然与人的联合工程以及包括有考古地址的区域"。

2017年11月4日,第十二届全国人民代表大会常务委员会第三十次会议第五次修订的《中华人民共和国文物保护法》第二条规定受国家保护的文物包括:"(一)具有历史、艺术、科学价值的古文化遗址、古墓葬、古建筑、石窟寺和石刻;(二)与重大历史事件、革命运动或者著名人物有关的以及具有重要纪念意义、教育意义或者史料价值的近代现代重要史迹、实物、代表性建筑;(三)历史上各时代珍贵的艺术品、工艺美术品;(四)历史上各时期重要的文献资料以及具有历史、艺术、科学价值的手稿和图书资料等;(五)反映历史上各时代、各民族社会制度、社会生产、社会生活的代表性实物。"此外,虽古脊椎动物化石、古人类化石不属文物,但具有科学价值的古脊椎动物化石和古人类化石同文物一样到国家保护。

上述联合国教科文组织的公约和中国文物保护法有关文物的条款,表明中国的文物内涵与联合国教科文组织的文化财产、文化遗产的内涵基本一致,但中国的文物内涵包含的范围更大。总之,凡具备历史价值、科学价值、艺术价值、纪念价值的文化遗迹、遗物均属文物,这些不可再造的弥足珍贵的文物,是全人类的共同财富。

(三)文物的定名

文物的定名,系指对各类器物名称的确定。为使文物定名具有统一性,需根据大家共同接受的文物定名原则进行;为做到文物定名的正确性,需按照行之有效的方法进行。

1.文物定名的基本原则

在对文物进行定名的实践过程中,逐步累积经验,总结出如下几条定名原则,也即定名的主要根据。

(1)有自名的器物,要依自名定名。即有铭文的器物,若已有自名的,就得依其自名定名，而不再另取新名。

（2）根据约定俗成定名。即某器物已在史籍著录中定过名，一般不再另取新名，以免与旧称混淆不清。

（3）对史籍著录所定器名，是否沿用历代著录，需结合实物作一番考证，若有误需纠正，予以重新定名。

（4）对没有自名，也未见史籍著录的文物，可根据其造型、用途予以定名。

（5）对某一器物进行定名时，要专家共同研究，力求定名准确无误，能取得学术界的认可。

2.文物定名的主要方法

文物定名的方法有多种，上述有些定名原则，实际上也是定名的方法。现将主要方法归纳如下：①依自名定名；②沿用大家认可的著录已有的器名来定名；③根据器物的造型特点结合用途定名；④参考民族学材料进行定名；⑤采用约定俗成的方法定名，即也可用已长期被沿用的器名作为拟定的器名。

二、文物分类

（一）文物的分类原则

文物分类是研究文物的基本方法之一，并发展成为文物学的分支学科——文物分类学。由此可见文物分类在文物研究、文物教育和文物教学中所处的重要地位。

文物具有可分性，也就是说文物可以进行分类。这首先要制定文物分类的标准，进而选择所需的相应的分类方法，最后遵循一定分类原则进行。文物分类应遵循以下重要原则。

第一，遵循同一标准，是进行文物分类的重要原则之一。若以价值高低为标准划分文物，就要以文物定级的标准为标尺，把各类文物划分为若干等级。如中国把收藏的文物划分为三个等级，即一级文物、二级文物和三级文物；而把保护单位也划分为三个等级，即国家级、省级（含省、自治区、直辖市）、县市级三级，分别由国务院、省、县市各级政府公布并树立保护标志。这两种分类，因遵循同一标准而划分，所以其结果均呈"金字塔"形关系。

第二，按一定标准把同类文物划归为一类是文物分类的又一重要原则。这一原则可以指导我们选取某一分类标准把各种各样的文物划归为几个不同的大类，而后在大类中再进一步分成小类。至于选择何种分类标准，则根据收藏、宣传、研究、保护、教学的需要而定。如根据质地分类，可把各种器物分为石器、玉器、陶器、铜器、铁器、金器、银器、瓷器、木器、竹器等，如若依用途分类，又可把陶器进一步分为烹饪器（鼎、甑、鬲、甗）、饮食器（盆、罐、豆、碗、杯）、贮器（瓮、缸）等。

第三，一种分类法只能依一个标准是文物分类的另一重要原则。由于文物十分庞杂，又涉及收藏、保护、宣传、研究等问题，所以文物分类不是只用一个标准和一种方法就能奏效的，而是要根据需要制定多种标准和采用多种方法进行分类。但方法是由标准决定的，即拟用什么样的分类方法，就要用相应的分类标准来界定。换句话说，在采用某一方法进行文物分类时，不能同时或交叉使用两个标准对文物进行分类，而只能用一个方法、一种标准。也只有遵循这一原则，文物分类才是科学的，才能达到预期目的。不过，为适应收藏、保护、宣传、科研之需，在经同一标准划分出来的大类中，采用另一种标准和方法将大类又逐步分成小类，则是被允许的。如以质地为标准划分出铜器类，可进一步依铜器所含成分划分为红铜、黄铜、青铜器，还可进一步依各类铜器的用途不同而再进行细分。

第四，对复合体文物进行分类，是以约定俗成为原则。所谓复合体文物，是指以明显不同质地的材料（非仅指含金属材料）制成的器物。此外，漆器是将木胎、竹胎、夹纻胎等表面涂漆制成的日常用具、工艺品、美术品等，因此以质地而论，也当将其归为复合体文物类。所谓"约定俗成"原则，是指在长期分类实践中形成的行之有效的原则，并以器物的主要质地和复合材料中的某种材料对器物功能起决定作用，作为划分的科学根据，而不是主观臆造出来的。例如，中山王墓出土的铁足铜鼎，因其主体是铜质，所以可归入铜器类。至于漆器，虽胎体各异且是主体，但因表面涂漆，且漆具有耐潮、耐高温和防腐蚀等特殊作用而使器物更为美观、大方和耐用，并增长了价值，故凡涂漆的器物统归漆器类。而鎏金铜器（如河北满城汉墓出土的鎏金铜牛）的归类则与漆器的分类标准相反，归入铜器类，而不归入金器类，原因是其主体是铜质，而金只是起装饰作用。类似的例子还有很多，可以此类推进行分类。

（二）文物分类的主要方法

上文我们谈到文物分类应遵循的原则，也涉及分类标准问题。拟用什么样的标准进行文物分类，就应选用相应的分类方法。方法由标准决定，所以有几种分类标准，就有几种分类方法。一般来讲，文物分类标准的制定和文物分类方法的运用，均视文物收藏、保护、宣传、研究、教学的需要而定。截至目前，中国已采用的文物分类方法主要有：时代分类法、区域分类法、存在形态分类法、质地分类法、功用分类法、属性（性质）分类法、来源分类法等，现分述于下。

1.时代分类法

时代分类法，是指以文物制作的时代为标准，对文物进行分类的方法。所有的文物均是时代的产物，它蕴含着该时代的政治、经济、军事、文化、艺术、科学等多方面信息，这是文物依时代分类的依据。同时也有助于更好地通过研究各时代文物来进一步研究历史，所以这是文物分类的重要方法之一。

在以时代为标准对文物进行分类时，要注意世界各国的共性和特性。如有的国家分石器时代文物、铜器时代文物、铁器时代文物。中国分古代文物、近现代文物。古代文物中的史前文物又分为旧石器时代文物和新石器时代文物，为便于研究，还可再详细划分为早、中、晚期文物。古代文物，一般是按朝代划分，而不是依纪年划分。这同文物分类只注重相对年代而不像研究某一件文物那么注重绝对年代有密切关系。因此，古代文物一般分为夏代文物、商代文物、周代文物、战国文物、秦代文物、汉代文物、三国文物、魏晋南北朝文物、隋代文物、唐代文物、五代十国文物、宋代文物、辽代文物、金代文物、元代文物、西夏文物、明代文物、清代文物。其中还可以王朝进一步详细划分，以利于研究和宣传。

2.区域分类法

区域分类法，是以文物所在地点为标准，对文物进行分类的方法。此法以文物（出土、收藏、保存）所在区域为依据进行分类。区域分类法的优点是：通过区域分类，使人们对某个区域的文物有较全面的了解，为研究该地区的历史提供较全面的资料，且对文物实行区域性管理大有裨益。

一般而言，以区域分类法对文物进行归类，应先对区域范围进行界定。有的以自然地理位置为区域范围，还有的以山系、水系为区域划分，这类区域缺乏严格界线。一般应以国家权力机关或政权机关批准的行政区划为区域范围作标准进行文物分类。中国以三十二个省、自治区、直辖市和两个特区为区域范围进行文物分类，如通常所称的北京文物、河北文物、河南文物、山东文物、山西文物、陕西文物、甘肃文物、青海文物、新疆文物、西藏文物、内蒙古文物、黑龙江文物、吉林文物、辽宁文物、天津文物、江苏文物、上海文物、安徽文物、浙江文物、福建文物、湖北文物、湖南文物、四川文物、重庆文物、云南文物、贵州文物、广西文物、广东文物、海南文物、香港文物、澳门文物、台湾文物等。其中各省、自治区、直辖市和特区文物还包括可移动的文物和不可移动的文物。依这一区域划分方法，还可以进一步以市、县行政区划进行划分。全国文物保护单位分国家级，省（自治区、直辖市）级，市、县级三级保护单位；文物志分中国文物志，省（自治区、直辖市、特区）文物志，市、县文物志三级编写，就是以区域对文物进行分类的。而以自然地理的相对位置以及以山系、水系来进行的区域分类，如中原文物、边疆文物，又如泰沂山系、燕山南北、黄河流域、长江流域等区域，这虽在文物分类中不易掌握且一般不使用，但文物研究和考古学研究则可以采用，因为史前根本没有行政区划，而在古代，行政区划也常有变化。如史前某一文化系统，各原始文化的分布区域往往不与今天的行政区划相吻合，所以采用以自然地理的相对位置或以山系、水系划分区域的方法，有利于文物研究和考古学研究。

3.存在形态分类法

存在形态分类法，是以文物自体是否可移动为标准进行分类的方法。据此，我们可以把文物划分为可移动的文物和不可移动的文物两大类。

可移动的文物是指收藏（主要是馆藏）文物和流散文物，其特点是种类多，体量小，可根据收藏、保管、陈列、研究、教学需要随意移动，变换地点。可移动的文物主要有：石器、玉器、陶器、骨器、角器、牙器、蚌器、铜器、铁器、金器、银器、瓷器、漆器、工艺品、艺术品、装饰品、书画、古文献等。

不可移动的文物，一般来说，凡属文物史迹统归此类。种类多、体量大，不能或不宜整体移动是其特点。不可移动的文物，如古遗址中的旧石器时代的周口店北京人遗址；又如新石器时代仰韶文化姜寨遗址、牛河梁红山文化遗址；再如古墓葬中的秦始皇陵；古代的古建筑、石窟寺、石刻及近现代的纪念建筑、纪念地等。在这里必须进一步指出的是所谓不可移动，实际上并非绝对的。有的是绝对不可移动的，如北京猿人遗址、古建筑群、石窟寺等。而有的则是相对而言的，有些文物史迹因特殊情况，必须迁移，经批准也可以迁移，如位于黄河三门峡水库淹没区的永乐宫迁至芮城县城北，长江三峡库区范围内的白帝城、屈原祠外迁等。此外，有些本属建筑群组成部分的殿宇、牌坊、石碑等，若仅残存单体，也有为方便保护和宣传而迁移的。如泉州海外交通史博物馆、厦门大学人类学博物馆就收藏了一部分散见于野外的石碑，陕西西安还建有一座以碑林为主题的博物馆。

4.质地分类法

质地分类法，是以文物载体的质地（材料）为标准，对文物进行分类的方法。这一方法以文物是人类选用某一种物质材料制作而成的物质文化遗存为依据，又以方便收藏、保管、陈列、教学和对各种材质的文物的深入研究为目的。这一方法主要用于对古器物的分类。当今世界各国博物馆对馆藏文物的分类大多采用此法，中国也不例外。而且此法在中国的运用可以追溯到宋代。例如，宋代吕大临所撰《考古图》，是按质地对古器物进行分类撰成的。它是现存世界上已知的年代最早的按质地分类撰就的较系统的古器物图录。其中所收录的古器物，除铜器外，主要是玉器，其第八卷已单独著录玉器就是明证。

按质地分类时，遇到由两种以上材料制成的文物，用直观的方法可确定其主要材料，可依约定俗成的方法进行分类，如商代的铁刃铜钺，因主体是铜质，所以可归入铜器类。随着现代科学技术引入文物检测，对古器物进行物理鉴定或化学成分分析，对文物质地的判定将更加科学，也将为文物藏品按质地分类提供更为科学的依据。

5.功能分类法

功能分类法，是以文物的用途为标准，对文物进行分类的方法。文物是人类因生产、生活之需而创造和制作的物质文化遗存，因而每一种、每一件文物都是人们为达到某种功利目的而创造和制作的，所以每一种、每一件文物都有它的用途。而文物的功能往往与其形体有密切关系。文物的形体是具体、形象、直观的，而功能蕴含于形体之中，并通过人利用其形体而发挥作用。这就是功能分类法的依据。此法也是世界各国从事文物学、考古学研究常用的方法之一。

按功能对文物进行分类，可不受文物的年代和质地的限制，把不同时代、不同质地但功能相同的文物划归为一类。这有助于对文物进行更深层次的研究。例如，古器物中的农具类，按质地可分为石、木、骨、角、蚌、陶、铜、铁农具等；依用途可分为耕地、播种、中耕、收割等农具。不同质地的各类农具，其产生的年代既有相同的又有具有早晚关系的。因而运用功能分类法把农具类从各类文物中划分出来，再把农具类中时代不同用途相同的农具进一步分类。这对研究农具的产生、发展、变化以及在不同历史时期的地位与所起的作用，甚至是对研究农业发展史都具有重要价值。又如文物史迹中的建筑类，史前（新石器时代）的建筑可分为住房建筑、公共活动场所建筑、坛庙建筑、围墙建筑、围壕建筑，此后的建筑，在新石器时代建筑基础上又有新的发展，出现了宫殿建筑、寺庙建筑……依功能在建筑类中进一步较详细地分类，对于各类建筑的产生和演变发展关系及建筑史的研究是十分必要的。

6.属性分类法

属性分类法是以文物的社会属性、科学文化属性为标准，对文物进行分类的方法。也即以文物的性质为标准进行分类的方法。这是以文物是人类有意识、有功能目的的社会活动的产物为依据的。既然人们创造、制作的生产用具、生活用具、装饰品、艺术品、其他用品及建造的建筑物，均具有社会性、目的性，那么它们也就必然会被打上文化传统的烙印。

文物属性是由文物的用途及其内涵所决定的，因而要想较有把握且较准确地确定文物的属性（即性质），就应首先研究文物的用途及其文化内涵，由此可见，对文物进行分类的过程，也是研究的过程。按属性对文物进行分类，大致可划分以下几类。

（1）工具类：此类文物指为从事生产活动之需而制造的器具，包括农业工具、渔猎工具和手工业工具等。

（2）生活用具类：此类文物指为适应生活之需而制造的器具。包括烹饪器（鼎、甗、甑……）、饮食用具（盆、罐、碗、杯……）、酒器（觚、爵、樽……）、盥洗器（盘、匜）、家具（几、案、桌、椅……）及其他类（灯、镜、熏炉）等。

（3）建筑类：此类文物指古代建筑、民族建筑、宗教建筑、民居建筑等。

（4）交通工具类：此类文物指为方便交通和贸易而制造的车、船、车马器等交通工具。

（5）兵器类：此类文物指为防御或战争之需而制造的兵器，包括杀伤武器（戈、矛、戟、钺、刀、弓箭……）及防御用的盔、甲等。

（6）礼器类：此类文物指专供大典、祭祀用而制造的器物。如大型青铜鼎、玉琮、玉璧等。

（7）明器类：又名"冥器"，此类文物指专为死者制造的随葬品。随葬品中除有实用生活工具、生活用具、礼器、兵器、乐器、车马器及死者生前所用装饰品类外，也有专门为死者随葬用而仿各类实用器制作的各种器物，还有房屋、家具、车、船模型等，这些均属明器类。从新石器时代到明清，历代均有发现。

（8）俑类：此类文物指为随葬而模拟人物、动物雕塑的人物像、动物像。俑是为取代残忍时殉葬人和牲畜而发明和制作的，是一种文明进步的体出。人物俑中有侍俑、仪仗俑、乐仗俑等，动物俑中有猪、狗、牛、马、羊、鸡、鸭、鱼、龟、鳖等。

（9）科技类：此类文物指直接表现科学技术为内容的器物，不是泛指包含科技信念的文物。如天文图、建筑图、圭表、漏壶、日晷、浑天仪、简仪、古地图、古医针、帛画《导引图》《灸法图》、铜人、古医疗器械、医书及其他科技类古籍等。

（10）民族类：此类文物指具有民族特色的某一民族的文化遗存。它从不同侧面反映了该民族在具有多民族共性的大家庭中保存了本民族的生产、生活、文化、艺术、宗教、服饰、习俗等特色的实物资料。如民族建筑、民族服饰、民族文化用品、民族乐器等。

（11）民俗类：此类文物指反映民间风俗习惯的实物。其范围较为广泛，涉及社会生活和文化、娱乐的各个领域。如中国婚姻嫁娶用的轿、三寸金莲鞋、鼻烟壶、水烟斗、民族服饰、民间工艺品，等等。

（12）乐器类：此类文物指用于吹、拉、弹和敲击用的乐器。如笛、笙、二胡、五弦琴、古筝、琵琶、钟、鼓等。

（13）戏剧类：此类文物指民间戏剧用品，如皮影戏、木偶戏中的人偶等。

（14）艺术类：此类文物指供观赏的陈设艺术品。如绘画、书法、雕塑等。

（15）体育类：此类文物指体育用具和反映体育的艺术品、工艺品。如相扑铜牌、围棋盘及棋等。

（16）纪念类：此类文物指具有纪念意义、教育意义和史料价值的文化遗存。

（17）革命类：此类文物指在近、现代革命斗争中遗留下来的具有重要纪念意义、教育意义和史料价值的建筑物、遗址和纪念物品。

（18）礼品类：此类文物指国家间、友好城市间、各国领导人间或者各国体育代表队及团体间相赠送的礼物。

7.来源分类法

来源分类法是以文物藏品的来源为标准，对文物进行分类的方法。此法仅适用于博物馆、纪念馆等文物保管和研究机构或文物收藏单位对文物藏品的分类。这些单位的文物，都应有其来源，这是运用此法的依据。而为收藏、保管、宣传、文物研究和考古研究提供可靠的文物来源，是运用此分类方法的目的。因此，这也是这些单位对文物进行分类所必不可少的方法之一。

一般而言，文物收藏单位的藏品来源是多样的。其主要来源有：

（1）发掘：考古发掘发现的大量文物，是文物藏品的主要来源。在记述文物来源时必须注明详细的出土地点，这类文物来源最可靠也最重要。

采集：考古调查采集的文物，也是文物藏品的来源之一，在记述来源时，也应注明采集地点。

征集：征集文物也是增加藏品的重要渠道之一。文物征集工作，主要是征集流散文物（包括生产中发现的和其他方式得到的被私人收藏的出土文物和传世品）和革命文物、纪念品等。征集方式也有多种，诸如收购、自愿上缴、赠送（可适当奖励）、动员交出本应归国家所有而被私人收藏的文物等。在记述来源时应注明征集的地点、收藏人的姓名等。

拨交：此种来源的文物指单位间互通有无或一个单位支援另一个单位的文物。在记述来源时应注明由何单位拨交而来。如厦门市博物馆曾接收厦门文物店拨交的一批文物，又如新建的深圳市博物馆也曾接受几个单位拨交的文物。此外，还有公安、海关将没收文物走私犯窝藏的文物拨交给文物收藏单位。

拣选：此种来源的文物指从废品收购站（文物被当作废品收购）、银行

（金、银质文物流入银行）、冶炼厂和造纸厂中拣选出来的文物。在记述来源时应注明从何站、何厂拣选的。

挑选：此种来源的文物指在进行存档资料整理时，注意发现挑选出来的文物。

交换：此种来源的文物指文物收藏单位根据国家文物法规允许而开展的单位间的文物交换，以相互调节余缺。

捐赠：即文物收藏单位接受文物鉴赏家、文物收藏者及工程中发现和私藏者的捐赠。

8.价值分类法

价值分类法是以文物价值为标准，对文物进行分类的方法，即以文物具有的历史、艺术、科学、纪念价值为标准进行分类。文物价值的高低是采用此法分类的依据，而更有利于收藏、保管、保护、宣传和研究是采用此法分类的目的。采用此法分类需首先对文物进行鉴定、评估，确定其价值的高低，所以分类的过程也是研究的过程。依中国文物法规，对文物价值高低的评估，即对文物史迹和文物藏品的评估，均采用分三级进行评定。

（1）对文物史迹价值的评估，即对古遗址、古墓葬、古建筑（含桥、塔、亭）、石窟、石刻、纪念建筑等价值的评估，经鉴定，依其价值高低，分为三级，分别是全国重点文物保护单位（现已公布500处）、省（自治区、直辖市、特区）文物保护单位和县（市）文物保护单位。

（2）对文物藏品价值的评估，即对石器、玉器、陶器、漆器、青铜器、金器、银器、铁器、瓷器、书画等价值的评估，经鉴定，依其价值高低分为一级文物、二级文物、三级文物。

9.综合分类法

综合分类法是指以两种以上标准对文物进行分类，如以文物的性质和用途进行分类。依此法把文物分为以下几类。

（1）遗址类：此类遗址包括古代文化遗址、作坊遗址、城址、采矿遗址等。如中国旧石器时代的元谋人遗址、北京人遗址、山顶洞人遗址、汉长安城遗址、楼兰故城遗址、汉魏洛阳故城、隋大兴唐长安城遗址等。

（2）墓葬类：此类遗迹依墓结构可分为土坑竖穴墓、洞穴墓、土堆墓、崖墓；依葬具可分为悬棺葬、瓮棺葬、船棺葬、棺椁葬；依墓壁装饰可分为画像石墓、画像砖墓、壁画墓；依墓主身份又可分为帝王陵寝、士大夫墓、贵族墓、平民墓。

（3）建筑类：此类文物包括遗迹和实体。依建筑用途可分为宫殿建筑、道观、寺庙、祭坛、石窟、衙署、祠堂、民居、亭、台、榭、阁、塔、桥、经幢、牌坊、华表等。

（4）农业类：此类文物包括农业工具（石斧、铲、镞、木耒、骨耜等）、农田与水利设施（田、渠、堰、井）、灌溉用具（桔槔、辘轳、龙骨车等）、收割工具（石镰、蚌镰、青铜镰等）、储粮的粮仓、粮食加工工具（石磨棒、磨棒、杵、臼等）及反映农业生产的陶塑、石刻，等等。

（5）纺织类：此类文物包括纺织工具、缝纫工具、纺织品（葛、麻、棉、丝、毛等织品）、染料等。

（6）冶金类：此类文物包括用铜、铁、金、银、铅、锡锻打或铸造而成的礼器、乐器、烹饪器、工具、用具、符节、工艺品、艺术品、装饰品等。

（7）陶瓷类：此类文物包括陶器、瓷器、三彩器、紫砂器，除日用器皿外，还有雕塑、玩具、工艺品、艺术品（雕塑人物、动物、植物）、梅瓶、魂瓶、明器、俑（人物、动物、生肖俑等）、枕、砚等。

（8）货币类：此类文物包括贝币、铜钱币（如布币、刀币、蚁鼻钱、秦半两、汉五铢等）、金币（如郢爰等）、银币（如银圆等）、皮币（如白鹿皮币）、纸币（如交子等）及压胜钱等。

（9）绘画类：此类文物依载体可分为陶画、石画、地画、岩画、壁画、帛画、绢画、纸画等。

（10）石刻类：此类文物包括碑、碣、墓志、摩崖石刻、画像石、石经、经幢、石造像等。

（11）天文类：此类文物包括星图、表、日晷、滴漏、浑天仪、简仪、水运仪像台、观星台、观象台等。

10.综合概括分类法

综合概括分类法是指从旅游和鉴赏角度来研究文物而进行的一种分类法。此种方法分为以下几类。

（1）遗址、建筑物：此类文物包括远古文化遗存、古墓葬及石窟寺、宫殿、寺观、桥梁、古塔、石刻等；还有同重大历史事件、革命运动、重要人物有关又具有特定纪念意义的近、现代建筑。

（2）反映各时代社会制度、社会生产、社会生活的代表性物品：这方面的实物不胜枚举，如礼、乐、刑、衡器、衣、食、住、行方面的遗物，还有工、农、商、战方面的遗物。

（3）古代字画、图书、文献资料：此类文物包括不同阶段、不同社会集团、党派对内和对外活动的文书档案。

第二节　文物的价值功用与特点

一、文物的价值功用

所谓文物价值，是指文物的用途及其所起的积极作用。

文物价值体现在文物自身，它具有有形价值和隐形价值双重特性，而文物价值的高低又是由文物自身决定的，所以它又具有客观性。因而对某类文物所具有的价值评估必须实事求是、力求客观。但由于对文物价值的评估，涉及的知识面很广，如需要历史知识、文化艺术和科学修养等。此外，对文物的评估是否客观，也涉及研究者的立场、观点、方法、科学态度和学术水平等。而文物研究者的知识面不同，立场、观点、学术态度和学术水平也不同，因而对文物本身所具有的价值高低的评估会有不同看法，甚至出现相反意见。因此，对文物的评价一定要力求客观，以免造成不必要的混乱或损失。

在漫长的人类历史长河中，人类创造的物质文化作品不计其数，遗留至今的物质文化遗存的数量也难以估计，因而哪些属于文物就需要有一个标准予以界定。

一般而言，文物应具有历史、艺术、科学价值。但事实上有的文物并非三种价值皆具备，其中有的仅具有一种价值。至于近现代的遗物、遗迹，是否确定为文物，要视其是否具有典型代表性和纪念价值而定，如若具有纪念价值，则也属于文物。因而就整体而言，文物应是具有历史、艺术、科学和纪念价值的遗物、遗迹。

二、文物的特点

上文我们谈到文物价值具有客观性，具备历史、艺术、科学和纪念价值的物质文化遗存、精神物化遗存可确定为文物，换句话说，文物应具备历史、艺术、科学和纪念四种性质。

（一）文物的历史性

文物，无论是遗物还是遗迹，都是人类历史上创造的物质文化遗存，因此它必然具有历史性。而文物，又是一定历史时期人类适应生产、生活和其他社会活动之需的产物。因此，它被打上时代的烙印，体现出明显的时代特征，蕴含着该时代的各个方面的信息，具有历史的阶段性。由此可见，我们可以通过文物从不同的侧面探讨人类的整个历史和某一历史时代乃至同一时代中的不同历史时期的政治、经济、军事、文化、艺术、科学、宗教和习俗等。这就是文物所具有的历史价值。

由于文物具有历史性、时代性，它蕴含着人类历史及时代的诸多信息，因而通过对它的研究，可以从中获取种种信息，使我们得以较具体而形象地认识历史，恢复历史的本来面目。例如，研究原始社会，这段历史最长，占人类社会史的99%以上，但这段历史却无文字记载，其历史信息均储存于物质文化遗存中。要还源这段漫长的历史只有依靠考古调查和发掘所获取的物质文化遗存遗物。通过对已获取的史前人类遗留下来的物质文化遗存的研究与分析，原始社会又可分为旧石器时代和新石器时代。就中国而言，中国是世界上四大文明古国之一，迄今已发现（含发掘）旧石器时代遗址、地点多达200多处，有的伴存人类化石和动物化石。其分布地域十分广泛，除新疆外，各省（含中国台湾地区）区都或多或少有所发现。其中年代最早的当数距今约200万年的四川"巫山人"化石（伴出骨器）地点，其后有距今约180万年的山西西侯度人遗址，距今约70万年至20万年的北京人遗址等旧石器时代早期遗址，距今约10万年的位于辽宁省喀左县鸽子洞的旧石器时代中期遗址；距今约2.8万年的山西朔州峙峪遗址，距今1.8万年的山顶洞人等旧石器时代晚期遗址等。可以说这些遗址代表了人类进化和旧石器发展的每一个阶段，其中又以华北地区发现的最多。通过对当时的文化层、遗迹、遗物并结合人类化石、动物化石的探讨和研究，已基本上建立起旧石器文化的年代编年，并根据古脊椎动物化石的种属及生存与遗迹的变化采用孢粉分析等各种手段恢复古人类的生活状况及自然环境，从而大致恢复了原始社会早期的历史，勾勒出当时人们的社会生活面貌。

综观原始社会史的编撰，除了文献所载的远古传说故事和民族学资料可供参考外，其根本是要依靠对考古发掘出土文物的研究，才能写成。就中国而言，虽已有多部原始社会史、中国原始社会史著作，但因其多为历史学家所撰，缺乏对文物的研究和对实物资料的运用，基本上是依靠文献资料写成，因此，已越来越暴露出其不足之处。随着考古发现的文物日渐增多，以研究文物为基础来撰写一部新的中国原始社会史已势在必行。我们认为只有这样，才能写出一部有血有肉而且更加符合真实历史的中国原始社会史。

（二）文物的艺术性

文物的艺术性，主要是其所具有的审美、欣赏、愉悦功能、借鉴作用和美学、美术史、艺术史的资料价值。它们之间既相互渗透，又相互制约。

审美功能，主要指由美学给人以深层次的艺术启迪和美的享受。欣赏功能，主要指从观赏的角度给人以联想并陶冶人的情操。愉悦功能，主要指给人以娱乐并寓教于乐。借鉴作用，主要是指取其精华，从艺术表现形式、手法技巧和制作工艺等方面得以借鉴和创新。美学、美术史、艺术史资料价值，指为美学、美术史、艺术史的研究提供弥足珍贵的实物资料。

一般来说，不是所有的文物都具有艺术性（如生产工具），而具有艺术性的文物，其用途和作用也有所不同。以其用途和作用不同，大致可分为四大类。

第一类，融实用与审美为一体的遗物和遗迹。如遗物中的玉玦、石玦、蚌玦、玉镯、石镯、骨镯、金镯、铜镯、金耳环、玉簪、金簪等装饰物品。鼎、釜、甑、鬲、甗、盆、盘、豆、壶、瓠、鬶、盉、杯、碗、樽、罐等陶器皿。鼎、鬲、甗、豆、盘、瓠、爵、斝、角、樽、盉、匜、盆等铜器皿。碗、盘、碟、杯、盅、壶、瓶、罐等瓷器皿。又如陶塑、泥塑、石雕、瓷塑、动物形玩具等。这些实用器的造型、装饰纹样均具有较高的艺术价值。又如建筑，可分为宫廷、府第、住房、寺庙、宫观、亭台、祠堂、桥、牌坊、陵墓及纪念性建筑物等。其中以宫廷建筑最堂皇，也最具艺术性。这同宫廷建筑是最高统治者行使权力、生活起居和玩乐的场所有密切关系。要使建筑达到与统治者的权力地位和奢侈生活需求相一致，就必然要在建筑用材的选择、建筑群体的布局、建筑单体的形式、装饰设计等诸方面进行富有艺术美的创作，使之既体现权力的尊严又具艺术美，融实用与审美于一体。建筑遗存为建筑美学研究提供了弥足珍贵的实物资料。

第二类，为供观赏而创作的工艺品、美术品等艺术品。此类作品丰富多彩，争奇斗艳。如史前的陶塑、泥塑、玉雕、石雕、骨雕、木雕等艺术品，此后的陶塑、泥塑、铜铸、铁铸、铁雕、玉雕、石雕、骨雕、牙雕、竹雕、木雕及其他艺术品。题材丰富多样，造型千姿百态，神态栩栩如生。此类作品迄今仍颇富艺术魅力。

第三类，各种祭祀时用的礼器、法器和为供奉的对象而创作的宗教雕塑艺术作品。就我国而言，史前有陶塑、泥塑、石雕女神像等。如辽宁省阜新市"女神庙"中出土的有与真人相近和大于真人两三倍的女神像。古代有铜铸、泥塑、陶塑、彩塑的佛像、菩萨、观音及瓷塑观音等。又如玉琮、石琮、玉璧、石璧、骨璧、玉璜、玉琥、玉圭等礼器，其中玉琮、玉璧始出现于仰韶时代的大汶口文化晚期，流行于龙山时代的良渚文化时期，盛行于商周时期。

第四类，明器（专为随葬制造的器物）中的一些器物。如雕塑人物俑、家畜俑、生肖俑、动物俑、镇墓兽等，房屋、车船及工具模型。此外，还有仿礼器、生活器皿等器物。前者自身即属于雕塑艺术品，后者造型、装饰均具有艺术价值。在中国，器皿类明器始出现于新石器时代中晚期。俑类作品始见于春秋战国，盛行于秦汉时期，在唐代至明代依然较流行。在墓葬中常出土陶、瓷俑。其中最具代表性的是被誉为世界八大奇观之一的陕西秦始皇陵出土的兵马俑，其形体大小与真人、真马相若，造型准确，比例适宜，形神兼备、神态各异，判若真人真马，栩栩如生。其中兵俑是根据不同身份、年龄用写实手法设计圆雕而成，姿态表情描绘细腻，惟妙惟肖，彩绘绚丽、色调明快、对比浓烈。马俑也是采用写实手法圆雕而成，造型准确，比例适度，神韵十足。秦兵马俑堪称中国乃至世界艺术宝库中的一颗璀璨明珠。

（三）文物的科学性

文物的科学性，指文物蕴含的知识、科学与技术信息。各种文物从不同的侧面反映了它所处时代的生产力水平和科学技术水平。如陶器的发明，具有划时代的意义。用黏土烧造器皿，这是人类首次利用天然材料创作人造用具，是人类对土与水调和具有可塑性的物理性能认识的标志，也是人类发现陶坯经焙烧可变硬的化学变化认识的标志。

青铜器的发明是人类的又一划时代的创举。青铜器的发现是人类已掌握合金冶铸技术的实物证据。

纺织品的发现，是人类掌握纺织技术的标志。

建筑遗迹的发现，是人类掌握建筑技术的标志。

天文图像的发现，表明人类已掌握一定的天文知识。

彩陶纹样中发现有用同样笔画构图的，表明人类在当时已掌握了一定的数学知识。

铁器的铸造和使用，在人类社会发展史上又是一个具有划时代意义的创举。世界各地人工冶炼铁和铸造铁器的时间早晚不同。中国发现最早的铁器是在春秋时代，其中多数发现于湖南长沙地区。于甘肃灵台县景家庄1号春秋早期秦墓出土的铜柄铁剑（通长37 cm，柄长8.5 cm，格长4 cm，厚0.8 cm，剑叶铁质，残长9 cm，宽3 cm，厚0.6 cm）及湖南长沙杨家山65号春秋墓出土的铜格钢剑（通长38.4 cm，茎长7.8 cm）较有代表性。战国中期以后，出土的铁器遍及秦、楚、齐、韩、燕、赵、魏七国地区，表明铁器已在生产和生活方面普遍使用，并已在农业、手工业中占据主导地位。楚、燕两国的军队装备已基本上以铁兵器为主。如湖南长沙春秋晚期越楚墓中出土了20多件铁器，其中杨家山65号墓出土的钢剑，是属"退火中碳钢"制品。这一发现，把中国出现钢的时间从战国中期提前到春秋晚期。长沙窑岭15号春秋晚期墓出土的铁鼎、左家塘44号墓和砂子塘5号墓出土的铁口锄，分别用"白口铸铁""亚共晶铸铁"制成。这些文物表明中国铸铁和锻铁出现的时间基本相同。另在河北易县燕下都44号墓出土剑、矛、戟、镦、刀、匕首等铁兵器六种62件，弩机、镞等钢铁合金兵器两种20件，并伴出铁盔。经对该墓剑、矛、戟等七种9件铁兵器的科学考察，其中6件为纯铁或铜制品，3件为经过柔化处理或未经处理的生铁制品。由此可证，于战国晚期已流行块炼法，并创造了用此法得到的海绵铁增碳来制造高碳钢的技术及淬火技术，这就把中国掌握淬火技术的年代提前了200多年。在河北兴隆出土了42副87件铁范，分别为农具、工具和车具的铸范。范分内范、外范、复合范，其本身均为白口铁铸件。有的范设有防止变形的加强结构和金属芯。这批铁范从设计到铸造均达到了相当高的水平。有关单位对其中一些铁器进行了金相分析，其结果表明中国的块炼铁和生铁有可能是同时产生的。春秋末至战国初，冶铁技术有很大发展，是冶铁史上的重要发展阶段。早期的块炼铁已发展到块炼渗碳钢，白口生铁也发展为展性铸铁。至西汉中叶，灰口铁、铸铁脱碳钢开始兴起。而后，又创造了生铁炼钢（含熟铁）新工艺。到南北朝时期，新发明了杂炼生揉的灌钢工艺。至此，具有中国传统特色的古代冶铁技术体系基本建立。

瓷器，是中国的伟大发明，在世界各国闻名遐迩，中国也因瓷器被誉为"瓷国"。瓷器的烧造来源于陶器的烧造。早在新石器时代大汶口文化中晚期就开始出现选择高岭土烧制白陶器，而龙山文化烧造蛋壳黑陶高柄杯的烧成温度已高达1000℃左右，已几近烧制瓷器所需的温度，这为以后发明烧造瓷器奠定了技术基础。

瓷器的烧造，需具备三个基本条件：一是原料是瓷土或瓷石，这需要掌握辨别知识和经验；二是釉的发明与应用；三是烧成温度高达1200℃以上，需具备一定技术来改进窑室结构，选择燃料，掌握火候。瓷器的烧造也有一个自身的产生和发展过程，因而有原始瓷和瓷器之分。

原始瓷，已知始见于商代。于河南郑州二里岗商代早期遗址、郑州商代中期遗址均有发现青瓷器。至商代晚期，原始瓷器的出土地点已广泛分布，于河南安阳殷墟遗址、河南新乡辉县琉璃阁遗址、河北藁城台西商代遗址、山东济南大辛庄遗址、山东益都苏埠屯遗址、江西清江吴城遗址等均有出土。原始瓷器所具特点是选料不精、工艺简陋、火候欠佳、釉层厚薄不一、易于剥落，与后来在这基础上进一步改进烧制的真正瓷器尚存一定差距。

瓷器，已知始见于东汉。于浙江上虞上浦小仙坛东汉晚期龙窑窑址出土的饰斜方格纹的青釉坛为我们提供了实物证据。有关专家用理化方法测试，其结果表明，从胎体烧成温度、吸水率、施釉及釉胎结合等方面皆具备了瓷器应具有的特征，达到了瓷器的标准。其后，出土的大量瓷器表明，随着烧制技术的不断提高，白瓷、黑釉瓷、窑变瓷、白釉黑花瓷、影青瓷、青花瓷、釉里红瓷、"玳瑁"釉瓷、铜红釉瓷、斗彩瓷、五彩及青花五彩瓷，以及釉上蓝彩、釉下五彩、釉下青花、金彩、粉彩、墨彩等瓷器相继问世。品种繁多，釉色缤纷，装饰题材丰富多样，装饰纹样瑰丽多姿。从陶器、原始瓷器至瓷器，以及每一种瓷器的出现，都体现出技术的进步、工艺的提高、窑炉的改进、烧成温度的提高及火候的掌握水平，也充分体现了不同时期的科学技术水平。

从上述陶器、青铜器、纺织品、铁器、建筑遗迹、瓷器中可见文物所具有的科学价值，也充分表明文物具有科学价值的客观性。

（四）文物的纪念性

文物价值，以往仅以具有历史性、科学性和艺术性作为衡量的标尺。事实上，纪念性也应是衡量文物价值的标尺之一，也有的文物，其价值以具有纪念性为主。如古代、近代名人故居、祠堂、墓葬及遗物等。又如现代名人故居、墓葬及遗物等。

总之，一件东西或一个单位是不是属文物，应根据以上所述四个方面（历史性、科学性、艺术性、纪念性）来界定。不过，每一件文物或每一个文物单位不一定四个方面都具备，应依实际情况而定。

第三节　文物保护工作的实施过程

文物保护工作的具体实施是指在科学理论指导下，运用合理的方法，实施有效保护，使与文物相关的信息尽可能全面真实地保留，充分展现其价值，它是对多种学科的综合、交叉运用，同时注重合理融入新的科学技术手段，如数字化技术、自然科学等。主要包括有效的管理，对文物形状、性能和腐蚀、损毁机理进行分析的科学手段，使用恰当的材料、工艺与正确的方法进行修复、维护相关活动。

一、文物的调查、征集和监管

中国的文物包含中国境内人类历史上具有历史、艺术、科学等价值的可移动和不可移动的一切历史文化遗存，具有科学价值的动植物标本和古脊椎动物化石及古人类化石同文物一样受国家保护。中国幅员辽阔，历史悠久，无论地上还是地下都有十分丰富的文物，为了对这些文物进行更好地利用和保护，充分发挥其价值，为科学研究和民众教育提供更丰富的实物资料，各级文物行政部门和文物工作者应主动、有计划地开展文物的调查和征集工作，并进行有效的监管。

（一）文物普查

文物普查是中华人民共和国成立后在全国范围内开展的一项非常有效的系统的文物调查登记工作，为进一步全面掌握我国文物分布和保存状况，科学保护、研究和发挥文物的价值提供了更为全面、系统的科学资料。文物普查分为可移动文物普查和不可移动文物普查。到目前为止，中国文物行政部门已组织开展了三次全国范围的文物普查工作，其中包含一次可移动文物普查。

中华人民共和国成立之初，为了弄清全国各地的文物保存数量和保存现状，以便对文物工作进行全面规划，1956年至1959年，中国文物行政部门进行了第一次全国文物普查工作。革命遗址、纪念建筑、古建筑、石窟寺、石刻、古遗址、古墓葬和流散文物都属于普查对象。通过这次文物普查，较全面地掌握了各地文物状态，为确定区分文物等级标准提供了依据。1981年至1985年，中国进行了第二次全国文物普查和文物复查工作，其规模和成果均超过了第一次。

为了适应新形势下文物工作的需要，2007年至2011年进行了第三次全国文物普查工作。此次文物普查范围重点是中国境内（不包括港澳台地区）地上、地下、水下的不可移动文物，包括古遗址、古墓葬、古建筑、石窟寺及石刻、近现代重要史迹及代表性建筑和其他共六大类。文物的保护对象和保护范围发生了很大的变化，一些新的遗产类型，如老厂房等工业遗产、村落民居、乡土建筑首次进入文物普查范畴。第三次全国文物普查还充分运用了网络、遥感、地理信息系统和全球卫星定位系统等新科技手段，完善了全国不可移动文物基础数据库和电子地图，取得了丰硕成果。通过第三次全国文物普查工作，文物行政部门全面掌握了中国不可移动文物的基本情况及其生存状态，为更好地进行文物保护、构建科学有效的文化遗产保护体系提供了依据。

为了全面掌握中国文物资源、加强文物保护，继第三次全国文物普查（不可移动文物部分）工作之后，国务院部署于2012年10月开始了中国第一次全国可移动文物普查工作。在普查过程中，重点普查各国有企业所属博物馆、纪念馆、美术馆，以及档案室、图书资料室等场所保管的藏品。目的是要通过普查，全面掌握中国现存国有可移动文物的数量分布、保存状况、保管权属和使用管理等情况；总体评价可移动文物保护现状，为科学制定保护政策和规划提供依据；建立、完善可移动文物认定体系；建立、完善可移动文物档案和可移动文物名录；建立、完善基于现代信息技术的可移动文物信息管理平台，为标准化、动态化管理创造基础条件；建立可移动文物信息的知识产权保护制度，实现文物信息资源的整合与合理利用。

（二）文物征集

文物的征集主要是指文物收藏单位馆藏文物的征集。根据《文物保护法》规定，文物收藏单位包含了博物馆、纪念馆、美术馆、图书馆、档案室等。馆藏文物征集的途径主要包括社会流散文物的征集、文物收藏单位之间的交换与调拨、出资收购、接受捐赠、接收有关单位（如科学考察队、海关、公安、法院、银行等）依法获得或没收并移交的文物和标本等。随着中国考古工作的广泛开展，考古调查和发掘工作逐渐成为馆藏文物来源的重要途径。考古调查和发掘的资料均归国家所有，其出土的文物应当登记造册，妥善保管，按照国家有关规定移交给各级文物行政部门或者国有文物收藏单位收藏。对于民族、民俗文物的征集，除了传统的文物征集方式外，民族学田野调查则是目前最科学和有效的途径。

文物的调查和征集是一项专业性很强的工作，它需要具备专业的人员和队伍。各级文物业务部门负责调查和征集工作的人员要具备一定的专业知识和文物鉴赏能力，要懂政策、守纪律、敬业，有条件的文物单位还可组织专家组成征集鉴定委员会。博物馆、纪念馆等文物收藏单位往往都设有保管部，专门负责文物的征集、收藏和科学保管工作。经过几次全国规模的文物普查工作，中国锻炼和培养了一批专业的文物工作人员，各级文物行政部门也会定期或不定期举办各种专业知识与技能的培训班。高校也成为培养和输送文博专业人才的重要机构。高水平文博专业技术人员队伍的不断扩大，为文物的有效调查和征集工作提供了保障。

文物背后蕴含着丰富的文化信息，是我们了解人类历史、生产生活和各种文化的线索。人们对于文物、标本的关注也逐渐从注重物质实体的一面向其"信息载体""文化载体"的一面发展，文物背后的文化信息记录得越完整，其价值也越大。在征集过程中，除了征集有形的文物，也要关注其背后无形的文化遗产，不仅包括文物自身的基本性能及流传历史的描述，还包括文物的制作方法、使用方法、使用场合、使用人群及其他相关习俗。

在文物征集过程中，还要打破传统观念，重视近现代文物乃至当代文物的征集。中国收藏传统中厚古薄今的观念限制了近现代文物的征集工作，加上过去人们对于近现代文物的认识多偏重革命文物，使得近现代文物长期以来不被重视。受现代工业文明、信息文明和经济全球化浪潮的冲击，人类的传统生产、生活方式发生着巨大改变，很多物品和传统的工艺、习俗正在或已经消失。近现代文物遭受自然和人为损毁的现象日趋严重，因此对近现代文物的征集已成为现今文物征集工作的当务之急，不少收藏单位已经开始关注近现代文物的征集和收藏。特别是随着中国民间私人收藏的兴起，具备先进理念、思想活跃的一批民间收藏家逐渐成为近现代文物收藏的主力军。

近现代文物征集的一个重要内容是对民族、民俗文物的征集。狭义的民族文物指的是近现代各少数民族使用的具有民族特点的实物资料。广义的民俗文物则主要指近现代以来一般民众的生活生产文化和活态传承文化的物质载体，它反映着各民族人民的生产生活和不同的社会风俗。民族、民俗文物作为各民族传统文化的载体，往往留存于民间，而且大多仍在使用中，比较完整，但也更容易被忽略，从而遭到破坏，甚至消失。所以我们要广泛开展民族、民俗学的田野调查，扩大和深化对民族、民俗文物的调查征集，获得第一手完整资料。

在文物的调查和征集过程中还要注重加强与群众的沟通和联系。首先，要尊重民众对文物的持有权。《文物保护法》中明确规定文物收藏单位以外的公民、法人和其他组织可以通过合法的方式对文物进行收藏和流通。因此在征集私人收藏文物的过程中，要坚持自愿的原则并给予适当的奖励。对于正在使用的近现代物品可以采取以旧换新的方式进行。其次，要注意同群众保持密切联系。随着私人收藏的兴起，大批文物集中到了文物爱好者手里。文物收藏单位和工作人员应主动与他们保持良好的互动，通过各种方式调动社会各界捐献文物的热情。最后，文物工作者在调查和征集文物的同时，也要加强对文物和文物保护理念的宣传。人民群众往往对文物的认识模糊或对其价值认识不足，没有文物保护的意识，甚至会被一些文物贩子或投机者利用，使破坏文物的现象发生。文物的保护最终还是要依靠群众认识的不断提高和广泛参与才能达到良好的效果。

（三）文物监管

现行《文物保护法》确认了"保护为主、抢救第一、合理利用、加强管理"的文物工作方针。这一方针指出保护是核心，在突出文物保护的同时，也提出加强管理，实施相关监管措施的要求。

文物的监管措施在《文物保护法》《文物保护法实施条例》及相关文件中均有规定，《文物保护法律指南》一书对其也有解释和说明，主要包括：①确定管理，加强宣传，给予奖励；②关于不可移动文物的监管和要求；③考古发掘的具体监管措施与手段；④馆藏文物的监管与管理；⑤文物商店与拍卖企业的监管；⑥文物进境出境的监管；⑦明确法律责任，制定处罚措施；⑧针对一些重点工作和管理，制定相应的管理条例和管理办法等多个方面。

二、考古发掘现场的保护

考古发掘的进行，可能会使地下遗存的保存环境在短时间内发生巨变，有些遗存会受到巨大破坏甚至消失，因此考古发掘的现场保护极为重要，是进行文物保护的第一现场。

2009年修订的《田野考古工作规程》第四章"考古发掘"第一条明确规定考古发掘中文物保护的四点要求：第一，考古发掘位置的选择应考虑文物保护的需要。第二，考古发掘前必须制订文物保护预案、防灾预案和安全预案，并根据考古发掘情况及时调整，重要考古发掘项目必须配备专业文物保护人员。第三，重要迹象须慎重处置，做好相关记录，采取相应的保护措施。第四，遇有重要发现，及时上报文物行政部门。

考古发掘现场保护属于抢救性、临时性的保护，要根据具体情况实施现场保护，尽可能多地保留出土物信息、最大限度地保护文物，为后期保护和研究做好准备和铺垫。主要内容如下。

第一，发掘之前要对准备发掘的对象、过程、结果有一定的预判，根据发掘环境、发掘对象的保存状况、发掘过程和结果做出相应的预判及保护规划，充分准备与现场保护相关的物资，配备相应技术人员，制订针对性强的预案。

第二，考古发掘现场环境的控制。首先是现场环境的监测与评估。其次是建造相关设施，力求达到现场保护的最佳效果。如搭建密闭性较好、保持可控通风的临时大棚，可防止太阳光直射，减少紫外线对文物的损害，控制温度和湿度的大幅度变化；如有需要，还可在设施内安装空调等，定期对设施内外环境进行监测并采取相关措施。最后是环境的控制方法。湿度过大时，可采取防霉杀菌祛湿等措施；若较干燥，则要采取加湿措施。对于可能出现的空气污染，要做好通风、排气及有毒有害气体的吸收等工作。对于微生物，可根据情况喷洒相关药剂进行消毒除霉、杀菌等。

第三，文物的清理。要严格按照《田野考古工作规程》及相关要求，依照堆积形成的相反顺序逐一按堆积单位清理。注意把握堆积间的界面，较大或较复杂的遗迹现象，采取分部揭露的方法；处理大面积层状堆积，要控制各部分的发掘进度，保持一致；遗迹现象要尽量完整、清晰地揭露。对于特殊或较为重要的遗迹和遗物，要根据周边环境和发掘清理情况有相应的预判，组织精干人员进行清理，清理时不要强行掏挖、撬搬，也不要踩踏，以免损毁，及时根据需要进行不同的保护，采取多种手段，认真记录。

第四，出土文物的稳定性处理与科学提取。考古发掘过程中，一些文物可及时提取，一些则须待其他器物清理和资料采集后再进行提取（如墓葬陪葬品等），在这一过程中，对出土文物进行稳定性保护与科学提取较为重要。

随着发掘清理的进行，文物的保存环境发生变化，因此需进行初步的稳定性保护处理以减少环境变化带来的文物损毁，为提取等工作做好准备。较多的是针对有机质文物和无机质文物的装饰、彩绘等采取稳定性保护的措施，尽量达到或优于文物出土前的保存环境，如使酥松的器物趋于坚固，尽量减少外界有害物质对文物的侵害，防止有害物质滋生和繁衍等。相关方法如喷洒专用加固剂或防腐、防霉杀菌剂等，亦可在处理后局部支起小的保护罩（棚）等。关于一些特殊出土物，如纸张一般在保湿后再进行整取；皮革需采取避光、封闭的措施，用甘油等进行封护；漆木器则根据需要喷洒有杀菌防霉和加固功能的药剂等。

出土文物提取质量的好坏对后期保护和考古学研究有着重要的影响。保存质量好且强度较大的文物，如金器、瓷器、无彩绘陶器、单体玉器、石器、铜器等，一般是在不损害文物（含包裹物与盛放物等）和周边器物的情况下，用专用工具轻轻将其与其他物质分离，托住底部将其放至安全位置进行相关保护和包装，切忌仅提器物的口沿或耳、环等。对于形体较小的器物，需考虑其是否与附近器物存在关系，提取时手要轻，不要去捏搓文物。形体较大的文物在搬动时要注意使用的力量，不要强行搬挪，可多人协作，条件允许时可借助相关工具，但要在确保文物安全的情况下施行。

对于特殊遗存如重要遗迹、现场难以完全剥离、已朽坏变形或散乱无序的器物与一些已有损毁的组合类器物等，需采取特殊手段和技术进行提取。提取之前须做好记录并处理好与周边遗存的关系。主要有以下几种方法。

①箱取法，又称"套箱法"或"匣取法"。比较复杂的遗存需尽量保持埋藏的原状而取回室内全面进行清理，特别重要的遗迹需按照原形状、结构完整地切割下来，用于展示、研究或收藏。基本步骤是先将提取对象与周围遗存分隔开，对于易于移动或松软的地方进行适当加固，在四周开挖一定宽度（20～30 cm）的沟槽，在整取对象上覆盖保护材料后套上大小合适的箱框（多为木质），之后沿木箱框底部向内平掏，去掉泥土后插入长度略大于箱宽的底板。全部掏好且底板插满后，用绳或铁丝将各底板与箱体绞紧；绞棍设在两侧，以便拆卸。

②插板法，又称托板法，适用于体积小、重量轻的遗存。在需提取的遗存下插入薄板，使遗存能尽量平稳地移至板上并整体取出。具有一定硬度和韧性的金属板或塑料板使用较多，板前端多制成较锋利的刃状，便于插入土中。

③托网法，在需提取的遗存下面用细铁丝逐一插入，最后将这些铁丝编结在外围的粗铁丝上，形成网状后可以托起相关遗存。该方法可以利用较小的缝隙插入承托物，主要适用于不在同一平面上的文物，对下面或周边遗存造成的破坏也会大大减轻或避免。

④灌注成形法。针对较为脆弱或已腐朽的遗存，在清理和记录后，再盖土并覆以塑料薄膜等物，浇以和好的石膏固定后，在其下部留有一定厚度的土进行平插掏取，再将其翻转后浇以石膏进行固定，这种方法又称"石膏托固"或"包固法"。这是针对遗存朽蚀后保留的痕迹进行提取或复原的一种方法，多使用石膏或具有流动性和凝固性的材料，如玻璃纤维、硅橡胶等，石膏或其他材料的液体灌注到需提取对象内部形成的空腔内，待其凝固，即可得到物体埋藏时原状的石膏体等。

⑤冷冻法。在需提取遗存周边做认真清理后，用干冰或液氮将遗存和周边

泥土（范围不宜太大）在原址冻结形成一个整体，以专用工具分割提取包装，迅速置于低温冷藏环境中。这种方法主要适用于形体较小、破坏严重的遗存。另有一些具有针对性的提取方法，如壁画的迁移，现场取样后，运用科学技术进行分析，在此基础上，有锯割后加固套箱法，也有揭取后以石膏灌注固定再套箱的方法等。

第五，发掘现场环境信息的提取。考古发掘现场所处环境会对出土文物造成不同程度甚至非常严重的危害，因此还须尽可能多地掌握和提取发掘现场的环境信息，如空气中的成分、污染情况、粉尘含量和成分，土壤的湿度、成分、酸碱度、污染情况、溶盐含量等，文物或遗迹周边的干燥度、湿润度，如湿度较高，要提取水的成分、颜色、气味等。另外还有提取附着物、沉淀物、残余在器物周围的颜料、漆皮、锈迹、印痕和纺织品、漆器、粮食、食物等腐朽后的残迹或残留物等。对这些物品与信息进行提取，对研究文物在埋藏或水下环境中的存在环境、腐蚀机理等起着十分重要的作用。

第六，文物包装。选用合适的包装材料，运用正确的包装手段进行包装，保证文物的安全。包装材料一般是根据需要使用弹性和韧性较好、无菌、无毒、无污染且稳定性较好，不与提取物发生物理或化学反应的物质，如聚乙烯包装材料。用于填塞稳固的材料多选择轻软。易于分割的聚乙烯泡沫、棉絮、软纸等。包装之前，要进行绘图、拍照、编号、记录，在包装内外均放置文物标签，考虑到文物的湿度或其他因素，在标签之外最好套一层小型密封袋。包装时，要在不损毁出土文物的前提下，将其进行适当清理后用相关材料如纸张、聚乙烯薄膜等包裹，根据大小和需要将其平稳地放入包装袋、密封袋或包装盒内，一般不能叠压，盛放文物的袋或盒内（特别是盒内）还要放一些填塞材料如软纸、海绵、棉絮、小块泡沫等，以减少震动，其后进行加固和封闭，以免搬动和运输时开口造成破坏。为保存文物的编号等信息，还会在包装之外涂刷防水的丙烯酸树脂溶液，在其上以最简明的语言写明内容，再在其上涂一层丙烯酸树脂溶液。考古发掘中，经常会有一些文物需特殊包装，如饱水漆木器，需有盛放蒸馏水的容器和特殊的箱、盒，还有一些特殊形状的遗物或整取的遗迹等，需制作特殊形状的箱、盒。

第七，安全运输。运输工具要求坚实牢固、无故障。机动车出车前要检查证件是否齐全，机器是否存在故障等，并要采取防震和减震措施。装车时，避免碰撞和挤压，摆放时按标好的上下位置平稳放置，不能颠倒，尽量不要叠放，确需叠放者应该上轻下重，不能多层叠放。较重或体积较大的，需借助倒链、小型起重机械等。放置时需垫一些防震材料，如泡沫、海绵、稻草和麦秸、软纸张、棉絮和棉被等。底部多需垫大面积的防震材料，厚度和材料的选择存在差异，空隙处填塞时不能过于用力，包装箱之间要用棉毯或棉被等进行包装加固。装车后要在包装箱上部铺上相对较厚的材料，再用绳索等系牢，注意不能损及文物。固定系牢后，最好再蒙上大的防水帆布或彩条布等，以防突遭降雨，亦可防止阳光照晒和风吹等。运输过程中，尽量选择平坦的道路，车速不宜太快，一般不急刹车，力求平稳。卸车时，按顺序逐个搬卸，需要时可借助相关工具。最后是安全地将文物运送至保管场所和保护设施内。

第八，科学记录。按照《田野考古工作规程》要求进行发掘记录和文物保护记录等。田野考古发掘记录包括发掘对象与内容、发掘经过、发掘认识等。现场文物保护记录包括发掘地点的环境、发掘过程中的观察、文物出土前周边环境情况、发掘清理过程、文物埋藏的大环境和微环境、埋藏深度与温湿度、文物保存情况、与文物接触的介质（颜色、成分、含水量等）、酸碱度、溶盐的含量与成分等，另外还要记录对现场的认识、有可能对文物形成的损害、应对措施等。记录的有无及翔实与否，对文物的现场保护、提取和进一步细致的保护都会产生不同程度的影响。

三、文物修复过程

因文物常出现残、损、缺、朽等情况，需进行修复，目的是还原文物本来的内容和价值，便于保护、陈列展览和学术研究等。在对文物现状（包括残损情况和材料）与所处环境等正确分析和认识的情况下，应用适合的材料与正确方法对文物进行修复，如西安唐代李佳墓出土的冠饰是通过石膏托网法进行提取的，经室内清理与复原，展现出一件十分精美的唐代贵族女性冠饰。

《文物保护法》要求："修复馆藏文物，不得改变馆藏文物的原状；复制、拍摄、拓印馆藏文物，不得对馆藏文物造成损害。具体管理办法由国务院制定。不可移动文物的单体文物的修复、复制、拍摄、拓印，适用前款规定。""保持文物原状是最重要的任务。"我国在实践中借鉴了一些国外先进科学的修复理念,文物修复时应遵循不改变原状的基本原则,采取最小干预,使其具有可辨识性,恢复原貌的同时又要使其具有可再处理性,力求做到"修旧如旧",不加入个人臆想或随意修改。因质地不同,文物保存环境和损毁机理等均存在差异,所采取的修复理论、方法和技术等也各具针对性和自身特点。

四、自然科学分析技术与文物保护

目前,自然科学方法在文物保护中的应用是利用科技手段提取文物信息,主要为文物材料的成分和结构分析,即运用现代自然科学和技术的理论、手段、方法,对文物材质进行整体的、分子的、原子的结构分析,调查文物自然损坏的原因和全部具体过程,探索有效延缓和阻止文物损坏的方法与最佳保存手段和途径。主要有材料成分分析、结构分析、文物材料显微分析、表面分析和文物材料的热分析、电化学分析等方法。

材料成分分析的方法较多。原子发射光谱分析,主要用于分析金属文物成分、壁画颜料和制作材料成分、石质文物成分等,具有灵敏度高、选择性好、准确度高、样品用量小、可同时测定多种元素、分析速度快等优点。原子吸收光谱分析在金属文物保护研究中较为常用,具有灵敏度高、选择性好、分析速度快范围广、准确度高等优点。X射线荧光光谱分析常用于研究陶瓷的釉层成分,在壁画保护中可分析地质环境样品等,具有分析简便、不破坏样品、适用范围大、自动化程度高、分析速度快、检出量浓度范围广等优点。中子活化分析可定量和定性分析样品中的各种元素,如测定金属文物中的氧,对釉的成分进行鉴定等。

文物材料的结构分析有多种方法。X射线衍射分析可确定样品为某种已知物质,对于毛发、牙齿、釉质、岩画与壁画的颜料均可做相关分析。分光光度分析可进行物质的定性或定量分析,主要用于金属文物腐蚀物的分析、金属文物缓蚀剂的筛选和缓蚀机理的研究、文物修复用高分子材料的研究、古代颜料和颜料胶结材料的研究、存在环境空气污染物的分析等方面。色谱分析又称"层析法",常用来鉴定古代染料、壁画颜料中的胶结剂、文物保存环境中的微量有害成分等。质谱分析法是通过对样品离子的质量和强度测定来进行物质材料成分和结构分析的一种方法,常用于文物保存环境中空气污染物的分析、青铜质文物中铅同位素的分析等。核磁共振光谱分析在金属材料的研究中可用于金属材料缺陷、金属中的电子结构、金属相变、金属间化合物的有序化等，还可用于研究开发文物保护和修复的高分子材料等。电子自旋共振波谱分析的灵敏度和分辨率较高，对于分析有机质文物材料和文物修复材料的老化原因，尤其是对分析紫外辐射引起的材料老化现象是一种行之有效的方法。穆斯堡尔谱分析应用最多的是研究陶瓷器的原料产地、烧结温度、制造工艺、烧造年代等，同时也包括壁画颜料的研究等。

文物材料的显微分析主要使用光学显微镜、透射电子显微镜、扫描电子显微镜等，根据不同文物，不同的需要，使用不同的显微镜。金属文物的化学组成、金相组织、制造工艺及杂质元素等都与其保存使用过程相关，利用扫描电子显微镜景深大的特点，可对样品进行直接分析，同时可在样品微区进行组成元素分析。

文物表面分析方面，光电子能谱分析和俄歇电子能谱分析两种方法较为常用。光电子能谱分析在金属表面腐蚀和防腐蚀研究中的应用较为突出，还可用来研究壁画颜料的变色过程、产物、机理等。俄歇电子能谱分析法可以研究文物材料氧化、腐蚀机理，对文物材料表面成分、元素随深度变化规律等进行分析。色度仪可以用来对文物表面颜色进行定期定点监测，如对壁画表面颜色或其他文物表面颜色实施多次测量后，将色彩转换成数据的形式做成档案，可了解文物表面色彩是否发生变化等。

热分析法在文物保护研究中是重要的分析手段。热重分析在文物材料研究中可测定不同温度下金属的腐蚀机理，木材等纤维质文物材料的热裂解，文物材料的热分解过程和机理，文物材料老化机理和修复材料寿命等。差热分析可以进行文物材料比热容的测定，文物修复用高分子材料玻璃化转变温度的测定等。热膨胀测量法在古陶瓷保护方面应用较多，如可以测定烧造温度和烧结气氛对加热瓷坯性能的影响等。

电化学分析法是依据电化学原理建立起来的一类分析方法的总称。电导分析法可以测定含文物材料的水溶液的电导值，以判断文物材料中是否含有可溶性盐及其含量，为分析文物病变原因提供依据。极谱分析可以用来研究金属文物的腐蚀速率、腐蚀机理和筛选缓蚀剂等。库仑分析法可以用于环境监测等方面。

因文物具有不可再生性，在运用自然科学方法进行文物材料成分和结构分析时，最好是无损分析，确需取样时，取样量应本着尽量少的原则，且要避开重要部位，避免重复取样。

第四节　文物修复的道德准则

文物修复通常是干预性的操作，可能会损害文物的材质和文物本身所带有的信息，为了让文物能够持久保存，文物修复必须遵循一些基本的道德准则。

（1）检查与诊断。文物检查和诊断是制订保护修复计划的基础。其中包括两个方面：一是分析文物的物质现状，例如，文物的结构材料、损坏的类型和程度、损坏发生的原因和机理、损坏可能的发展及危害，这往往需要依赖现代仪器分析等科学手段；二是评估文物的文化价值，在全面了解文物所承载的信息的基础上，认识文物的各方面价值（研究价值、教育价值、美学价值、纪念价值、历史价值等），以及文物的损坏对这些价值造成的损害，进而确定开展保护修复行为的目的与手段，这需要考古学、历史学等相关知识的辅助。

（2）稳定性。文物保护与修复的操作不能忽视稳定性的概念，稳定性涉及两个方面：一是所用保护与修复材料的稳定性，引入到文物内的材料要尽可能长久保持其稳定性，目前许多材料可能缺乏这方面的信息；二是提供适宜的保存环境，确保文物材质和保护性材料的稳定性，具体包括开展文物保护修复时的环境，以及将来保存或展览文物的环境。必须指出的是，与稳定性相比，保护修复材料的可逆性和相容性更为优先。

（3）相容性。直接与文物接触的保护修复材料，例如黏结剂、加固剂、保护涂层、填补材料等，必须与器物的原材质相容，并不会互相排斥或者破坏。相容性涉及了材料在机械、化学、物理、光学等各个方面的特性，修复所选用的材料必须与器物原材料的诸多性质相符合，并能实现步调一致的老化。强调相容性是为了确保添加的材料不会危害原器物的保存，但这不意味着要选择与原器物完全一样的材料和技术。即便是同类材料，由于老化程度的不同，其材料特性必然有所差异。更重要的是，这种做法违背了文物保护修复中的可读性原则，令人们无法识别哪里是修复部分哪里是原器部分。

（4）可逆性。指文物保护修复操作的可逆性，其中包括材料的可逆性，即对文物实施的所有干预性操作均能被安全解除，不会对文物造成任何影响和变动。应用到文物上的修复材料也能用无害的方式去除，将文物恢复到保护修复前的状态。可是在实践中，许多操作是不可逆的，如清洗。而有些操作只能实现一定程度的可逆，例如，陶器的加固剂，虽然能用适当的溶剂清除，但要将陶器内部的加固剂全部溶解出来几乎是不可能的；再者，纸质图画的装裱也是可逆的，但其间所采用的操作和材料会改变图画材质的微观形貌、可溶性等特性。可见，应用可逆性的材料也并不能保证实施的干预行为具有很好的可逆性。这种情况下，至少要选择持久、稳定的保护修复操作和材料，而且不会妨碍今后其他干预操作的实施。当要实施不可逆的操作时，必须要经过深思熟虑，判断其是否对于文物的保存是必须的，并且能预估该操作对今后开展的保护修复可能带来的影响。

（5）最小干预。最小干预的概念强调文物保护修复操作的慎重性。首先，要明确干预操作的必要性，为其提出充足的理由，确定保护修复的目标，任何轻率不必要的干预操作都是不尊重文物真实性的表现；其次，要慎重选择所用的材料与方法，评估它们对器物材质可能的造成即时和长期的影响，从而保证干预操作会尽量少的影响文物材质及其承载的信息。

（6）预防性保护。包含所有通过理想的存放、陈列、使用、取放和运输条件来延缓或者避免文化遗产损坏的行为。预防性保护必须优先于干涉性的保护修复行为，也就是先让环境适应文物，而不是文物适应环境。适合的环境条件可以降低对器物直接干预的程度并且延长多数文物修复的成效。

第二章　古陶瓷及其修复环境设施

第一节　陶器与瓷器的认知

一、陶器

（一）陶器的起源及其特征

陶器是以黏土成型，经火烧造而成的器物。它的发明是人类最早通过化学变化将一种物质改变成另一种物质的创造性活动，是人类社会发展史上划时代的标志。据最新资料显示，中国最早的陶器出现在南方地区。江西万年仙人洞和吊桶环遗址最新出土的，陶器年代距今约15 000年。另外，在广西桂林甑皮岩遗址、河北阳原于家沟遗址、徐水南庄头遗址等也出土了距今10 000年左右的陶片。这些出土的文物表明中国陶器产生于距今约15 000年之前。

陶器产生之后，制作技术不断进步，使用范围不断扩大，包括日常生活用具、明器、建筑材料等。新石器时代的陶器常常是区分各考古学文化的标志之一。之后各时期也都生产出了一些很有特点的陶器。按胎质古代陶器可分为泥质陶和夹砂（碳、蚌）陶两类；按胎色又可分为红陶、灰陶、黑陶、白陶四种；从装饰看则又有彩陶、彩绘陶、印纹硬陶和釉陶等几类。另外，还有紫砂等特殊品种。

古代陶器的制作包括成型、装饰和烧造三个环节。在陶器发展过程中，这三个环节的技术不断进步，既体现出同时期不同地域、不同文化制陶技术发展的不平衡性和地域性特征，也反映出不同时期制陶技术的延续性和不断进步。最初陶器成型为简单的捏制，后不断发展出泥条盘筑、快轮拉坯慢轮修整等。装饰上，从最初的素面，发展出拍印、压印、戳印绳纹、几何纹，堆塑、堆贴等，到彩绘、镂雕、模印和单色釉、多色釉装饰。早期陶器烧制采用平地堆烧，烧造温度不高，之后逐渐出现窑炉，并且从竖穴窑向横穴窑发展，最后发展为地面的圆窑，烧造温度和控温技术不断提高。

（二）不同时期的陶器

1.新石器时代的陶器

新石器时代早期陶器发展缓慢，工艺原始。新石器时代中期开始迅速发展普及，到新石器时代晚期，中国制陶技术已经很发达，生产出一些质量很高的精美陶器。

新石器时代早期，南方地区陶器发现较多。主要遗址有江西万年仙人洞遗址、广西桂林甑皮岩遗址、湖南道县玉蟾岩遗址等。北方地区有河北阳原于家沟遗址、河北徐水南庄头遗址等。这些遗址出土的陶片绝大多数为夹砂陶，胎质疏松，羼杂石英颗粒或贝壳。陶色有灰褐、红褐、黄褐等多种，有的胎中间有夹心，胎色不一，火候不高。这些陶片多采用泥条盘筑法或手捏成形，胎壁厚薄不均，外壁多拍印的绳纹，内壁凹凸不平。器型有釜、罐、钵等，平地堆烧而成。

新石器时代中期制陶业迅速发展，各考古学文化中都有普遍使用。夹砂和泥质陶皆有，胎质较好，胎色有红、灰、褐、黑等。基本为手制，采用泥条盘筑或手捏。器型较新石器时代早期规整。分炊器和盛储器两大类，器型有釜、鼎、罐、壶、钵、盆、杯、盘等，另外还有陶支座。陶器外壁常以拍印、压印、刻画、堆贴等方法在器表装饰几何纹、绳纹、弦纹和附加堆纹等，开始出现彩绘陶。这一时期出现了原始陶窑，属于直焰窑，窑室与火膛一体，烧成温度不高。

新石器时代晚期制陶技术飞速发展，陶质有了极大的提高。器类丰富，文化风格鲜明。胎土淘洗精细，胎色有红、灰、褐、黑、白等。出现慢轮修整技术和快轮拉坯技术。器型、功能划分更为明确，种类多样，很多器物设计科学，如仰韶文化的小口尖底瓶，其造型设计就很适合在很高的河岸从河中取水，是仰韶先民长期生活实践的结果。在新石器时代中期常见的胎装饰技法和纹样基础上的彩陶兴盛起来，以仰韶文化为代表，彩绘纹样丰富，色彩鲜明，常以黑彩、红彩绘植物纹、动物纹、几何纹、变形动植物纹等。半坡遗址出土的人面网纹盆就是典型代表。这一时期出现了升焰式窑炉，有横穴窑和竖穴窑之分，出现了窑箅，提高了烧成温度。

新石器时代末期即龙山时期，制陶技术到达一个新的高度。胎质坚硬，广泛采用轮制技术，器型规整，器壁变薄。器类丰富，可分为鼎、鬲、釜、甑等炊器，碗、盘、豆等食器，斝、壶、杯等酒器，罐、瓮、盆等水器。装饰以拍印、刻画、镂空为主，纹样有绳纹、篮纹、几何纹等，彩绘陶减少。山东龙山文化遗址出土的黑陶杯，胎壁薄如蛋壳，器型规整，通体漆黑光亮，胎壁仅厚0.3~1mm，还常在柄部施以精美的镂空装饰，显示了极高的工艺水平。

2.夏商周时期的陶器

夏商周时期陶器继续发展，类型丰富，形制多样，承载的文化信息也更丰富，是判定文化内涵的重要依据。同时，随着制陶技术的进步，陶器质量也更高，器型规整，纹饰精美。在生产和使用传统灰陶、黑陶、红陶的基础上，东周时期彩绘陶繁荣，新石器时代就已出现的白陶流行，还生产出了精美的印纹硬陶。陶器的使用和功能也进一步拓展，夏代陶器开始被用作建筑材料，商代晚期出现作为随葬明器的仿铜陶礼器，并不断发展。西周开始，出现用作建筑材料的砖瓦。

（1）夏商周灰陶

夏商周灰陶器按用途主要可分为实用器皿、明器、建筑用陶和生产工具四大类。其中，实用器皿又分为炊器、饮食器和盛储器三类：炊器包括鼎、鬲、甗、甑等；饮食器包括爵、豆、盘、簋；盛储器有罐、壶、卣、瓿、盆、瓮、樽、缸等。炊器多圆底、平底、袋状足、三圆锥形足。盛储器多小口高领、圆肩，或敛口折肩，或敞口收颈，腹部都比较深，胎体厚重结实，使用方便。

明器主要是仿青铜礼器的模型明器。商代晚期开始出现，器型有鼎、爵、瓿、卣、樽、簋等。西周时期流行鼎、簋、豆、壶。东周中原三晋地区流行鼎、壶、杯、盘、匜，楚地流行鼎、敦、壶，秦国流行鼎、簋、方壶、匜、甗。

建筑用陶包括陶水管、板瓦、筒瓦、瓦当、砖等。夏代就开始使用陶水管，二里头遗址就出土有陶水管，而板瓦、筒瓦、砖和瓦当在西周开始出现。

陶质生产工具包括网坠、纺轮、陶拍、印模、陶范和陶模、坩埚等。

夏商周时期陶器的制法轮制、模制、手制皆有，复杂器型往往使用多种方法制成。装饰技法有刻画、拍印、戳印、模印、贴塑、镂空等。纹样内容丰富，以拍印的绳纹最为常见，还有拍印的篮纹、方格纹和篦划纹、三角纹和附加堆纹、镂空等。商代陶器尤其是仿铜陶礼器上出现模印的饕餮纹、云雷纹、蝉纹和夔纹等青铜器常见纹样，西周陶器上出现重环纹。

（2）东周彩绘陶

彩绘陶是在烧成的陶坯上进行彩绘装饰的陶器，这种彩绘色彩艳丽，但易脱落。新石器时代已经出现，在东周普及。一般在泥质灰陶上加彩，也有少数在红陶和黑陶上施彩。先涂一白灰或黄衣作底色，然后再在上面墨勾线条，填色涂绘而成。往往朱、白、黑、黄诸色兼用，色彩艳丽，器型种类与同时期的普通灰陶、红陶没有差别，多用作明器。

东周彩绘陶主要是仿铜陶礼器。其工艺是先烧成陶胎，再施以红、白等色彩绘，纹样有云气、重环、云雷纹、几何纹等。

（3）夏商白陶

白陶是以瓷石为原料烧造的陶器，烧造温度在600℃~900℃，烧成后呈白色。遗址起源于新石器时代，在仰韶文化、大汶口文化遗址、龙山文化遗址都有发现，器型以陶鬹最为常见。夏代和商代早中期白陶器物流行，进入西周逐渐消失。

夏代白陶主要出土于二里头文化遗址，商代早中期白陶主要出土于黄河中游地区，在长江中下游地区也略有发现，但数量不大。商代晚期白陶器则多见于北方的河南、河北、山东和山西，数量明显增多。器型以仿铜礼器为主。二里头文化白陶器型有盉、斝等，皆为酒器。商代早中期器型除此之外还有爵、豆、钵、罐等，商代晚期又增加了罍、壶、觯、卣、盂、簋等。其造型规整，做法讲究，胎壁厚薄均匀，质量上乘。常以刻画手法装饰兽面纹、几何纹等。商代白陶，尤其是殷墟出土的白陶，装饰精美，纹样繁多。皆为坯体晾干未烧前刻出，图案与当时的青铜器一致，有饕餮纹、龙纹、夔纹、蝉纹、云雷纹、三角纹、方格纹、乳钉纹、涡纹等。

（4）夏商周印纹硬陶

印纹硬陶是用瓷石做胎，在器物表面印有纹饰的陶器，因其烧成温度在1 100℃左右，烧成后硬度远高于普通陶器而得名。最早出现于新石器时代晚期南方地区，在福建昙石山文化遗址、江西筑卫城遗址都有发现。

夏商周印纹硬陶主要出土于南方地区，以长江中下游居多，北方较少。夏代仅有二里头遗址出土。商代变多，主要出土于南方。西周进一步发展，出土数量较大，流行于长江中下游地区。东周出土数量远不及西周，主要流行于吴越地区。

印纹硬陶器型以日常实用器为主。夏代有瓮、罐等。胎色紫褐，坚致，表面拍印几何纹。商代有瓮、罐、鬶、尊、瓿、釜等，一般为圜底。胎色不一，有紫褐、灰色、灰白、白色等。常印云雷纹、涡纹、回纹、圆圈、方格纹、绳纹、席纹等。器物内壁多有垫窝痕。西周以盛储器为主，有瓮、罐、坛、瓿等，一般平底，有的坛、瓮高度接近1m。拍印纹饰较商代丰富，常见云雷纹、夔纹、回纹、方格纹、波浪纹等，有些器物上会拍印两三种不同纹饰。春秋印纹硬陶基本承袭西周特征。战国印纹硬陶器型更为丰富，以瓮、坛、瓿、罐、钵、盂等盛贮器为主，春秋时流行的云雷纹、曲折纹很少见，而常见米字纹、方格纹、麻布纹、回纹等，有些器物肩部堆贴横"S"纹，两广地区的印纹硬陶还见篦点纹、祁齿纹。

一般认为，印纹硬陶和原始瓷器有着紧密的联系，是陶、瓷发展的连接点。

3.秦汉魏晋南北朝时期的陶器

秦汉时期，陶器制造水平又有了进一步提高。秦俑和汉代画像砖都具有极高的艺术价值。汉代还开创了低温釉陶技术，为之后各色低温釉的出现奠定了基础。东汉末年，随着瓷器的正式烧成和普及，作为日常用具的陶器减少，陶质建筑材料和明器流行。釉陶在北朝得到了一定发展。

秦汉至南北朝陶器有一定的共性。从陶器使用功能上讲，都可大致分为日常实用器、建筑用陶和明器三大类，其中，明器又可细分为仿铜陶礼器、日用器皿类明器、模型明器和俑四种。明器一般质量较差，尤其是日用器皿类明器，往往陶质疏松，尺寸很小，仅具其形而无法使用。从陶质上看，都以灰陶为主，同时少量使用红陶、黑陶、釉陶和印纹硬陶。灰陶主要用作实用器皿和建筑材料，红陶、黑陶和铅釉陶多用作明器。除刻画、拍印几何纹、绳纹等装饰外，彩绘是重要装饰手段，彩绘陶一般也用作随葬明器。

（1）秦汉魏晋南北朝时期的灰陶

典型秦代陶器主要出自关中地区的秦国也都咸阳和陕西省西安市临潼区秦始皇陵。其他地区秦墓出土的陶器往往还保留着当地战国晚期陶器的一些特点。

关中地区秦代灰陶日常实用器皿主要有釜、甑、鬲、钵、盆、茧形壶、罐、瓮等。其中的铲形袋足鬲、茧形壶和陶瓮等都保留战国秦文化陶器特征。仿铜陶礼器组合以鼎、豆、壶常见。陶俑以秦始皇兵马俑为代表。模型明器以陶仓和灶为主。中原地区器物组合由战国晚期的鼎、豆、壶逐渐变为壶、罐、盆。均继承了该地区战国末期造型。

秦代建筑用陶主要有砖、瓦、水管等。砖分铺地砖、空心砖两种。地砖一般为长方形，也有曲尺形、五棱形、楔形和子母砖等特形砖，砖面多模印几何纹；空心砖多为长方形，多于砖面模印几何纹或刻画龙凤纹，常用来砌筑墙面或做台阶踏步。瓦当有半圆形和圆形两种，半圆形瓦当在秦代早期多见，以素面为主；圆形瓦当在秦代中晚期流行，常模印几何纹、草叶纹、夔纹、龙凤纹、鹿纹等。秦始皇陵园一带发现的秦代砖瓦，陶土经过淘洗和捏练，陶质坚致，瓦的尺寸规格都很大，有的筒瓦长度超过半米，粗大厚重。

不少秦代陶器上发现有戳印的铭文，标明监造机构或器物所属单位，如"宫水""左司""咸亭""河市""丽山食官""丽山厨""大厩""宫厩"等。

汉代灰陶以泥质陶为主，砂质陶较少，烧制技术较前代大幅提高，一般呈青灰色，火候均匀，烧成温度在1 000℃以上，器型规整，质地坚实细密，大型器物增多。

西汉早期，中原汉墓中生活实用器有釜、甑、碗、耳杯、豆、钵、瓮、罐、壶、盆、缸等。仿铜陶礼器组合为鼎、敦、壶、钫或鼎、敦、壶。模型明器以仓、灶为主。陶俑体形较大，数量众多，以骑马俑、文吏俑、侍女俑、马俑等为主，多出于高等级贵族墓。这些陶俑多施有彩绘。关中地区灰陶仍保留一些秦代风格，茧形壶和陶豆仍有出现。西汉中期，茧形壶和陶豆消失，陶俑种类逐渐多样化，乐舞、杂技、宴饮等多见。东汉早期，鼎、敦等仿铜陶礼器数量减少，鼎、敦不同出。至东汉中期，鼎和敦基本消失，家畜、家禽俑增多，模型明器增加案、几等。东汉晚期，明器盛行，日用器皿类明器的灯、奁、案、耳杯、勺、碟、碗组合普遍，建筑模型明器中的楼阁、仓房、井、灶、猪圈等明显增多，乐舞俑、动物俑也更常见。长江中游地区汉代陶器的形制与器物组合和中原地区接近。两广和福建地区个别陶器具有明显地方特色。

建筑用灰陶以空心砖较有特色。多用于墓葬、宫室、陵园建筑，多模印精美花纹，题材有楼阁阙台、庭院建筑、乐舞、狩猎庖厨和神话故事等，内容丰富多彩。板瓦和筒瓦常拍印麻布纹或绳纹。瓦当有半圆和圆形之别，常模印青龙、白虎、朱雀、玄武四神兽及植物纹、云雷纹、几何纹等，另外还有大量印有文字的瓦当，已见的瓦当上的文字有"上林""千秋万岁""长乐未央"等。

三国至南北朝灰陶较汉代明显衰落，器类少、质量差。日用器皿类灰陶的器型、种类和数量很少。建筑用陶有一定特色。仿铜陶礼器彻底消失，模型明器和陶俑流行。

孙吴和西晋墓中常见杵、臼、践碓等生产、生活器具模型陶明器，鸡、犬、猪等家禽家畜俑及人物俑很少见。新出现了魂瓶。东晋以后，魂瓶消失，开始出现仪从车马等模型明器，工具类模型明器和家禽家畜俑继续流行。新出现明器"穷奇"。南朝墓葬中明器种类变化不大，但数量、质量皆不及前代。多为素面，有些器物有黑色陶衣，也有的装饰弦纹和刻画莲瓣纹。

南朝建筑用陶特征鲜明，包括画像砖、条砖、壁龛砖、瓦和瓦当，其中以拼图画像条砖、壁龛砖和瓦当等较有特色。画像砖为长方形，长30cm左右，一面模印纹样，内容包括仆侍、武士、文吏、贵族出行、伎乐、竹林七贤、飞天等人物题材，还有莲花、忍冬、缠枝花等植物纹样和四神兽等神瑞。有单独成画也有拼图成画的。西晋之前，南方地区流行云纹、兽面纹和人面纹瓦当，极富地方特色。东晋开始，兽面瓦当最为常见，东晋晚期莲花纹瓦当逐渐成为主流。

北朝灰陶除建筑材料外皆为明器，包括日常用具类、建筑模型类和陶俑类。其中人物俑中的武士俑最具特色，动物俑中骆驼俑等最有特点，新出现了镇墓兽。

（2）秦汉魏晋南北朝时期的彩绘陶

秦汉是彩绘陶的兴盛时期，以河南、陕西发现最多。

秦代彩绘陶主要包括仿铜陶礼器和陶俑两大类。前者陶质以灰陶为主，后者陶质以红陶为主。仿铜陶礼器主要有鼎、壶等。彩绘陶俑以秦始皇兵马俑为代表。这些兵马俑的形体大小近似于真人真马，雕塑写实传神，一般饰有彩绘，但遗憾的是在出土时基本脱落。

汉代彩绘陶包含明器和建筑材料两大类。其中，明器包括鼎、豆、壶、钫等仿铜陶礼器，碗、灯、香薰等日用生活类明器，院落、水榭、楼阁建筑模型明器和陶俑四大类。建筑材料主要是画像砖。

彩绘陶俑在高等级贵族墓中都有大量出土。其基本特征是，尺寸远不及秦兵马俑，彩绘以大面积涂抹为主，颜色浓艳，但不灵动。彩绘画像砖是汉代彩绘陶很有特点的一类，制作方式与一般画像砖相同，只是烧制好之后需在图案中需要的部位施相应的色彩，内容与普通画像砖相同，主要用于墓葬。

汉代彩绘陶在色彩的运用上，除继续沿用战国时期彩绘陶器的红、黄、黑、白四色外，又新增加了橙、赭、青、绿、灰、褐等色，从单纯的原色扩大为复杂的间色的配合，使陶器的色彩更加丰富和谐。

另外，汉代还有在灰陶表面涂漆以模仿漆器的现象。山东省临沂市的银雀山汉墓中许多灰陶器都涂有浓厚的黑色或褐色漆。湖北省云梦县也有出土大坟头汉墓的一件涂漆陶壶。

三国两晋南北朝时期，彩绘主要应用于陶俑之上，一些瓦当和碗、盘、杯类明器也会施彩。以北朝陶俑最具代表性。北朝人物俑可分为文吏俑、武士俑、男侍俑、女侍俑、伎乐俑、仪仗俑等，其中武士俑最生动，有甲骑具装俑、按盾武士俑、佩刀武士俑、负盾武士俑、侍卫俑等多种造型。动物俑则以马俑最为常见，具有较高的写实技巧。河北景县封氏墓群出土的陶马，四蹄矫健、肌肉丰隆、塑造生动、鞍饰豪华、彩绘鲜明、形神兼备，艺术水平很高。

（3）秦汉魏晋南北朝时期的低温釉陶

低温釉陶是一种铅釉陶器。一般以普通黏土为胎，成形后在器表施铅釉，入窑在700℃~900℃的温度下烧成，釉料中的铁、铜、钴、锰等为呈色剂，铅为助熔剂。烧成后胎一般为砖红色，陶器表面形成一层浓厚光亮的釉面。

目前已知最早的低温铅釉陶器出现于战国时期，汉武帝时期（公元前141—公元前87年）集中见于关中地区，西汉后期开始流行，陕西、河南两省发现最多。东汉时期在北方地区普及，甚至在长江流域也有所见。

汉代釉陶形制、种类与普通灰陶、彩绘陶相同，但皆属于明器。也可分为仿铜陶礼器、日用器皿、陶俑和模型明器四大类。釉色则有棕黄、深绿、浅绿、黄、黄褐、酱褐等色，以绿釉居多。一般来说，棕黄色釉陶出现较早，绿色釉陶出现较晚，后者在东汉大量流行。汉代釉陶还有使用多色釉（亦称复色釉）的情况。另外，出土的汉代釉陶还存在"泛铅"现象。三国两晋南北朝时期，釉陶主要在北方地区流行。北魏建立之前，铅釉陶器数量很少，质量也大不如前。北魏建立后，低温釉陶有了发展，北朝晚期还流行多色釉陶，仍作为明器使用。

北朝釉陶主要包括实用器皿和俑两大类。器型、种类与同时期的灰陶器相同。釉色有绿、黄褐、黑褐、黄等单色釉，也有黄绿、黄白绿等多色釉。河南安阳北齐武平六年（575年）范粹墓出土的黄釉扁壶是单色釉陶的代表。山西太原武平元年（570年）娄睿墓出土的多彩釉水盂则是多彩釉陶的代表。俑包括各类人物俑、动物俑和牛车等生活用具模型。大同北魏太和八年（484年）司马金龙墓出土了大批釉陶俑，其中的绿釉骆驼俑为迄今所见最早的。北朝釉陶有泥质红陶胎、灰陶胎，也有瓷土烧制的白陶胎。山西寿阳北齐清河四年（565年）库狄回洛夫妻合葬墓就出土了白陶胎的黄釉莲花尊等。

4.隋唐及其之后的陶器

隋唐陶器主要有灰陶、彩绘陶和三彩釉陶。灰陶建筑材料主要是砖瓦、鸱吻等；明器有罐、碗等日常用具类，牛车、仓、灶等模型明器与俑和专用明器塔式罐。唐三彩属于低温铅釉陶，也都作明器使用。

宋元明清陶器中，灰陶主要作为砖瓦等建筑材料，碗、盘等日常用具类模型明器和陶俑也还可见到。元代开始出现的珐华和明代出现的紫砂、宜钧等是几种特殊的陶器。

（1）"唐三彩"

唐三彩是一种低温铅釉陶，一般用白色黏土做胎，釉以铅为助熔剂，以铜、铁、钴、锰等为呈色剂。先在1 100℃左右的高温下烧成素胎，然后施釉，再经过约900℃的低温二次烧成。釉面呈深绿、浅绿、蓝、黄、白、赭、褐等多种颜色，因以黄、绿、白三色为主，俗称唐三彩。

三彩器在唐高宗时期开始出现，开元、天宝年间（713—756年）是其高峰时期，天宝以后逐渐减少。两京地区唐墓出土最多，江苏扬州和山西、甘肃两省唐墓也有出土，其他地区出土较少。随葬唐三彩种类、数量的多少及尺寸的大小是墓主地位高低的体现。

唐三彩可以分为生活用器、建筑模型和俑三大类。生活用器有瓶、壶、罐、钵、杯、盘、碗等；俑可分人俑和动物俑两类。人俑有仕女俑、伎乐俑、牵马俑、文官俑、武士俑、天王俑等，有的为西域民族造型；动物俑有镇墓兽和家禽家畜等，以马俑最为精美。建筑模型常见的有亭台楼阁、仓、灶等。其中，生活用器的出现要早于俑，武则天以后的墓葬中俑才较多出现。

迄今为止，发现生产唐三彩的窑址有河南巩义窑、河北内丘邢窑和陕西铜川耀州窑、西安唐长安醴泉坊三彩窑址。其中以巩义窑烧造规模最大。耀州窑则出土过大型三彩建筑构件，唐长安醴泉坊窑址出土过三彩俑残件。

唐三彩远销海外，印度尼西亚、伊拉克、埃及、朝鲜和日本都出土过唐三彩。

受中国唐三彩的影响，新罗仿烧了一种称为"新罗三彩"的铅釉陶器，日本仿烧了被称为"奈良三彩"的陶器。

（2）珐华

珐华即珐华器，又称"法华""法花"，是明代山西地区生产的一种源于琉璃的低温釉陶。釉料以牙硝为助熔剂，施釉时，先采用沥粉技术在陶胎表面勾勒出纹样轮廓，然后按纹样需要以所需彩料填底子和花纹的彩釉，彩釉的呈色剂为各种金属矿物，最后入窑烧造。烧成后纹样的边廓突起，有立体感。文献记载，珐华源于元代北方地区。明代景德镇宣德时开始仿烧瓷胎珐华器，明代中期开始兴盛。珐华器一般是日用器皿，主要是小件的花瓶、香炉、动物等。

（3）紫砂

紫砂是用江苏宜兴所产的一种含铁量高的特殊陶土紫砂泥制成的无釉细陶器，明代中期以后盛行，主要用作茶具。紫砂器胎质坚实细密，胎色呈红褐色、淡黄或紫黑色，一般不施釉，器型以茶壶为主。紫砂器的制作不用拉坯工艺，一般先制泥片，用模制或镶接法成形。在1 100℃~1 200℃烧成。紫砂泥质地细腻、柔韧、可塑性强，烧成后气孔率和吸水率介于陶器和瓷器之间，适宜冲泡散茶。

明清涌现出一批紫砂制壶名家。最早见于文献的是正德年间的龚春，其作品称"龚春壶"，之后有万历年间的董翰、赵梁、元畅、时朋"四大家"。明代紫砂以时朋之子时大彬成就最高。

明代紫砂器壶式样繁多，造型简练、大方，制作精巧，存世极少。迄今出土所见最早的一件为南京中华门外大定坊明嘉靖十二年（1533年）司礼太监吴经墓出土的提梁壶。该壶圆腹、提梁、短流、带盖，形体稳重，古雅浑厚。扬州市博物馆藏有一件"大彬"款六方紫砂壶。壶通体六角形，泥条耳把，与其相对的一侧为六角形流，底刻楷书"大彬"二字，造型古朴端庄，是时大彬的代表作。

清代宜兴紫砂迅速发展，涌现出一大批著名的匠人。清初最著名的是陈鸣远，他技术精湛，善翻新样，善施雕镂，所制茶具和陈设品造型多样。另外还有雍正、乾隆时期的王南林、杨友兰、邵玉亭等。晚清名家则有杨彭年、杨凤年和陈鸿寿、邵大亨等。陈鸿寿号曼生，善书画，精篆刻。由他设计、杨彭年等人制作的紫砂器，将壶艺与诗、书、篆刻结合起来，成为世称"曼生壶"的名品。

清代紫砂器造型丰富多样，还有紫砂茶杯、花盆和各种陈设品、玩具、仿各式瓜果象生器、仿古铜器等。清初紫砂壶上开始出现用竹刀刻画的铭文和绘画，内容有诗文、仿青铜器铭文等，绘画内容有山水、人物、"四君子"等。乾隆时期开始在烧成的紫砂器上施珐琅彩花卉。

历代紫砂工匠都有在壶底、壶把下方等处落款的习惯，明代多为印刻，清代多为钤印。所见有"大彬""时大彬""阿曼陀室""彭年""曼生"等。

（4）宜钧

宜钧是明代晚期宜兴窑模仿宋钧窑产品特征创烧的一种低温釉陶，因釉面与宋代钧窑乳浊釉相似而得名。宜钧以宜兴当地所产紫砂和白泥为胎，生坯挂釉在1000℃的温度下一次烧成。釉中呈色剂为铁、铜、钴、锰等金属矿物，烧成后釉色有天青、天蓝、葡萄紫、月白、花釉、仿哥等，釉水光润有乳浊感，釉色变幻多姿。

明代生产宜均的作坊很多，最著名的窑场为"欧窑"。清朱琰《陶说》载"明时江南常州府宜兴县有欧子明者所造瓷器曰欧窑"。清代宜钧继续发展，较为著名的匠人为乾隆嘉庆年间的葛明祥、葛源祥两兄弟。

宜钧器物主要有碗、盘、杯、盂、瓶、樽、罐、炉等实用器和陈设器，也有佛像、菩萨、仙道人物等。

（5）广钧

广钧是明清时期广东省佛山市的石湾窑仿宋钧窑产品生产的一种釉陶。以黏土为胎，多种金属矿物为釉的呈色剂，经常几种釉配用，铅做助熔剂，先烧素胎，然后上底釉，再上面釉，烧造过程中各种釉色相互浸流、混合，烧成后釉层肥厚，釉色斑斓。釉色有翠毛蓝、玫瑰紫、墨彩、葱白、花釉、雨淋墙等，极富特色。

明代广钧器型主要有碗、盘、瓶、罐等生活用具，晚期的一些作品上常刻印工匠或坊主名款，有"杨升""可松""陈粤彩""祖唐居"等。清代出现了文房用具、仿古陈设器和渔樵耕读等内容的陶塑，器物名款更为常见，康熙时有"两来正记""文如璧"等，乾隆时有"大昌""宝玉""来禽轩"等，道光时有"黄炳""瑞号"等。晚清还有"唐祖居"款的仿品。

二、瓷器

瓷器也是经窑火烧制而成的器物，与陶器通常以"陶瓷"并称，但它们有着本质的不同。陶器在世界上许多地方的新石器时代遗存中都有发现，瓷器则是中国先民独有的发明。

（一）瓷器和陶器的区别与联系

瓷器和陶器在原料、烧成、质感等几个方面存在着本质的差异，在胎色、透光度等方面也有明显的差异。

第一，瓷器的基本制作原料是瓷石（主要成分是石英和绢云母）或高岭土；陶器的胎质一般都是普通黏土，只有白陶和印纹硬陶等少数品种才含有较高的瓷石或高岭土成分。这是二者在胎质方面的、也是最本质的不同。

第二，瓷器表面一般都有高温烧成的玻璃质釉；陶器通常不施釉，西汉以后有些陶器的表面有低温铅釉。这是二者在质地和外观上的重要差别。

第三，瓷器必须经过高温焙烧胎体才能烧结，各地瓷土的化学成分不同，瓷胎烧结的温度也不尽相同，但通常都要高于1 200℃；陶器的烧成温度比较低，除一些特殊品种外，大部分陶器的烧成温度不超过1 000℃。

第四，瓷胎烧结后不吸水或基本不吸水，叩击声音清脆；陶胎一般都吸水，叩击声音哑然。

第五，以早期越窑为代表的南方青瓷一般是青灰或灰白色胎，由于原料产地不同和后来胎土淘洗日益精细，瓷胎多为白色；陶胎因黏土本身成分不同和烧成过程中窑室气氛的差别，会呈现出红、红褐、灰、灰黄、黑、白等不同色调。

第六，部分窑场产品中普通碗盘厚薄的瓷胎可以透光，即瓷胎具有透光或半透光性；陶胎不具有透光性，如有些龙山文化的黑陶虽薄如蛋壳，但仍然不透光。

上述区别前四点最重要，从这几个方面把中国历代陶瓷器分成了陶器和瓷器两大种群。

关于瓷器与陶器的关系，中国研究者曾经有过"陶瓷同源说"和"陶瓷异源说"两种截然不同的观点。

陶瓷同源说认为：瓷器从陶器发展而来，从陶到瓷，中间经历了一个"釉陶"（包括商周"高温釉陶"即现在通称的原始瓷器，和西汉出现的"低温釉陶"即铅釉陶）阶段，陶与瓷之间不存在本质的差别。这是一种传统的、初始的看法。冯先铭在20世纪70年代初也曾经提出："当陶器制作技术不断提高，经验不断积累，到了条件具备时，就出现了瓷器。因此，可以说瓷器是陶器发展的必然结果。"[1]从印纹硬陶到早期瓷器烧成，经过了一千几百年，这一段比较长的历史时期在我国陶瓷发展史中处于由陶到瓷的过渡阶段。当中国瓷器起源的真相尚处于朦胧状态时，很多研究者本能地认可陶瓷同源说。

陶瓷异源说认为：因为原料质地不同，陶器和瓷器存在着本质差别，"前者（陶器）绝不可能发展成为瓷器"[2]；陶器、瓷器各自循着自身的轨迹发展，尤其是灰陶，从新石器时代一直应用到现在；在这数千年中，从未有向瓷器发展的迹象，其变化只是在器形、花纹和泥质粗细上。这种观点自20世纪50年代末以来，经历了由被漠视到逐渐被理解和认同的过程。

从20世纪20年代以来各地商周遗址和墓葬中大量出土的原始瓷器及其与印纹硬陶的关系来看，上述对立的两种观点各有自己的道理但都不全面，中国陶器与瓷器的关系似乎不能简单地以"同源"或"异源"来概括。从商周以后的发展历史来看，瓷器与陶器存在本质上的差异，二者分别属于两个不同的种群，瓷器肯定不是直接脱胎自普通的黏土陶器。但它们之间并非毫无关系，陶器的原料选择、制作和烧造工艺经验积累等促成了瓷器的发明；同时，达到成熟以后的瓷器也对陶器的品种和装饰产生过一定的影响。中国古代陶器与瓷器的联结点是印纹

---

[1] 冯先铭.我国陶瓷发展中的几个问题——从中国出土文物展览陶瓷展品谈起[J].文物, 1973（07）: 20-27+14+28-29+87-88.

[2] 郭仁.关于青瓷与白瓷的起源[J].文物, 1959（06）: 13-14.

硬陶，它们也从印纹硬陶开始各自向不同的方向发展。

（二）中国历代瓷器的品种及其特点

中国瓷器有着大约4 000年的发展历史，按瓷器品种特点等可分为六期。

1. 夏—汉：瓷器的出现到正式烧成

根据考古发现和物理化学测试结果，中国最早的瓷器在公元前2 000年左右已经出现。1974年，山西夏县东下冯龙山文化遗址的第三层即龙山文化晚期文化层的遗物中发现了原始瓷残片20余块，其年代碳十四测定为距今4000年左右。1993年，上海市闵行区马桥遗址中也出土了原始瓷器，不仅有青釉，还有黑釉。经中国科学院上海硅酸盐研究所和上海博物馆测试分析，其烧成温度为1 150℃～1 180℃，其年代为距今3 900～3 500年。2002年，在夏文化的核心区域——河南偃师二里头遗址3号基址属于二里头文化第二期的贵族墓葬中也发现了印纹陶器和原始瓷器。这些发现把中国原始瓷器出现的时间推进到了夏代纪年范围内。中国古陶瓷研究界1980年以后基本一致的观点认为，在距今3 500年左右的商代二里岗期等地出土的高温青釉器物已经属于瓷器范畴，并由此确立了"原始瓷器"的概念。这些器物以瓷石或高岭土作胎、施青色石灰釉、烧成温度在1 100℃～1 200℃、胎体已经基本烧结而不吸水；但质地还不够纯洁，有些器物还没有完全烧结，胎的白度和透光度也还比较低。商周原始瓷器在南北方都有发现，在河南、陕西等北方地区多出土于墓主身份很高的大墓中，如燕侯、晋侯、应侯、井叔等贵族或其宗亲的墓和郑州商城遗址、安阳殷墟遗址等都城类大型遗址中；而南方地区则不尽然，并且若以遗址或墓葬为单位来衡量原始瓷器的出土数量，则南方明显多于北方。根据已知考古资料，商周原始瓷器的生产主要集中在浙江、江西等南方地区，其中江西樟树吴城遗址6号龙窑判定为商代晚期原始瓷器烧造的遗存，江西省鹰潭市也发现有相当于商代晚期至西周早期的原始瓷窑遗址，浙江省德清县的火烧山与防风山等地发现西周晚期至春秋时期的原始瓷窑遗址。北方地区是否有原始瓷器生产，目前仍有不同看法。

春秋时期原始瓷器的制作技术有了很大的进步，质量大为改进，并且在江浙等东南地区形成了发达的地域性手工业。2007年德清火烧山窑址考古发掘证实，该窑春秋早期前段产品的质量最高，器型种类丰富，胎釉的质量也比较稳定。战国早期，江浙地区瓷器的生产水平更高，从胎、釉、烧结度等外观特征观察，有些产品的质量已经不逊于后来的六朝青瓷。具有代表性的窑址在浙江受楚灭越等兼并战争影响，战国中晚期到秦末汉初，江浙地区的瓷器生产全面衰退。西汉初年的原始瓷器在徐州、邳州等苏北地区有比较集中的发现，但风格和工艺等都明显不同于早期产品，二者应该不是直接的继承发展关系。东汉时期浙江北部原始瓷器的生产和质量迅速恢复提高，大量的纪年墓葬、上虞和宁波等地的窑址考古资料，以及相应的科技测试结果证实：东汉晚期或再稍早一些，中国的瓷器在浙江正式烧成，中国陶瓷器的发展由此进入了一个全新的时代。

2.三国—隋：南北方青瓷的发展和白瓷的烧成

三国两晋南北朝是一段很长的分裂时期，南北方制瓷业的发展也不平衡。南方地区，浙江上虞、绍兴等地的青瓷生产在东汉的基础上产品质量稳步提高，以青灰色胎、青绿色釉为基本特征的"早期越窑"瓷器形成了自己的特色，成为当时南方青瓷的代表。一段把这一时期以江浙地区为主的南方青瓷称为"六朝青瓷"。从造型和装饰艺术来看，西晋越窑瓷器堪称六朝青瓷之翘楚；除常见的碗、盘、罐、鸡头壶、多子盒等日用器皿外，还盛产堆塑瓶（谷仓罐）和各类模型明器。南朝后期开始，浙江北部的瓷器生产趋于低落，质量和产量都有所降低。

东晋南朝或更早到东汉晚期，浙江金华、温州、德清，江苏宜兴、江西丰城、湖南湘阴、四川邛崃等南方其他地区的制瓷业也先后发展起来。

由于东汉末年开始的长期社会动乱，北方地区陶瓷业的发展受到影响，北魏统一北方（439年）以后的墓葬中开始有少量瓷器发现，孝文帝迁都洛阳（494年）以后墓葬中随葬的青瓷逐渐增多，但大多是南方窑的产品。北方窑址和纪年墓葬的大量资料显示，北朝制瓷业开始出现的时间应该不会早于北魏晚期，绝大部分已发现的窑业遗存都属于东魏、北齐时期。南北朝时期南北方青瓷有明显的差异，越窑等窑场以南方地区盛产的瓷石为制瓷原料，其特征是高硅低铝，胎色灰白或青灰。北方的邢窑等窑场以当地较为多见的高岭土和长石为瓷胎原料，其特征是高铝低硅，胎色浅淡，釉的玻璃质强，呈淡青或水青色。北方青瓷出现以后发展迅速，北朝末年到隋代形成一个生产高峰。经过考古调查或发掘的窑址主要有山东的淄博寨里窑、泰安中淳于窑、枣庄中陈郝窑、临沂朱陈窑，河北的临城、内丘、邢台一带的邢窑，河南巩义的铁匠炉村窑、白河村窑，河南安阳的灵芝窑、相州窑，安徽的淮南窑，江苏徐州戏马台窑等。这些窑址都分布于东魏—北齐的统治区域内，年代大多为北朝至隋，邢窑和淮南窑等窑场最晚至唐代晚期。

北朝晚期，北方开始出现一种胎色白或灰白、釉色透明或接近于白色的瓷器，已经发现的窑址主要有临城等地的邢窑、巩义白河窑等。到公元600年前后的隋代中叶，在北方青瓷长足进步的同时，白瓷质量也大幅度提高，由此奠定了中国瓷器烧造历史上"南青北白"的生产格局。

3.唐五代：中国古代制瓷业的全面繁荣

唐代制瓷业出现了前所未有的繁荣局面，青瓷和白瓷是当时的两个主要瓷器品种。青瓷生产主要集中在南方，曾经一度衰歇的越窑大约从中唐开始走向鼎盛，产品以青灰色胎、青绿或青黄色釉为基本特征，再度成为青瓷之冠。吴越王国控制浙江地区的唐末至宋初，越窑制作和装饰工艺达到了顶峰，除以青翠的"千峰翠色"取胜外，还出现了精美的细线划花工艺。具有代表性的窑场有慈溪上林湖窑、上虞窑寺前窑等。唐代其他著名的青瓷窑场还有浙江金华的婺州窑、温州的瓯窑，湖南湘阴窑，安徽淮南的寿州窑，江西丰城的洪州窑，四川邛崃窑等，大都是在南朝至隋代制瓷业基础上的继续发展。此外，还有一个见诸陆羽《茶经》等文献记载、但尚未发现窑址的鼎州窑（地望在陕西）。

唐代白瓷窑场集中在北方，以内丘邢窑为代表，白胎、质地精细是其基本特征。其他比较重要的白瓷窑场还有河北曲阳定窑，河南巩义窑、新密窑，陕西铜川耀州窑等，胎质一般不如邢窑。邢窑在唐代晚期达到鼎盛，随即走向衰落，定窑则在唐末五代时质量迅速提高，后来居上。

除青瓷和白瓷外，唐代黑瓷在南北方许多青瓷或白瓷窑场中都有兼烧，产量和质量也很可观。高温黄瓷也兼烧于南北，以安徽淮南寿州窑和萧县白土窑最为著名。湖南长沙铜官窑胎釉特征接近岳州窑，但以贴花褐彩、釉下红绿彩绘等装饰见长，还有少量的红釉、绿釉瓷器。河南鲁山段店窑出产"花瓷"，以在深色底釉上加饰浅色釉斑点为特色，有壶、罐、拍鼓等品种。河南巩义窑的绞胎瓷（深浅两色胎泥制坯）、白釉钴蓝彩瓷（即"唐青花"）、彩釉陶器（即"唐三彩"）等，也都是各具特色的品种。

4.宋辽西夏金：中国古代制瓷业的高峰

从五代开始，"南青北白"的生产格局逐渐被打破，瓷器品种的分布开始呈现出犬牙交错的面貌。宋辽金时代是中国陶瓷发展史上的高峰，瓷器生产遍布各地；各窑场在互相学习、模仿、竞争中逐渐形成了以品种和装饰特色差别为标志的若干"窑系"，这些窑系大多从北宋延续到南宋和金代，有些还到了元代。按照品种和基本装饰特征，可以把这一时段众多的瓷器窑场分为八个窑系，其中代表性窑场的标志性产品及其简要特征概括如下。

越窑系以传统越窑青瓷为代表，延续到北宋的越窑窑场有慈溪上林湖窑、宁波鄞州窑、上虞窑寺前窑、绍兴官山窑、宁波郭童岙窑等。其胎釉特点均与五代时期无甚差别，只是细线划花、刻花等装饰更为流行，图案都很精细。细线划花纹样繁缛，流行双蝴蝶、对鹦鹉等，刻花莲花瓣纹也颇有时代特色。北宋中晚期，典型的越窑青瓷已不多见。慈溪彭东乡曾发现有南宋青瓷窑址，其中低岭头发现有与传统越窑风格迥异而与郊坛下官窑相似的"官窑型产品"，寺龙口窑既有南宋产品，也有北宋及以前的产品。从产品特征来看，上林湖地区的南宋青瓷明显有受北方青瓷影响，并不是北宋越窑的直接延续。

耀州窑系以陕西铜川黄堡镇耀州窑为代表，具有鲜明的北方青瓷特征。胎色青灰，釉色青中闪黄。北宋中期以后，独特的釉色和刻花、印花技术的相继兴起，推动耀州窑进入了鼎盛时期。常见纹样有菊花、牡丹、游鱼、戏鸭、犀牛望月以及少量的龙、凤等，另外还有一些婴戏纹。金代中后期耀州窑的胎釉均变粗，釉色更多见姜黄色；金末元初耀州青瓷生产趋于衰落。

龙泉窑系以浙江龙泉的龙泉窑为代表。该窑始烧于五代，生产仿越窑系的青瓷。北宋时期开始逐渐形成自己的风格，南宋时期，龙泉窑的中心窑场大窑、溪口、金村等处烧出了粉青、梅子青等青釉的上品，成为标志性产品；此外，还有少量的黑胎仿官式青瓷。南宋晚期，龙泉青瓷逐渐影响到其他地区，形成窑系。

定窑系以河北曲阳定窑为代表，产品白胎白釉，装饰有刻花；钧窑系以河南禹州钧窑为代表，主要窑址有禹州市区的钧台和神星镇刘家门、下白峪、杨岭寨等。以各种红蓝色窑变釉为基本特征。窑变钧瓷不同于一般青瓷，其釉料中还含有一定量的铜、钛、锡、磷等元素，成品为绚丽多彩的窑变釉，依主要呈色剂的不同，分为以蓝为主色调和以红为主色调的两个品种。

景德镇窑系，以江西景德镇窑为代表，其标志性产品是北宋初出现的青白瓷（也叫"影青瓷"）。景德镇及周边的青白瓷窑址很多，其中湖田窑做过较为细致的调查和研究。产品白胎，胎质细腻，透光度极好，釉色白中透青。装饰技法方面，早期多素面，中期以后多见刻花，题材以花卉为主，有牡丹、菊花、莲荷、水波、飞凤等。南宋多见覆烧芒口碗、盘，早期多见刻花和划花，图案主要是牡丹、莲荷、婴戏花丛等，印花流行于南宋晚期，图案仍以花卉为主。南宋后期青白瓷的胎、釉都略显粗糙，特别是釉的光泽度和透明度都有所降低，釉色明显分为偏青和偏白两类，后者很可能就是文献记载中的"南定"。

建窑系，以适应"斗茶"需要的黑釉茶碗为标志性产品，最负盛名的窑场是福建的建窑和江西的吉州窑，经过特殊工艺处理，形成了许多品种，如兔毫、油滴、鹧鸪斑、玳瑁斑、剪纸贴花、木叶纹、彩（釉）绘、曜变、金彩等。建窑遗址在今福建建阳水吉镇芦花坪，黑瓷主要是碗，胎体厚重，釉色乌黑，釉质莹润。有少量碗底和一些窑具上有阴刻"供御"等字样，是专门为宫廷生产的贡瓷。

在民窑大发展的同时，宋代还正式出现了专门为宫廷生产御用瓷器的窑场，习惯上称为"官窑"。两宋官窑先后有汝窑、汴京官窑（北宋官窑）、修内司官窑、郊坛下官窑等，产品基本都是天青、粉青等釉色精美的青瓷，除常见的盘、碗、瓶类外，还有不少如贯耳壶、觚等仿古造型的陈设瓷，以及各式香炉等祭祀用瓷。官窑有一些传世品收藏于海内外著名博物馆，经过考古发掘的宋代官窑窑址的有河南宝丰清凉寺汝窑、浙江杭州郊坛下官窑，另外，修内司官窑已经基本确认在杭州万松岭，北宋官窑也发现了疑似线索。

先后与两宋并立于北方的辽、西夏、金三个少数民族王朝区域内也各有制瓷业，它们在整体上受定窑系和磁州窑系的影响比较大。比较重要的辽代窑址有上京（在今内蒙古巴林左旗）地区的上京窑、南山窑和白音戈勒窑，赤峰缸瓦窑，辽宁辽阳江官屯窑，北京门头沟龙泉务窑等。西夏窑址考古资料长期缺乏，1983年以后相继发现了宁夏灵武磁窑堡窑址、回民巷窑址。金先后灭辽和北宋，其制瓷业是辽和北宋北方诸窑系瓷器生产的继续，大定（1161—1189年）以后，磁州窑、钧窑等窑场生产规模很大，形成了时代特色且不乏精品。北方三朝陶瓷的总体质量和生产规模不如两宋，但一些器物造型和装饰却显现出鲜明的地方和民族特色。

5.承先启后的元代瓷器

从南宋覆亡（1279年）到明朝建立（1368年），元朝统一中国的短短90年是中国陶瓷发展史上一个重要的承先启后的时代。磁州窑、钧窑、景德镇窑、龙泉窑等著名窑场仍在继续烧造，品种虽不及宋金时期丰富，但产量却依然可观。同时，景德镇窑在元代中后期相继成功烧造出青花、釉里红两种彩瓷和高温蓝釉、红釉、白釉等新品种，框定了明清时期瓷器产品种类的基本格局。此外，从宋代开始的"二元配方法"和元代"石灰—碱釉"或"碱—石灰釉"的新配方等制瓷工艺的突破性进步，进一步奠定了景德镇后来执全国瓷器制造业牛耳的地位。

6.明清：中国古代制瓷业的又一高峰

明清时期，诸多曾经兴盛一时的著名窑场相继衰败，唯有景德镇窑日益蓬勃发展，成为著名的"瓷都"。明清景德镇众多的窑场依其生产性质也分为官窑和民窑，官窑生产高峰迭起，特别是明代早中期，产量和质量都令人叹为观止。明初官窑禁令极严，民窑的生存空间甚小，从正德（1506年）开始，官窑禁令放松，民窑有了突飞猛进的发展，官窑与民窑在产品质量、制作工艺等方面的差异日渐缩小，清代全盛时期的官窑已经不再直接生产供御瓷器，只是一种生产的组织和管理机构，并且具备了一定的近代研究院所的性质；某些民窑产品已经等同甚至超越了官窑。

明清景德镇窑产品种类很多，可以分为青花瓷、彩瓷、颜色釉瓷三大类。青花瓷器是明初以前产品的主流，因不同时期所使用青料的成分不同，青花的呈色也有明显的不同；

彩瓷有釉上彩、釉下彩（青花瓷器也是釉下彩的一种，但因其产量远远多于其他品种，故单列）、釉上釉下混合彩等几种不同工艺，具体品种名目繁多，有五彩、矾红彩、斗彩、素三彩、珐琅彩、粉彩等；颜色釉瓷器的种类也很多，从工艺上可以分为高温一次烧成和高、低温两次烧成两种，其颜色除蓝、红、白、黄、青等主色外，在清朝鼎盛时期还有许多副色。

明清时期浙江龙泉窑青瓷，福建德化窑白瓷，福建漳州窑青花瓷和彩瓷等也都是很有特色的瓷器品种。

第二节　古陶瓷修复的界定与类型

一、古陶瓷修复的界定

古陶瓷修复包含陶瓷器文物的检查、清洗、拼接、加固、配补、上色等一系列保护与复原的操作。修复者需要掌握文物的背景信息与文化价值，对文物的材质、受损情况有全面的评估，并且了解各种保护修复材料与工艺的性能、特点，才能针对器物的"病症"对症下药，在确保文物安全的前提下，最大限度地忠实复原本已残缺不堪的陶瓷器文物（图2-1）。

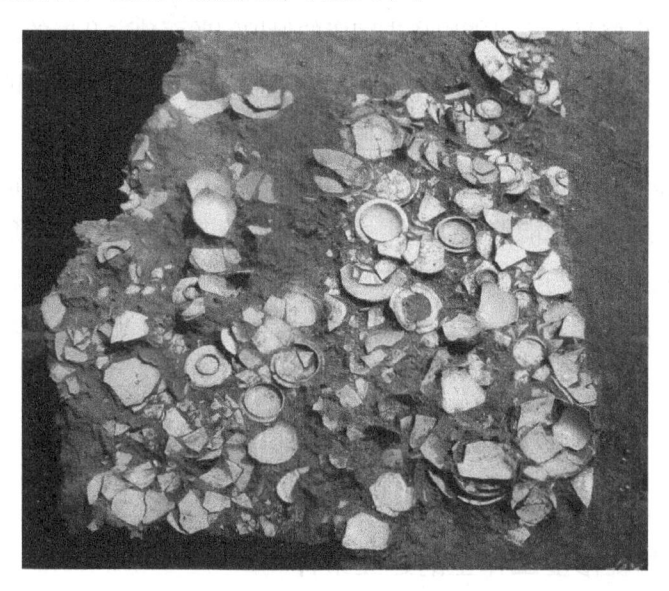

图2-1 破损古陶瓷示例

二、古陶瓷修复的主要类型

（1）考古修复：又称"研究修复"，指对于拼缝、补缺部分，保留修复的痕迹，使观众能轻易分辨出哪些是原器物，哪些是修复部分。这种修复方法完全忠实于原物。

（2）美术修复：又称"商品修复"，指对于器物的修复部分进行上色，以达到淡化修复痕迹，甚至"天衣无缝"的效果。在学术界，对于美术修复的合法性颇有争议。

（3）陈列修复：这种修复的效果介于考古修复和美术修复之间。通常理解为在一定距离外看不出修复痕迹，而在近处可以分辨；或者在朝向观众的一面看不出修复痕迹，而在背面或内部保留修复痕迹。这种修复原则为国内外许多文博单位所采用。

三、古陶瓷的保护和修复

古陶瓷修复以研究与欣赏为目的，利用合适的材料和技术恢复器物的完整造型和外观的视觉效果。但正如前文所讨论的那样，文物修复与文物保护是紧密相连的，古陶瓷修复是不可能脱离古陶瓷的保护问题而独立开展的。一方面，古陶瓷的修复工作必须建立在器物的稳定状态之上，例如：海底打捞的陶瓷器必须经过除盐处理，消除内部的可溶盐后，才能考虑进一步的修复工作。另一方面，古陶瓷修复操作有时也具备保护文物的功能，例如：表面清洗可以消除有害物质腐蚀与污染；填补缝隙能够增加稳定性，避免水汽灰尘堆积，避免危害陶瓷器胎釉结构。因此，制订与实施陶瓷器修复计划时，都要将文物保护问题纳入考量的范畴，如何兼顾文物保护与修复的需要是修复专业人员必须认真思考的问题。

第三节 古陶瓷修复工作室的建设

一、古陶瓷修复工作室的建立条件

古陶瓷修复是一项认真细致的工作，对工作室的要求也十分严格。通常情况下古陶瓷修复工作室应具备以下条件。

（1）环境条件：采光光源为自然光，方向北侧。室内安装中央空调或局部空调设施，温度控制在18℃~23℃，相对湿度控制在55%~60%。

（2）工作台：铸有特制的工作台，三面有护栏，工作椅可360°旋转并能上下自动调节。

（3）通风排污设备：工作台上方安装自动通风机和排风管道，用于吸除修复时产生的有害气体和粉尘。还可用小型手提式吸尘器吸除文物及工作台上的粉尘、残余物。

（4）安全报警设备：安装防火、防盗自动报警装置。

（5）文物收藏设备：配备有文物收藏柜、箱，用于贮存待修复和修复中的文物。

（6）信息存储设备：配备电脑便于查阅图书信息资料，以及存储修复技术档案。

（7）文物搬运设备：配备专用文物推车，用于在修复中搬运与移动文物。

（8）摄影录像设备：用于文物修复前后及修复过程中的摄影录像。

二、修复技术人员的基本守则

（1）遵守文物修复原则。文物修复是一门科学，文物修复应遵守"修旧如旧"的原则，残缺部位的补缺应以原器为准，无依据的宁缺毋滥，不得主观臆造。

（2）树立高度的责任心。陶瓷器易碎，器物在提取和修复中切忌碰撞，避免人为失误对器物造成新的损伤。

（3）建立文物修复档案。文物修复档案包括文字档案和图片档案。文字档案包括器物的名称、来源、尺寸、保存状况、修复要求，修复方案及修复过程中所使用的材料、工具、工艺，对器物进行的科学分析及分析数据、分析结果等；图片档案包括照片、手工绘图、科学分析图表、影像资料、数字图片等。

（4）新工艺新材料的运用。要注意逐渐更新修复工艺和修复材料，使修复技术不断完善。新的修复材料使用前应先进行试验，实践证明对文物无损害且有效，方可使用。

第四节　古陶瓷修复工具与常用材料

一、古陶瓷修复工具

玻璃磨口瓶：盛装各种矿物颜料、涂料、漆料。

玻璃滴管瓶：盛装各种化学试剂和化学溶剂，强腐蚀性的化学试剂应装于耐腐蚀的专用容器内。

器皿：各种规格的碗、盆、盘等器皿，用于盛装各种材料及颜料、漆料的调配。

橡皮碗：调石膏专用。

白色瓷板：调配黏结剂及调试颜色用。

牛角刀：用牛角片加工而成，尺寸规格视工作实际情况而定，一般长14 cm，宽0.8 cm。为调配黏结剂、色彩、打底、刮腻子用。

刀具：碳素工具钢和不锈钢的工具刀、手术刀等，用于刻、修石膏模和修复文物。

黄杨木雕塑刀：用于泥质胎坯的雕塑造型。

笔、刷：各种规格的羊毫笔、狼毫笔、描笔、排笔、油画笔、铅笔、记号笔、水笔、玻璃专用笔，漆刷、鬃刷、尼龙牙刷、钢丝刷、铜丝刷等，用于着色、做釉、做旧、弹色、清洁及除土锈等。

加热器：酒精灯、红外线灯、电吹风等加热器，用于文物干燥、加速黏结剂固化及加热拆除黏结的文物。

手电钻：机械钻孔用。

打磨机：微型手提式软轴机，用于打磨加工瓷器及瓷片。

沙盘：用于插放黏结后的陶瓷片。

转盘：供修复文物时放置文物，可360°转动。

喷笔：用于机械喷绘瓷器底色、纹饰图案及上釉罩光，为喷笔提供机械动力的空气压缩泵应同时配备。

挫刀：板锉、木锉、什锦锉等锉刀，用于文物补缺后器物的修整。

砂纸：木砂纸含00号、0号、1.5号、2号，供初步打磨用。金相砂纸含四百目、六百目、八百目、一千二百目，供细部打磨用。

其他：药棉、纱布、线绳、锤子、钳子、老虎钳、尖头钳、剪刀、夹子等常用工具及材料。

二、古陶瓷修复的常用材料

（一）古陶瓷修复的清洗材料

陶瓷不论是出土器物或传世器物，大多在其表面附着大量的泥土和污垢，清洗是文物修复操作的第一步。尤其是在陶瓷器需要黏结的断面和茬口，清洗工作就更为重要，否则会影响到黏结的牢度。陶瓷清洗通常包括化学清洗和机械清洗。化学清洗利用化学试剂或溶液与器物表面的附着物发生化学反应，去除附着物，以达到清洗器物的目的。机械清洗主要是用一些工具和仪器机械去除器物上的附着物。通常在清洗一件陶瓷器时，不可能单一地使用化学清洗或机械清洗，要根据器物的实际情况综合使用。

1.化学清洗剂

（1）水清洗剂

水：最常用的清洗剂，可清洗灰尘、泥土及可溶于水的附着物。为防止一般水中存在的活性离子对器物的影响，在条件允许的情况下，最好使用蒸馏水或去离子水。

（2）无机清洗剂

①酸类清洗剂：选用酸性清洗剂时要注意使用弱酸类清洗剂或强酸的稀溶液。

盐酸（HCl）：氯化氢的水溶液，无色透明，是具腐蚀性的强酸。

硫酸（H_2SO_4）：无色透明油状液体，是具有强腐蚀性的氧化剂，应避光保存。硫酸与水结合时由于强烈的水合作用而产生大量的热，故稀释硫酸时只能将浓硫酸缓慢倾于水中并搅拌至所需浓度。

硝酸（HNO_3）：无色或淡黄色透明液体。有强烈刺激性气味。强氧化性、腐蚀性。主要用于清洗难溶的石膏质沉积膜，使用浓度低于10%。

氢氟酸（HF）：氟化氢的水溶液，无色透明，具刺激性和强腐蚀性，能腐蚀玻璃和含二氧化硅的物质。

硼酸（H_3BO_3）：白色结晶粉末，溶于水、乙醇及甘油。

此外尚有草酸、醋酸等。酸性化学试剂经稀释后用于清洗瓷器上的碱性附着物，常用的酸性试剂以硫酸为首选。釉上彩、粉彩和斗彩瓷器切忌使用强酸清洗。尤其是氢氟酸对釉面玻璃釉质具有极强的腐蚀性，要慎用。

②碱类清洗剂：选用碱性清洗剂时要注意使用弱碱类清洗剂或强碱的稀溶液。

氢氧化钠（NaOH）：俗称"烧碱"，为白色固体，易潮解，易吸收二氧化碳，溶于水、甘油、乙醇，应密封保存。

碳酸钠（Na_2CO_3）：俗称"苏打"，为白色粉末或细粒结晶。

碱性化学试剂用于清洗瓷器上的酸性附着物。使用酸性或碱性试剂清洗后，需经中和处理并漂洗干净方可黏结。

（3）有机溶剂清洗剂。

乙醇（CH_3CH_2OH或C_2H_5OH）：俗称"酒精"，无色液体，能与水及多种有机溶剂混合，易燃。用于溶解漆片及清洗未固化的环氧树脂，也可作清洗剂、稀释剂。

丙酮（C_2H_6HO）：易挥发，易燃无色液体。能与水、甲醇、乙醇、氯仿、乙醚及多数油类任意混合。

三氯乙烷（$C_2H_3Cl_3$）：俗称氯仿。无色透明液体。不溶于水，溶于醇、醚。有毒。

醋酸（CH_3COOH）：无色透明液体。有醋嗅味，在约15¾凝固，能溶于水、醇、醚和四氯化碳，不溶于二硫化碳，是许多有机化合物的良好溶剂。

草酸（$C_2H_2O_4$）：无色结晶。在温热、干燥空气中能被风化，每克溶于约7 ml水中，约4 ml酒精中。

乙酸乙酯（$C_4H_8O_2$）：又名"醋酸乙酯"，为无色液体，气味芳香，能与醇、醚、氯仿等互溶，易燃。

乙酸正丁酯（$C_6H_{12}O_2$）：无色液体。有果子香，溶于醇、醚，有刺激性，易燃。

（4）家庭常用成品清洗剂。

成品清洗剂主要是选用市场上销售的清洗剂，如一些专用的清洁洁具的清洗剂，厨房用洁瓷用品等。

2.机械清洗

对陶瓷进行机械清洗，主要是利用一些现有的仪器、工具或自制的工具对器物表面的附着物进行剔除。

（1）台式打磨机。台式打磨机是利用牙医用的小型打磨机器，配以合适的钻头，将器物表面附着的较硬的杂质去除。

（2）超声波清洗器。超声波清洗器主要是利用超声波在液体中的空化作用而达到清洗目的，与此同时，超声波在液体中又能加速溶解作用和乳化作用。因此用超声波清洗质量好、速度快，尤其对一般常规清洗方法难以达到清洁度要求的，以及几何形状比较复杂，带有各种小孔、弯曲和盲孔等被的清洗物，超声波清洗的效果更为明显。目前已广泛地用于各工业部门和实验室。使用超声波清洗器清洗陶瓷器时应注意：彩绘陶器不能放入超声波槽中；较疏松的器物不能使用超声波清洗；釉上彩的器物尽量少用，用时要边操作边观察，防止釉色脱落。

（3）手柄式超声波仪。手柄式超声波仪的原理与超声波清洗器一样，它主要用于局部附着物的清洗。超声波头为手握式，操作更灵活。

（4）手术刀。医用手术刀刀柄有多种型号，根据实际需要选用合适的刀柄及配套的刀片。

（5）自制小工具。可以利用一些竹质、木质、骨质材料的成品或半成品加工成刀具、剔除工具、刮削工具等。

（二）古陶瓷修复的加固材料

（1）丙烯酸酯类加固剂。丙烯酸酯类加固剂是目前使用较多、效果较明显的一种材料。丙烯酸酯类加固剂具有无色透明、可逆性好、耐温湿度性好、操作简单、抗老化性好、耐微生物性好等特点，普遍应用于陶器、壁画、石刻等材料的加固。可溶解于丙酮、三氯乙烷中。

（2）聚乙烯醇缩丁醛。白色或浅黄色固体粉末，溶解于醇中。

（三）古陶瓷修复的黏结材料

凡能把各种材料紧密黏合在一起的物质，统称为黏结剂、胶粘剂。采用黏结剂进行连接的工艺称黏结技术。

黏结是一项古老而实用的技术，其由来已久。最初人们使用的黏结剂有骨胶、松香、淀粉等天然物质，如古建筑施工中用糯米黏结城墙砖，用骨胶黏合弓等武器。

黏结剂有两大类：有机黏结剂和无机黏结剂。有机黏结剂分天然和合成两类。天然黏结剂包括：动物黏结剂如骨胶、虫胶、鱼胶等；植物黏结剂如淀粉胶、松香胶、天然橡胶、桃胶等；矿物黏结剂即沥青。

20世纪五六十年代，陶瓷器的修复一般使用天然黏结剂，因取材方便、使用简易，以虫胶和糯米胶为多。当时为增加器物的牢固度，往往在器物内部隐蔽处，用糯米胶补糊硬纸片或布条作整体加固，并做涂色处理。

20世纪60年代初环氧树脂开始应用于我国文物修复事业，瓷器的黏结也开始逐步使用环氧树脂。但有些型号的环氧树脂因固化剂为胺类物质，极易泛黄变色而影响修复效果。20世纪90年代，无色透明的环氧树脂问世，才使瓷器修复质量大为改观。

黏结材料有如下种类。

（1）聚醋酸乙烯酯：别名"白胶""乳胶"，为乳白色的黏稠液。可涂刷或浸渍使用，固化条件为常温24小时。主要用于陶器的黏结或瓷器的暂时固定，优点是使用方便快捷，但黏结牢度不强。

（2）热熔胶：铁锚HM-1热熔胶主要成分由乙烯-醋酸乙烯酯共聚物和松香甘油酯组成。操作工艺条件是，将胶加热至120℃~160℃，熔融后热涂于被黏结物表面使其迅速黏合。特点为使用方便、无毒、无溶剂、冷却后瞬间固化，适用于考古发掘出土的陶瓷器作暂时黏结固定用。

（3）502胶（快干胶）：主要成分为α-氰基丙烯酸乙酯、增塑剂、增稠剂和稳定剂等。无色透明液体，无需加热和加压，室温下可瞬间固化且强度很高。已广泛用于黏结陶瓷等材料，在陶瓷修复中，主要用于较精致的小型瓷器或破碎严重、体积较小的瓷片的黏结，以及瓷器冲口的渗透加固。使用时应注意，被黏结物表面必须干燥、清洁、无灰尘或油污，否则会影响固化速度和黏结强度。为达到较高的黏结强度，用胶量应尽可能少，黏结面施胶后需迅速与另一黏结面压贴在一起。

（4）环氧树脂类黏结剂：6101、618、SW-2、SW-3等型号的环氧树脂类黏结剂，黏结强度较强，使用数十年未发现脱胶现象，曾在陶瓷修复中普遍使用。但因胶体颜色较深易泛黄变色影响修复质量，现渐被淘汰。陶瓷玻璃胶也属环氧树脂类黏结剂，主要适用于修复黏结陶瓷花瓶，在常温下3至4小时固化，24小时完全固化。

（5）AAA超能胶：AAA全透明超能胶，属国内新开发的高科技新产品，其固化速度快，胶体无色透明，黏结对象广泛，无毒、无味、无刺激性，使用安全方便，还具有防水、防酸、防碱、耐低温的卓越性能，且持久耐用，适于黏结瓷器，已逐渐取代环氧树脂类黏结剂。

使用方法：被黏结物表面应清洁无油污，必要时用砂纸打磨，用丙酮擦拭效果更佳；用A组1份，B组1份，挤于白色瓷板上调匀，随用随配。冬天黏结需加温至10℃以上为好；将黏结剂均匀涂于瓷片对接处，然后压合，在常温下一小时凝胶，2至3小时基本固化，24小时完全固化，若需快速固化，可适当加热，通常在60℃情况下15分钟即固化。

（四）古陶瓷修复的补缺材料

1.石膏

石膏补缺是陶器大面积补缺常用的方法。一般可采用医用齿科打样膏取样，然后浇铸，此办法简便易行。

具体的做法是将打样膏浸入70℃左右的热水中，十分钟左右即软化，反复捏搓成面团状，可随意取样。取样前必须在器物表面涂上脱模剂，以防粘连。打样膏冷却后会很快硬化，因此，从热水中取出后要迅速揿印在取样部位，冷却定型后移至残缺处做托模。然后是调制石膏。在医用橡皮碗内盛上适量的水，将石膏均匀地撒入水中，用牛角刀搅拌，待石膏成浆状时，迅速浇入器物的残缺部位。这时动作要快，补得要准，切忌将石膏涂到器身的其他部位。趁石膏尚未干透刮平修整，待石膏完全干却时，再用金属小刀削平。然后用木砂纸打磨，最后用金相砂纸精修。修补后的石膏质地脆弱，可用502快干胶加固。

2.旧陶瓷片

凡有条件都应该尽可能寻找与器物时代特征相同的旧陶瓷片，略作休整便可补缺。这种方法的修复效果会更理想。

3.环氧树脂

环氧树脂作为补缺材料具有强度高、稳定性好、使用广泛等特点。可在环氧树脂中加入适量的陶粉、瓷粉、石粉作为补缺材料。

（五）古陶瓷修复的打底用工具

打底是陶瓷器修复中十分重要的一个步骤，打底的好坏直接关系到修复的最终效果。打底目前还不能靠机械装置完成，而完全靠手工完成。打底可以先选用一些手术刀、牛角刀、木工刻刀、雕刻刀进行初加工，再用目数不同的砂纸进行细加工，直至补缺的表面平整光滑，与原器物完全一致为止。

（六）古陶瓷修复的做色材料

对于陶器来说，常用的着色材料以天然矿物质颜料为主。而瓷器可根据不同的情况选用天然矿物质颜料或硝基漆料作为着色材料。

着色常用的工具：各种型号的羊毫、狼毫毛笔，水粉笔、油画笔等，选择毛笔时要注意笔毛要软，要有弹性，结构要紧密，不能有脱毛现象。毛笔着色主要以手工为主。机械着色可以将空气压缩机配合喷枪使用。使用时将调好的颜色倒入喷枪的仓内，调节喷枪的旋钮，使喷出的颜色颗粒合适。先在白瓷片上测试，合适后再喷于器物的表面。

（七）古陶瓷修复的上光材料

瓷器的上光材料使用硝基清漆和仿釉涂料。硝基清漆包括全亚光、半亚光和上光清漆。使用时根据器物本身的光亮程度选择适当的硝基清漆和仿釉涂料进行罩光处理。上光工具与着色工具基本一致。

第三章　古陶瓷修复的工艺流程

第一节　检查与记录

一、古陶瓷修复前的检查

"检查"在各国文物保护和修复协会或机构的相关文件中都有明确的定义，具体指所有确定文化遗产的结构、材料、有关历史和环境而采取的行为，包括确定败坏程度、变更和丢失部分。检查也包括对材料的分析和研究，以及对于有关历史和当代信息的研究。

概括起来，文物的检查工作涉及的内容有两方面：一是从资料文献入手，了解文化遗产本身及其所处的文化历史背景；二是对器物的基本物理现状进行评估，确定器物的稳定性、真实性并且检查出器物外在或隐藏的缺陷。修复人员也可以根据器物的价值和重要性，估算修复工作所需的材料和人力上的花费。

（一）古陶瓷修复前检查的工具

（1）光学显微镜。5倍到100倍的双目体视显微镜适合检查陶瓷器的胎釉结构及修复情况的细节。三目体视显微镜可以连接数码相机拍摄照片。CCD显微镜与电脑相连，能在电脑上观察并截取图像。

（2）光源。检查需要强烈的人工光源，用来观察器物内外的情况，甚至是器壁内的结构。还需要紫外灯辅助观察（主要波长为200～400 nm），用来区分原器物和老旧的修复部分：修复部分发出白光，而完好部分表现出深紫色。

（二）古陶瓷修复前检查的内容

在正式开始修复前，修复人员首先要对修复对象进行基本检查，例如，检查器物的真伪、确定损害的范围和原因、判断陶瓷器胎釉的状态。这些检查内容为修复工作提供了重要的信息，帮助修复人员确定器物是否有修复的必要，掌握器物的质地构造与保存状态，便于在制订修复方案时，选择具有针对性的修复材料和方法。古陶瓷修复前的检查至少要包括以下几个方面。

1.古陶瓷器类型的鉴别

陶瓷制品虽然都用黏土烧制而成，但是有着不同的物理特征，中国学界根据制作原料和烧结温度的不同，将陶瓷制品分为陶器和瓷器两大类。

陶器：用普通黏土在约800℃～1 100℃下烧制而成，胎体密度小、孔隙率高，有的陶器表面有釉，比如东汉铅釉陶、唐三彩等。

瓷器：用高岭土在1 200℃以上的高温下烧制而成，胎体紧密、孔隙率低，大多数瓷器表面有釉，少量的没有施釉。

在国外，通常将陶瓷器分为三大类：陶器、炻器、瓷器。孔隙率是一个简单的指标，大于5%为陶器，小于5%的是炻器、瓷器。进一步区分就要根据黏土类型和烧制温度（见表3-1国外陶瓷器的分类）。

表3-1　国外陶瓷器的分类

类型	烧制温度（℃）	孔隙率（%）
低温陶器（low-fire earthenware）	500～900	>15
陶器（earthenware）	900～1150	6～8
炻器（stoneware）	1150～1300	<3
瓷器（porcelain）	1300～1450	<1

需要指出的是，黏土至少要经过450℃焙烧才能制成不可逆的陶质材料。阳光晒干的泥质器物，如泥砖、雕像、楔形文字泥板等，会被认为是陶器，但由于没有经过高温烧制，这些器物放在水中一段时间会重新分解。

（1）陶器（earthenware）

陶器是以黏土为原料制胎，经500℃～1 150℃焙烧而成的（其中烧制温度在500℃～900℃为低温陶）。由于烧制温度较低，因此黏土发生烧结但是没有达到玻璃化。陶器质地较软，容易划伤。与瓷器相比，陶器质地疏松、不透明、孔隙率高、强度低、胎釉分明。

由于黏土成分与烧制条件不同，陶胎会呈现黄、红、褐、灰、黑等不同颜色。有的陶坯烧制前会进行表面抛光，形成光亮层并增加不渗透性，有的则涂上薄薄一层泥釉，起保护与装饰陶胎的作用。有釉陶器采用的是石灰釉、铅釉等低温釉，胎釉结合不甚紧密，从断面观察是泾渭分明的两层。

从世界范围来看，属于陶器的品种有raku、slipware、majolica、faience、creamware、terracotta等。中国各时代出产的白陶、黑陶、彩陶、夹砂陶、泥质陶、绿釉陶等也属陶器的范围。

（2）炻器（stoneware）

炻器是介于陶器和瓷器之间的陶瓷制品，以次成黏土为主要原料，烧制温度比陶器高，在1 150℃～1 300℃。其特点是胎体细密，机械强度较高，孔隙率低，胎釉结合紧密，敲击声音清脆。但炻器器胎的玻璃化程度不如瓷器，通常只有局部玻璃化，胎质的透明度、致密程度、硬度都低于瓷器。

由于原料含有杂质，炻器胎质颜色较深，呈灰白到红棕色。由于器胎不同的纯度与成分，炻器可以是不透明或半透明，质地可以从细密到粗糙。炻器分无釉和有釉两种，有釉炻器采用盐釉等高温釉，胎釉能够在相同温度下烧成，胎釉结合紧密，切面能的显见到一层胎釉层。驰名中外的中国宜兴紫砂陶就是一种不施釉的有色细炻器。

（3）瓷器

国外将瓷器分为三类：硬瓷（hard porcelain）、软瓷（soft porcelain）和骨瓷（bone china）。

硬瓷：以高岭土和瓷石为主要原料，瓷胎细致洁白，胎质坚硬，透明度高，胎釉结合紧密。硬瓷最早起源于公元5世纪的中国，直到1700年之后才有在欧洲制造。硬瓷包括中国和日本瓷器，以及来自迈森、维也纳、塞弗尔、普利茅斯、布里斯托尔的瓷器。硬瓷的烧造温度可达1 400℃。

软瓷：为仿造硬瓷而在欧洲发展出来的陶瓷制品，有多种制作配方。软瓷几乎不使用高岭土，烧造温度低于硬陶，约为1 200℃，需要施釉后经二次烧造。软瓷胎质比硬瓷疏松，釉层不透明，不如硬瓷洁白透亮。

骨瓷：骨瓷在英国被发明，19世纪发展起来。虽然骨瓷的成分接近软瓷，但由于对胎泥进行改良而提高了产品的透明度，在视觉上非常接近硬瓷。骨瓷在高岭土和瓷石当中添加骨粉（磷酸钙），并在约1 300℃先进行素烧，施釉后再经约1 100℃烧制而成。

陶瓷器的种类鉴别非常重要。陶器一般硬度稍差、孔隙率高，使用修复材料时要谨慎，例如：在清洗时，应避免试剂吸入胎体内部留下残余；在修补时应选择与器物表面硬度相当的填补材料，使用合适的刀具和砂纸，避免划伤釉面或胎。此外，需明确瓷器的胎、装饰层、釉层的叠加关系，判断其为釉上彩、釉下彩或斗彩，从而有针对性地制订修复方案。

2.古陶瓷器的制造缺陷和损坏变质

（1）制造缺陷

制造缺陷是指在陶瓷制造或烧制过程中形成的器物材料、形状、色泽等方面的缺陷，这些缺陷或不足在器物正式使用前就已经存在。制造缺陷可能与选料、制坯、施釉、烧造等方面的不足或失误有关。

①釉面常见的制造缺陷如下：

针孔：指胎釉表面形成的孔状或泡状缺陷。陶瓷器烧成过程中，胎釉溢出气体，在处于熔融状态的釉层上产生小孔，釉层来不及填平小孔就凝固，就会在器表形成宛如微型火山口的缺陷。有时小孔非常细小，就被称作"针孔""针眼""猪毛孔"，如釉面含密密麻麻的小孔也将其称作"棕眼""橘皮"。

釉泡：指在制作或烧造过程中，封闭在胎或釉中的气体所形成的大小不一的气泡。釉层中的气泡多且微小时，会影响釉层的透明度。这些气泡常常会破裂，在釉面上形成小凹坑甚至稍大的空洞，使器物表面变得凹凸不平。

熔洞：坯体内的易熔物在烧成过程中熔融后产生的空洞或凹坑。一种是封闭空泡，是上釉后水汽膨胀产生的突起。一种是开口熔洞，是气体冲破坯釉所形成开口气孔。

釉裂：指陶瓷器釉面开裂形成的纹状缺陷，这种裂纹大致与釉面垂直，是烧制冷却时釉面收缩率大于陶瓷胎体的收缩率所造成的。中国宋代哥窑表面的裂纹就属于这类，也称作"开片""断纹"。釉面有发丝粗的裂纹，叫作"惊釉"。

剥釉：指釉面出现不规则网状裂纹，裂纹与釉面成锐角，且裂成许多片，釉片沿裂缝隆起，甚至与器胎完全分离脱落。剥釉是器物烧制冷却时，釉面收缩率小于陶瓷坯体收缩率而造成的。

缺釉：也称"漏釉"或"短釉"。指陶瓷器表面局部无釉的一种缺陷。其主要原因一是釉浆的附着性差，釉层过厚，干后脱落；二是釉的高温黏度太大，与坯料配方不适应而引起釉层卷缩；三是施釉时坯面有油污和灰尘；四是浸釉时，釉浆未浸满全器；五是坯体施釉后不慎将局部的釉碰落；六是釉浆用水有油污；七是坯体入窑水分过高，烧成时窑内水汽太多，使坯釉中间分层，造成釉层剥落，等等。

缩釉：指陶瓷器的釉面向两边滚缩，中间露出胎骨的现象，也称滚釉。缩釉的釉圈边缘有突起的圆边，是釉面受表面张力作用，或施釉操作不当，或坯体潮湿，窑中水汽太多等原因造成的瓷釉缺陷。

釉薄：产品表面由于釉层过薄，形成了局部釉面不光亮，有时泛黄的现象。釉料过稀或釉层厚度未达到要求标准，导致釉面无光，略透坯胎，产品发黄。

釉缕：釉熔化后流聚成的缕状物，如凸起的釉条或釉滴。其原因一是坯体造型与修整不良，施釉时多余的釉浆得不到均匀流淌；二是釉料调配不良，高温黏度过低，釉发生过熔；三是烧成温度低，釉的熔融状态不佳；四是釉浆密度与施釉操作不当，施釉不均匀，局部釉层过厚。

釉面波纹：釉面呈鳞片状的波纹。其主要原因：釉浆密度大，施釉后釉层不均匀，呈波浪状；待施釉的坯体表面过热；窑内温差大，釉料熔融温度范围较窄，烧成时欠火或过火。欠火时会产生大块鳞片状波纹，釉面光泽不良。过火时产生细小鳞片状波纹，伴有大量小针孔，但釉面光泽较好。

斑点：指散布在陶瓷表面的大小黑色、棕褐、淡黄的斑点，是坯料中所含铁质杂物在窑内的还原气氛下发色而成的，故也叫作"黑点""铁点"。

落脏：指在拉坯成型、入窑烧造过程中，没有清理干净或者意外沾染在陶瓷器表面的泥屑、釉渣、窑灰、匣屑等杂质异物所造成的缺陷，也叫作"落渣""淹痣"。

彩色不正：陶瓷器彩饰的一种缺陷，指颜色浓淡不匀或不光亮的现象。其原因是彩绘操作不严格，颜料或花纸的质量不良，烤花操作不当使色料中的碳化物未挥发掉，欠火或过烧等。

色脏：陶瓷器彩饰的一种缺陷，指釉面或釉层下粘有不应有的杂色或颜料喷刷到不应有颜色的部位，其原因是彩绘时操作不严格。

画面缺陷：陶瓷器彩饰的一种缺陷，指画面由于擦损、操作粗糙、贴花纸的爆花或皱花所造成的残缺现象。

阴黄：制品表面发黄或斑状发黄，有的断面也有发黄现象。原因是升温太快，釉熔融过早，还原气氛不足，使瓷胎中的氧化铁未能还原成氧化亚铁；装钵柱太低，窑顶局部产品温度偏高而还原不足也会形成阴黄缺陷；此外，产品原料中二氧化钛含量太高，也会导致产品发黄。

烟熏：指制品表面呈灰色或不纯正的白色，主要由于坯体氧化不完全或还原过早使坯内炭素、有机物或低温碳未能在釉层封闭之前烧尽。有时烟气倒流也会熏蚀釉面。若釉料中钙含量偏高也易形成烟熏缺陷。

无光：指釉面产生一片片无光泽的釉膜，严重时表现出粗糙表面，亦称"消艳"。其原因是釉面形成微细体和釉层熔融不良。

②器坯常见的制造缺陷如下。

变形：指在烧制过程中，陶瓷器坯发生扭曲与改变，如口径歪扭不圆，器底部凹下或凸起，器腹部下沉，塌边，嘴、把、足不正等不合规定的现象。这与陶瓷器的原料制作、器物成型或干燥手法、装窑与烧制方式等方面的不足与失误均有关联。

窑粘：指陶瓷器在窑内与其他陶瓷器或匣钵互相黏结而形成的次品或废品。窑粘的形成有多种原因，主要是配料不当、装坯装窑不慎、匣钵堆垛倾斜等。

坯爆：指坯体出现开裂成为废品，俗称"过江"。其原因是配料不当，入窑前水分过高，焙烧初期升温过快而出现开裂。有时开窑时间过早，冷却过急，坯体和外界温差太大，内外收缩不一，坯体受损而开裂，此缺陷以大件厚胎为多。有时坯体内含有石英等杂质硬粒，在坯胎内爆裂而引起坯爆。陶瓷器坯釉同时开裂叫作"窑裂"，坯裂釉不裂叫作"阴裂"。

过烧：过烧时制品发生变形、釉面起泡或流釉。主要原因是烧成温度偏高，高温保温时间控制不当，装车密度不合理等。

犯泡/起泡：陶瓷胎体有隆起的泡状现象。原料中含有过多的碳酸盐、硫酸盐等无机杂质，在焙烧过程中分解产生气体。或者烧成速度过快，气体未能排出而釉料已经熔融，均能使胎体犯泡，影响瓷胎的平整。釉下坯体凸起的空心泡叫"坯泡"。此外，由于炼泥不当，坯泥中存在硬泥块，烧成后会出现"死泡泥"；陶泥过稠，坯泥中空气未能排尽，两缸泥浆合并时，由于倾倒过急会出现"混缸泡"，以及受周围重烟的影响会形成"烟子泡"等。

夹层：夹层指坯体中间分层。又称为"分层""层裂"。主要由压制成型时，坯体中残存有空气，卸压后被压缩的残余气体膨胀造成。生烧：烧成火候不够而产生的一种缺陷，即欠烧。特点是坯体局部或全部发黄或灰黑色，断面粗糙，气孔率大，吸水率偏高，釉面无光，或光滑程度较差，敲击时声音不脆。其产生原因是坯釉料配方不当，烧成温度偏低，装窑密度不合理等。

（2）败坏变质

败坏变质指陶瓷器在使用或废弃期间，在自然或者人为因素作用下，器物胎釉的形状、质地、光泽、颜色等方面发生的劣化。胎釉常见的败坏变质具体如下。

冲口：器物受外力撞击出现的裂纹，长短不等，多出现在碗、盘类瓷器上。也有外冲里不冲的现象，也叫"惊纹"，是不穿透器壁的裂纹，即器外可见裂痕，但器里面却不见裂痕。

炸纹：器物的颈、肩或腹部受撞击后，出现放射鸡爪纹。

炸底：器物的底部因磕碰等原因造成裂纹。

缺损：器物胎釉由于机械冲撞或化学腐蚀造成的各种残缺，如凹坑、豁口、局部断裂脱落等。

破碎：器物在外力撞击作用下碎裂，彼此分离，形成大小不一的若干碎片。

失亮：器物因长期使用磨损或埋藏环境腐蚀造成釉面失去光泽的现象，又称"失釉"。

伤彩：器物受长期腐蚀或摩擦而造成釉彩失去光泽或损伤，甚至发生釉色的剥落，也称"脱彩"。五彩、粉彩、金彩等低温釉上彩容易发生这种情况。

盐蚀：堆积器表或渗入胎釉内部的可溶性盐所导致的胎釉损伤，如裂缝、剥釉、胎的腐蚀等。

盐类结壳：器物在长期埋藏环境下形成的较坚硬的不溶盐堆积，如在海水环境下覆盖器物表面的珊瑚层（主要成分是碳酸钙），令其原本形貌难以识别。

污渍：器物表面吸附污垢形成污点、污斑等。这些污垢包括铁锈、土锈、油腻、霉菌、火烧残留物等。污垢通过陶器的多孔表面或釉面上的裂纹渗入胎体，污染器物表面，对胎釉有一定腐蚀作用。

粘伤：器物碎裂后用粘接的方法修补。

锔伤：瓷器有裂纹后，以打锔子的方法修补。

脱釉：陶瓷器的釉层脱离胎体露出胎骨，如出土、水浸，受到撞击，烧结温度不够等导致釉面不同程度的脱落。

磨口：器物口部因磕碰缺损，后人用砂轮将伤口修复平整，或直接锯去部分器身。

磨底：陶瓷器物底部有缺陷或底款被磨去。

截口：陶瓷器物口部因磕碰缺损，后人直接锯去部分器身，使口沿平整。

后加彩：即"添彩""后填彩"。在旧瓷器上新加彩绘，再在低温炉中烘烧。

陶瓷器文物所具有的制造缺陷或损坏变质，看似有损器物的完整性与美感，但却承载了制造技术、使用历史、保存埋藏环境等多方面的丰富信息。尤其对于考古出土品而言，无论是天然烧造缺陷还是后天侵蚀磨损，都是考古学家观察与研究的重要内容。通常只采取"考古修复"的做法，即对碎片进行清洗、拼接、加固等操作，确保器物材质的稳定以及轮廓的大致完整，而不采取进一步的完整补缺和修饰。甚至对于在博物馆内的展览教育用的陶瓷器，人们也意识到保留缺陷的重要性，而不是一味追求美观。只要这些缺陷或损坏不危害器物的保存，就不可擅自改动或掩盖。

3.陶瓷器修复常见保护问题

众所周知，一般的陶瓷是坚硬但易碎的材料，最常见的损害来自外力撞击或压迫导致的碎裂现象。但陶瓷材料本身很稳定，其碎片仍可以保存上千年之久。但那些制造水平低、保存环境恶劣的陶瓷器，还是会遭受盐类腐蚀、结壳堆积、污斑、发霉等文物保护的问题，这些都需要采取干预性手段加以控制，因此要将其与不危害器物的制造缺陷或变质加以区分。通常涉及的陶瓷器的文物保护问题可以分为以下几方面。

（1）胎质受损：没有经过焙烧的陶器在潮湿泥土中会逐渐分解，再次水化成为黏土。地下水中的酸性物质会溶解陶质的碳酸钙成分，埋藏环境中的碱性物质也会破坏陶器结构。温度的剧烈变化、外界的震动或敲击、埋藏环境中的过度压力，都会导致脆弱的陶瓷器的开裂甚至破碎，拉力释放后碎片会变形，有时很难重新准确地将其拼接起来。

（2）表层剥落（釉层、彩绘、泥釉）：当器物的表层如釉层或彩绘层与其下胎体的收缩率不一致的时候，环境温度发生变化就会导致器表开裂。有的陶器表面覆盖的泥釉层承受着一定拉力，容易受到外界环境影响而碎裂剥落。在发掘的时候，当本来潮湿的陶瓷器碎片干燥后，其附着物会硬化收缩，这也会导致纹饰或釉层受损脱落。

多孔陶器会吸入溶于水中的可溶性盐，当温湿度发生改变，盐类再次结晶会对胎质产生压力，导致陶器釉层或彩绘层脱落。含水陶器如果遭到冰冻，孔隙内的水分结冰，体积膨胀，同样会对器表产生破坏。硬度或耐腐蚀力低的装饰层也较易脱落，瓷器上的低温釉上彩、镏金装饰等经日常清洗和摩擦就很容易丢失。

（3）结壳堆积：主要指陶瓷器表面堆积的不可溶盐，例如海中打捞出的覆盖珊瑚层的器物，其主要成分是碳酸钙。这些不溶盐堆积会完全将器物表面遮挡起来，附着牢固，不易清除，对釉面会产生显著的破坏。

（4）受污变色：陶瓷器表面如果粗糙、多孔、有裂缝就容易聚集灰尘污垢。出土陶瓷器常见的污斑是铁锈斑，是由氧化铁产生的深色污斑。海洋打捞的陶瓷器也常会发现氧化铁堆积。修复材料如金属锔钉、黏结剂等会渗入陶瓷器表面，产生不美观的深色污渍。使用或埋藏过程中接触到的有机物质，如食物残留等，会玷污陶瓷器表面。海中打捞出的陶瓷器容易沾染有机污斑与硫化铁黑斑。高湿度环境下，器物有机残留物上生长霉菌，也会形成沾染器表的霉斑。

（5）老旧修复：拙劣的修复或者修复材料的老化会对器物产生危害，例如，黏结剂失效导致陶瓷器结构不稳定，碎片脱落分离；金属锔钉生锈、有机黏结剂长霉，玷污器物表面；修复材料脱落、变色或修复层过度遮盖原器，影响器物原本形貌的辨识，等等。

二、古陶瓷修复的记录工作

（一）古陶瓷修复记录的作用

完备的修复工作记录并不是可有可无的，它有非常重要的作用。首先，当需要将文物恢复到修复前的状态时，记录可以提供必要的依据。修复专家在了解修复材料和工艺之后才能确定最合适、最安全的清除方法。尤其早年修复的或者修复处比较隐蔽的文物，如果没有信息备案，"盲目试验"是相当危险的。其次，修复过程是对文物的人为干扰，一经实施就无法重现原初的状态。修复固然是为了抢救文物的需要，但是同样应以文字、照片形式将文物修复前后的变化记录在案，以便后人在需要时查阅。最后，修复记录有利于文物修复者对于使用的修复材料在现实环境中的效果进行评估，当考察修复材料如黏结剂、填补材料、上色材料等在日常环境中的变化时，这是评估材料优缺点的最佳证明。

（二）古陶瓷修复记录的内容

整个文物保护和修复的过程都要求提交翔实的记录，包括以下的内容。

1.登记检查

（1）器物名称、登记号、所有者、申请人等；器物尺寸、形状、构造、质地、颜色、纹饰等（文字描述、照片、绘图等方式）；器物产地、年代、用途、原料、制作工艺技术等所有涉及历史、美学、技术、科学、经济等方面的信息。

（2）器物损坏反应的类型及程度：盐蚀、剥釉、粉化、黑斑、结壳、碎裂、缺损、开片等；相关科学检测与分析；器物的保护修复的历史；器物埋藏或保存的环境等。

2.诊断分析

（1）损坏变质的原因与机理：与保存环境有关（可溶性盐、海洋微生物、盐类堆积、浮尘油腻堆积）/人为因素（意外撞击、不恰当修复）/与材料和制作工艺有关（胎釉结合不良、胎质孔隙率高、铅釉变质等）。

（2）损坏变质对器物的影响及程度。

（3）损坏变质今后可能的发展及危害。

3.保护/修复计划的制订

（1）保护/修复目标确定：诊断检查的结论；申请人的要求；保护/修复的

职业道德。

（2）保护/修复计划：选择保护/修复的类型；明确各项步骤的顺序；采用的方法与材料；预计的完成时间。

（3）核定、批准保护/修复计划。

4.保护/修复计划的实施

（1）每项操作使用的方法技术、设备仪器、材料工具等；操作后的器物信息与状态，指明处理的部位与最终造成的变动（文字描述、照片、绘图）。

（2）记录修复过程中发现的信息、搜集的相关参考文献资料。

（3）评估保护/修复预期目标的达成情况（比对最初的保护/修复计划）。

5.储存与养护

（1）推荐最佳保存环境（光照、相对湿度、温度等）。

（2）对特殊包装的特别说明。

（3）理想的检查频率和模式。

第二节　清洗与拆分

一、清洗

清洗指去除古陶瓷表面或内部的各类杂质或异物，包括传世陶瓷器上日积月累的污渍、灰尘、油腻，出土器物内部的有害盐类或外部的土锈、钙质堆积物，以及老化不美观的老旧修复的残留物等。概括来说，清洗的目的有二：一是清除损坏陶瓷器胎釉结构的有害物质，停止或延缓败坏的发生，如对出土陶器进行脱盐处理，清除陶器内部导致器物酥解、釉层剥落的可溶性盐；二是为了清除丑陋、不雅观的外在堆积、污垢或陈旧的修复材料，令陶瓷器的碎片茬口清洁、器物色泽清晰，从而保证碎片拼接、上色等操作的顺利开展。

（一）清洗前的准备工作

1.检查器物与污物种类

清洗之前，首先要检查陶瓷器的结构与组成，判断其脆弱或不牢固的部分是否能够承受清洗操作。例如，检查器物表面是否有彩绘、胎釉是否有龟裂、器物是否曾修复过，如果处于不稳定的情况，那清洗前必须先进行适当的加固。其次，要对污渍或堆积物进行检查和判断，如果堆积物包含重要的历史考古信息，反映了器物使用或保存环境的情况，如纺织物痕迹、食物残留、珊瑚堆积（海底发掘器物）等，只要不妨碍修复或过分影响器物的形象，均要保留。但是，如果这些残留不清除，会对文物的保存或修复造成影响，就要适当清洗，但在清洗之前一定要做好标本采样、摄影等记录工作。

陶瓷器沾染的污物种类很多，主要是保存环境和使用状况造成的，例如，经常接触食物的器物会在缝隙中堆积灰尘或油腻；曾埋藏地下的器物常见土锈、金属锈、钙质堆积；水下出土的器物常见白色盐渍、黑色污斑；经过修复的器物，清除对象还包括脆弱老化、妨碍美观的黏结剂、色漆、金属锔钉等。而且通常情况下，胎质疏松的陶器、开片的釉面、造型繁复的器物更加容易吸附污垢，针对这类器物的清洗也最为复杂与困难。

2.清洗的操作要点

清洗是干预性的操作，不但会对器物材质带来潜在危险，而且会扰乱破坏文物所蕴藏的信息与价值，例如：过度的机械刷洗会打磨掉碎片，导致碎片无法准确拼接；溶剂可能使夹砂陶分解，洗掉器物的某些彩绘层；某些化学溶剂的清洗会弱化陶器的结构，使其老化；同时清洗剂会除去器物中的食物衰变产物。因此，安全的清洗操作必须遵循以下几点。

（1）清洗前预备：针对考古出土陶瓷器，首先要对陶瓷器样品或附着残留物进行采样，便于日后利用科学仪器对样品进行测试与分析。正式清洗前需进行小范围试验，判定清洗剂或工具使用有效且不伤害器物；选择器表不明显的区域，用指甲或竹木质尖锐工具轻划，可以大致判断陶瓷器的硬度；利用显微镜观察工具刷洗器物表面后的摩擦痕迹，可以帮助选择硬度适宜的工具。

（2）清洗过程中：对于保存状况良好的陶瓷器，通常采用刷子刷洗的方式。清洗考古出土碎片时，要置于筛子上，在流动的细水柱下一片一片刷洗。如果在水盆中清洗碎片，要及时更换清水，避免洗下的土渣摩擦损伤器物。要避免采取将器物全部浸泡的方式，防止污渍或清洗剂扩散入器物内部。使用清洗剂清洗孔隙率高的器物时，预先用水浸湿陶瓷器以减少清洗剂的渗入量。

（3）清洗结束后：如果使用化学试剂清洗，需用清水将残留物彻底漂洗干净，最后用软布吸干水分，置于通风避光的室内晾干，有时需要数天或更长的时间。如果干燥过程中器物表面析出白色盐类（针状的白色粉末或者结晶），要立刻停止干燥，将碎片湿润保存，首先进行除盐的处理。

总之，清洗的目的是为了文物的长久保存，而不是追求要将文物变得焕然一新。因此清洗操作不可过度，要适当保留古代陶瓷器的"历史"风貌。

（二）清洗的不同方式

在全面检查了古陶瓷的保存状况、污物的种类及污染程度之后，可以依照不同的情况，选择不同的清洗方式，主要可分为机械清洗与化学清洗两大类。

1.机械清洗

机械清洗是指用软刷、竹签、手术刀等工具来清除覆盖器表或嵌入沟缝的灰尘和污物。与化学清洗相比，机械清洗的优点是避免清洗过程中污渍随着清洗剂进一步扩散，能够更好控制清洗进程。机械清洗的方式可以概括为四类。

（1）除尘：用软布、笔刷、真空吸尘器等清扫、拂拭、吸取附着在器表上的浮土和灰尘。除尘不要使用掸子或者棉签，那可能会勾伤表层脆弱的陶器或釉陶。轻轻扫过表面，不要反复摩擦，造成静电，吸附更多灰尘。

（2）切削：用有合适强度和形状的刀具，例如手术刀、针、竹刀等，以切除、削断的方式，清除牢固附着器表的坚硬物，如钙质结壳或旧的修复材料等。考古发掘品上的污泥浊土或堆积物，要在完全干燥前清除，完全干燥后附着物就会变得很坚硬，必须用水或者酒精溶液软化后清除。

（3）研磨：用砂纸、研磨膏等磨具，逐步磨平器表附着的堆积物。挑选的磨具的强度要足以清除堆积物，但又不可过于坚硬而磨伤器物。此种方式应避免用于无釉、多孔的陶器，开裂脆弱的釉面，以及低温釉上彩瓷。深入到釉层缝隙中的污渍也可以用细研磨膏清除。

（4）振动：超声波清洗利用超声波振动的原理，超声波在清洗液（例如蒸馏水）中的辐射，使液体震动产生数以万计的微小气泡，气泡破裂产生的力量足以快速冲刷污垢，尤其是那些很难触及的位置，如器表的缝隙、小口瓶的内部等。类似的设备还有牙医使用的洗牙器，它可以在水流中发送超声波产生振动，从而清洁表面。

机械清洗要遵循由弱到强的原则，可先用大小形状适合的软毛刷清扫灰尘污物，如效果不好，再逐步更换硬度稍大的刷子。沟缝内的顽固污物，用竹签、手术刀等尖锐工具仔细剔清。机械清洗并不一定都是干洗的方式，如果器物状态良好，可以局部或全部润湿软化污垢，方便清除。对于脆弱部分的清洗，要使用显微镜协助操作。

但事实上，机械清洗不损害器物表面是非常困难的，用显微镜观察清洗中和清洗后的表面都可以发现清洗造成的磨损和划痕。最大的危险是器表的结壳比器物自身更加坚硬（例如，软胎上的不溶盐结壳），或者结壳与器物表层的附着力要大于表层与胎体的附着力。这个时候，只好用化学手段来软化甚至消除结壳，或者尽量在表层与胎体之间渗透加固剂增加其附着力。

2.化学清洗

除了普通污垢，化学清洗对各种油脂类、树脂类污渍、盐类结壳等有显著的效果。应尽量避免将陶瓷器浸没在清洗剂中清洗，这可能导致器物内部的可溶性盐移动，或者使污物扩散、转移到深处，还会损伤陶瓷器的胎釉及其上的镏金、彩绘等纹饰。修补过的陶瓷器更不可完全浸湿，会破坏黏结剂、金属锔钉等老旧的修复材料。正式清洗前，先要选择局部进行试验，以证明清洗剂有效且不伤器物。化学去污后，要用蒸馏水、去离子水漂洗。最后，用软布吸干水分并且放置在通风处自然风干或者用冷风机吹干。

（1）水

古陶瓷清洗可以使用纯净水、蒸馏水、去离子水。天然水含有多种杂质，如碳酸氢钙、氯化物等，不能直接用于古陶瓷器的清洗。清洗前，先要判断器物胎釉的强度是否可以承受水洗，即用指甲在器表上划动，如能够划出痕迹，器物就要避免浸湿在水中清洗。

对于光滑、牢固的器物表面，可以用软布、软刷配合温水进行清洁。尤其对出土的陶瓷器，在泥土变硬和收缩之前，用水配上柔和的刷洗通常是最好的清洗方法。当附着在器物表面的污泥浊土过硬过厚，可先用手术刀等工具将其基本清除后，再用清水洗净。对于脆弱部位，则应选脱脂棉签温水沾湿局部清洁，使用棉签时要卷动而不是涂擦，要将污物从器表揭起，避免灰尘、污渍压入内部。

胎釉牢固的器物可以浸在水中清洗，但不宜浸泡过长时间。有专家采用欧美国家流行的家庭蒸汽清洁机，该机器将液态水转化为蒸汽后喷在器物表面进行清洗，对于造型装饰复杂、污垢顽固的陶瓷器有很好的清洁效果。与普通手工清洗相比，不但工作效率大幅度提高，而且用水量相对较少。有彩绘、釉面脆弱、体积过大等不适宜用水浸泡的器物，可利用有吸水性的纸或棉花团沾湿清水后，敷在器物表面吸附污渍，这种清洗方式更温和、安全，不容易造成污物的扩散。

用水浸泡是清除器物内外可溶性盐的有效方式，必要时需在浸泡前局部进行加固。清洗时，适当加热有助于扩大器物的孔隙，加速盐类的溶解。清洗的水要不断更换，最后测量水的电导率或者其中的氯离子含量来确定是否清洗完毕。如果器物体积过大，不适于浸泡，可以采用吸水纸敷在器表吸附盐类，这种方式比浸泡要安全，但无法明确清洗是否彻底，所以清洗后要定期检查其表面是否再次出现盐类，而且要存放在温湿度稳定的地方。

清洗结束后，器物要放在通风处自然晾干，或者用冷风机吹干。孔隙率高的陶器所需干燥时间更长，完全干透前胎质变松软，需要小心取放。为减少水的用量、加快干燥的速度，清洗质地疏松的陶器时，可在水中添加丙酮或无色工业甲醇（丙酮与水的比例是25∶75；工业甲醇与水的比例是50∶50），但是工作必须在通风良好的房间内进行。

（2）洗涤剂

水能清除浮尘或者泥土，但不能有效清除油腻物质，可适量添加洗涤剂帮助除去牢固灰尘和油腻。洗涤剂的分子含有极性的亲水部位和非极性的亲油部位，可以分别与水和油腻污垢相容，乳化油污、令污垢悬浮于水中。而且，洗涤剂还可以充当润湿剂，降低水的表面张力，使固体物料更易被水浸湿。

洗涤剂可以分为四种基本类型：阴离子洗涤剂、阳离子洗涤剂、两性离子洗涤剂、非离子洗涤剂。其中首选的是非离子洗涤剂，因为其清洗后不会留下阴离子或阳离子，不会形成吸附灰尘的带电表面。洗涤剂本质上都带极性，不容易清除，而非离子洗涤剂要比离子洗涤剂更加容易清除。

肥皂与洗涤剂的特性基本相同，但肥皂是有机酸（植物油或动物脂肪）加碱后加热，经皂化反应制成的，洗涤剂则是采用无机酸盐类。可是肥皂水不能用于古陶瓷清洗，肥皂水会与陶瓷器内部或硬水中的金属离子反应，形成不可溶的浮渣，在器物上留下难去除的黄褐色污斑。商业洗涤剂也要慎用，因为其中含有色素、香精、漂白剂等成分不明的添加物，可能对器物造成损害，尤其是烧结温度低、孔隙率较大的陶瓷器。

（3）有机溶剂

有机溶剂适合清除油脂、油漆、蜡质类污垢，这些物质多是非极性分子，不溶于水，只能溶于非极性的有机溶剂中。当污渍无法用水和洗涤剂去除时，可以用棉签浸润有机溶剂来擦拭污渍。有机溶剂易挥发，有刺激性气味，对人体有一定毒性，操作时要做好防护措施，并在有通风设备的地方操作，在通风、避光处储存。

古陶瓷修复常用的有机溶剂有：乙醇、丙酮、香蕉水等。乙醇（俗称"酒精"），是无色透明易挥发的液体，能溶解许多有机化合物和若干无机化合物，可溶解油脂类、树脂类材料。丙酮是一种溶解范围较广的优良溶剂，能溶解油、脂肪、树脂和橡胶等许多有机化合物，可清除顽固的油腻污垢，也可溶解和软化多种黏结剂、色漆等修复材料。香蕉水（商品名）是由多种有机溶剂（酯、醇、酮、芳香烃）配制而成的溶液，是无色透明液体，极易挥发与燃烧，主要用于溶解或稀释硝基清漆等。

（4）氧化剂（过氧化氢）

如果水或有机溶剂都无效，可转而使用氧化剂，使污斑的色素氧化变为无色。过氧化氢（双氧水）是一种无色液体，既具有氧化性，又具有还原性，在光热作用下易分解为水和氧，在发生氧化分解的同时，反应产生的氧气压力对污垢的解离有促进作用，因此有很好的去污作用，可以用于氧化有机污渍。

清洗可以采用过氧化氢和氨水的配方：先将碎片用水清洗几分钟，使其吸收水分，减少胎体对于过氧化氢的吸收，然后在过氧化氢溶液中滴入1~2滴氨水（氨水起到催化作用，放出氧气将污垢带到器物表面），将混合溶液浸湿棉条，用镊子将棉花紧贴在污渍部位，并用锡纸或者塑料袋包裹好防止挥发，每2个小时更换棉条，直到污渍洗净为止。最后用清水浸泡，漂洗干净，有时清洗时间要长达好几周。氨水有挥发性，过氧化氢反应后变成水，几乎不会形成残留。有专家认为6%（体积）的过氧化氢就可满足清洗需要。

海中打捞上来的陶瓷器容易沾染有机污斑，这是由海中生物和细菌活动形成的，通常呈黑色。有时硫化物还会渗透到多孔的胎体或者损坏变质的釉层下。

烧结温度低的陶瓷器也非常容易附着这类黑斑，针对这类污渍的最有效的方法也是采用过氧化氢。根据污斑轻重不同，可以采用10%~25%（体积）的过氧化氢蒸馏水溶液。

不要将过氧化氢用于软胎瓷器的清洗，如果漂洗不彻底，化学残留会导致环氧树脂黏结层迅速变黄。也不可以将其用于胎釉含铁的陶瓷器，因为会与铁发生氧化反应形成氧化铁，产生黄色、棕色的铁锈斑。过氧化氢还会损伤釉上彩和镏金部分。

此外，不可使用84消毒液等氯水漂白剂，容易残留氯离子，损伤胎釉且造成大幅度变色。

（5）酸性清洗剂

考古出土的陶瓷器表面常常覆盖坚固的不可溶盐类结壳，其成分通常包括碳酸盐类、硫酸盐类、硅酸盐类等物质。结壳成分的定性分析方法有以下几点：①碳酸盐类：置于3%盐酸溶液中，室温下迅速溶解，产生大量气泡。②硫酸盐类：常与碳酸盐类相混，如果加入盐酸，并不完全溶解，再将残渣放到1%氯化钡水溶液中，残渣溶解而澄清的氯化钡溶液变浑。③硅酸盐类：常与碳酸盐类相混，如果加入盐酸，不全部溶解，残渣能溶于3%氢氟酸溶液中。

通常不溶盐类结壳的硬度高于其附着的陶瓷器，很难用机械方法或清水冲洗清除干净，须采用酸液将不溶盐溶解，然后用水漂洗清除。常用的酸洗液有：稀盐酸、稀硝酸。操作步骤是：预先用水浸湿器物，然后将结壳部分浸在10%~20%的稀盐酸或稀硝酸中。当二氧化碳气泡停止后就更新酸液，直到再没有气体产生。结束后，用蒸馏水冲洗器物，测量清洗后的水的pH值，判断酸液是否彻底漂洗干净。

酸液清洗存在一定的危险，有的陶器内部掺有贝壳或方解石（碳酸钙），或镶嵌方解石作装饰，酸液会与这些碳酸钙成分发生化学反应，破坏器物结构；当酸液与碳酸盐反应时，激烈的二氧化碳气泡会使脆弱的釉层表面脱落；硝酸会溶解铅釉层，使釉色变白，因此首先要用稍安全的稀盐酸来清洗，不得已时再用稀硝酸。

草酸（乙二酸）对铁锈有较好的溶解力，但同时会与陶瓷器胎釉当中的铁发生反应，严重时会造成釉层脱落。

（6）碱性清洗剂

碱性溶液可以用来清洗动植物油脂，或者颜料、蜡等其他有机涂层。碱液中的氢氧离子与油脂发生皂化反应，起到去污作用。碱性清洗剂包括氢氧化物、金属氧化物及氨的水溶液，常用试剂有氢氧化钠、碳酸钠、碳酸氢钠、氨水。碱液去油污的能力强，但是用于孔隙率高的陶器时，不容易被彻底地漂净，残留物会损伤破坏陶器的材质。因此，碱液只能用于孔隙率较低的陶瓷器。必须注意的是，碱液对人体有伤害，操作时应穿工作服，戴橡胶手套和防护眼镜。

氢氧化钠：俗名"烧碱""苛性碱"，白色透明晶体。有强烈的腐蚀作用，在空气中迅速吸收二氧化碳和水，需密封保存。氢氧化钠能与动植物油脂发生皂化反应，生成易溶于水的甘油和肥皂，肥皂又是一种表面活性剂，利用其乳化作用，可使未皂化的油污被润湿乳化而从物体表面去除。市售的氢氧化钠为固体颗粒，对皮肤有灼伤危害，需要溶于水制成溶液，溶液一般为2mol浓度。

碳酸钠：俗名"苏打""纯碱"，白色结晶固体，可以使油脂中游离的脂肪酸形成肥皂，利用肥皂的乳化润湿作用使油脂污垢疏松而去除。

碳酸氢钠：白色粉状物质，碱性较弱，俗称"小苏打"。有时也结合牙医设备来将碳酸氢钠当作温和的磨料。

氨水：氨水不稳定易挥发，有强烈的刺激臭味，对眼睛、鼻腔有害。在陶瓷清洗中，氨水可以用作过氧化氢的催化剂，起到漂白污斑的作用。氨对铜离子具有良好的络合性能，产物都是易溶的，也被用来清除由于铜铆钉或镏金装饰腐蚀而形成的铜锈斑。氨水与工业酒精混合（比例为1∶1）可以用来清洗虫胶。

（7）金属离子络合剂（螯合剂）。

络合剂主要用于清除器表不溶盐结壳和金属污斑，它可以与钙、镁、铝、铁等金属离子结合形成具有可溶性的络合物，再用水将络合物漂洗清除。螯合剂是络合剂的一种。络合剂不可用于胎釉含金属成分的陶瓷器（如铅、铁）；未经烧制的纹饰；低温釉上彩、金彩；曾经修复过的部位；胎釉脆弱不稳定的器物等。

常用的络合剂包括：乙二胺四乙酸（EDTA）、六偏磷酸钠、三磷酸钠、柠檬酸钠等。

乙二胺四乙酸：可与金属离子形成稳定的八面体结构的络合物。浓度为5%

的乙二胺四乙酸四钠（EDTA-4Na）溶液的pH值约11.5，配合轻柔的刷洗，可以成功清除海底发掘陶瓷器上的钙质结壳，而不会与胎釉中的氧化铁或氢氧化铁发生反应。而且，适当加温也可以加快络合反应的速度。浓度为5%的乙二胺四乙酸二钠（EDTA-2Na）溶液为酸性，能够有效清除顽固的铁锈斑或铜锈斑，但不适用于胎釉含铁的古陶瓷的清洗。除浸泡法、覆盖法之外，可以在溶液内添加增稠剂，调配成胶状，局部涂在锈斑上，然后用棉签擦去，反复多次直到清除干净。

六偏磷酸钠：可以与硬水中的钙、镁等离子结合生成具有可溶性的络合物。在清洗海底陶器表面的钙质结壳时，可用浓度为10%的六偏磷酸钠水溶液清洗，但效果不如乙二胺四乙酸四钠盐。六偏磷酸钠通常用作软水剂，可增强洗涤剂的清洁能力。

概括来说，化学清洗操作分以下三种。

①浸泡法：将需清洗的部分完全浸入清洗剂。浸泡法所需清洗剂较多，成本高。须事先确定器物胎质是否足够牢固，挥发性的清洗剂要用有盖容器盛放。

②覆盖法：将清洗剂浸湿棉条，贴覆在污渍部分。覆盖法大多针对挥发性清洗剂，可避免清洗剂对器物其他部分的影响。

③蒸熏法：将器物放在干燥器里，隔板上面是器物，下面是清洗剂，将器物置于饱和的溶剂气体之中。这种方式更安全，用于质地较脆弱、孔隙率高、不宜浸泡清洗的器物。

二、拆分

拆分指的是清除古陶瓷器原有修复材料，如黏结剂、填补材料、仿釉色层等，为再次修复作准备。这项操作一定要谨慎对待，它可能对保存状况不佳的器物造成损害，且每次拆散都会磨损碎片的茬口。而且，随着保护意识的更新发展，人们已经意识到过去的修复痕迹也属于器物历史的组成部分，除非已经影响到文物的安全，妨碍人们对文物的观赏与研究，我们还是尽量保留原有的修复，避免轻易地拆分古陶瓷器。通常，采取拆分的措施会涉及以下几种情况：一是原修复拙劣，如黏结错位或使用不适当的修复材料；二是原修复材料收缩、曲卷、开裂；三是材料老化对器物产生了危害，如黏结剂失效、金属锔钉生锈、玷污器物;四是修复部分面积过大,过度遮盖原器。

（一）拆分前的准备工作

拆分前要利用肉眼或者放大镜等工具来检查,确定旧有修复材料的位置和范围。需要拆分的对象主要有:仿釉色层、填补材料、黏结剂、金属锔钉等。拆分可以采用机械方式,也可以使用化学方式。如果只有部分原材料老化,也可以进行局部拆分,降低操作带来的风险。正式拆分前要做好防护工作,在器物下垫好塑料泡沫等材料,防止黏结处突然散开。

（二）拆分对象与方法

1.仿釉色层

对于有釉的陶瓷器来说,某些老化的仿釉色层与釉面的附着力并不强,用薄而锋利的手术刀可以方便地清除,但要小心不能刮伤硬度较低的釉上彩、镏金或已经脆弱的釉层表面。如果仿釉色层附着力太强,要防止伤到器表,就要选择化学试剂来清洗,可以用棉签蘸乙醇、丙酮等有机溶剂来清除。要注意有机溶剂可能会溶解低温釉上彩和镏金部分。

2.填补材料

填补材料用来取代缺失的部分,也会起到一定的加固作用。通常清除色层之后,就可以发现填补材料的位置。填补材料的材质包括石膏及其混合物、环氧树脂、502胶等黏结剂与填料的混合物,用肉眼观察就可以分辨。拆分填补材料一般采用机械方法,先用锉刀、钻子等工具将大面积的填补材料去除,然后换手术刀、针等细小工具清除靠近碎片边缘的填料残余,必要时使用水（温水）、乙醇、丙酮、香蕉水等软化残余后清除,如果溶剂使用过多,黏结剂或填补材料残留会随溶剂嵌入裂缝深处或者吸入胎质内部。

拆除填补材料可能会造成器物碎片之间的分离,要事先做好安全措施,防止填补材料或碎片意外跌落,造成再次碎裂。此外,拆除石膏等填补材料会造成粉尘颗粒的散播,嵌入器物裂缝或孔隙中,造成再次污染,可以事先遮盖部分器表用于防尘。修复者也要做好防护工作,避免吸入有害粉尘。

3.黏结材料

陶瓷修复使用的黏结剂种类很多,在判定黏结剂种类之后,第一步选用适合的溶剂破坏黏结层,使碎片分离;第二步利用机械手段或化学手段清除残留在碎片茬口上的残胶。早年的黏结剂常为虫胶等天然树脂，近年来比较多采用环氧树脂黏结剂（万能胶）、氰基丙烯酸酯黏结剂（502胶）、硝酸纤维素黏结剂、聚醋酸乙烯酯黏结剂（PVAc）等。

很多情况下，拆分前并不能立即确定黏结剂的种类，因而就要按照溶剂强度依次尝试。可以先从最安全也最经济的水开始，经过一段时间的热水浸泡（在不损伤器物的前提下），动物胶、虫胶、聚醋酸乙烯酯黏结剂等可以被加热软化，有助于将碎片分开。如果热水没有效果，可改用丙酮等有机溶剂，它们能够有效溶解聚醋酸乙烯酯黏结剂、丙烯酸酯黏结剂、硝酸纤维素黏结剂等许多合成黏结剂（除环氧树脂外）。最后采用甲酸、二氯甲烷等试剂来溶胀环氧树脂黏结剂。

（1）用水拆分。在大小适中的容器底部铺上软布，注入温水后浸入器物，然后逐步添加热水，切勿立即使用沸水，可能会因为突然的热胀冷缩而损伤器物。如果是大小适中的高温瓷器，为加快速度，也可以直接放入锅内用电磁炉加热，沸腾后水蒸气更加容易作用于粘胶处。通常热水浸泡至少要2个小时，直到碎片自然脱落，如果没有脱落，可人为稍加用力帮助分离。

（2）用有机溶剂拆分。丙酮等有机溶剂能够溶解许多黏结剂，但是有机溶剂大多易挥发、易燃、对人体有刺激性，而且会溶解低温釉上彩和镏金，因此使用要小心谨慎。对于无釉上彩和镏金的小型高温瓷，可以直接浸泡在有机溶剂中；也可以将有机溶剂用来清除碎片残留的黏结剂。但溶剂要盛放在可密闭的玻璃容器内，并且在有通风设备的房间内操作。丙酮等属于易燃物质，不可加热清洗。对于那些质地脆弱的器物，可以采用熏蒸法清洗，但熏蒸法拆分的速度比较缓慢，至少要好几个小时。覆盖法适用于那些无法浸泡的器物，将若干棉花球蘸有机溶剂后，依次摆放在胶结处，并与之贴紧，最后在表面覆盖铝箔纸，防止挥发，在铝箔纸上开小洞，定期用滴管补充有机溶剂，每半个小时检查一下拆分的情况。

（3）拆分环氧树脂。环氧树脂是最难清除的黏结剂，近来在修复中经常使用，尤其是用于那些大型器物。老化的环氧树脂黏结呈深黄色或者褐色，黏结层非常牢固不会变脆，大多数情况，很难用普通有机溶剂分离。如果器物质地较好，可以将器物置于烘箱中加热到150℃~200℃（15~30分钟），取出后适当施力将碎片分离，残留在碎片上的黏结剂用甲酸浸泡软化，然后用手术刀等工具清除。如果器物为高温瓷器、无釉上彩、大小适中，可直接浸泡在甲酸中，直到环氧树脂胶层溶胀而自然脱离。甲酸有挥发性，对人体有害，器物或碎片一定要放在加盖的玻璃容器中浸泡，并且在配备通风橱的地方操作，修复人员也要做好防护。浸泡结束后，用夹子取出碎片，用清水冲洗掉残留甲酸后，再用手术刀等工具清除残胶。

同样，二氯甲烷也可以溶胀、软化环氧树脂。根据胶层的厚薄情况，采用多次涂刷或者浸泡的方法。有时施用了二氯甲烷之后，碎片没有立刻分离，要在洗净器物之后，继续用热水浸泡，破坏环氧树脂胶层。二氯甲烷挥发有刺激性气味，易燃，不能用在有釉上彩、彩绘或者镏金的部位，操作时要做好防护，否则会造成操作者恶心或头痛。

基本拆分后，碎片往往还留有残胶，有人主张尽量用机械方法去除，因为使用溶剂会使软化的黏结剂扩散到碎片接口的缝隙里，再次拼接时就不易对准。

4.金属锔钉

传统锔补修复留下的金属锔钉可首先采用机械方法清除。方法是先用热水或丙酮软化锔钉根部的胶泥，然后将锔钉撬起一部分后从中间剪断，随后将两截钉子用钳子依次拔出。锔钉的根部大多是斜插入器表，所以如果不先将锔钉剪断，同时拔出整个锔钉，势必会破坏附近的胎釉。此外，在拔锔钉之前，要用胶带固定碎片，以防突然散架。金属锔钉形成的铜锈或者铁锈可以采用前文介绍的化学清洗方法来处理。

第三节　拼接与加固

一、拼接

拼接是指用黏结剂将古陶瓷器的碎片重新黏结在一起，恢复器物原本造型。修复人员有时必须一丝不苟地把几十块甚至上百块的碎片准确地拼接在一起，否则无法进行接下来的修复操作。拼接不良会对器物造成损坏，因为拆分、清洗、再拼接等操作具有一定的危险性，碎片茬口会有所损失，再拼接时更不易对准。

（一）预拼

完成清洗的陶瓷器碎片在正式黏结之前必须要进行预拼（无需黏结剂），目的是确定最佳的碎片拼接顺序。拼接顺序非常重要：一是能保证所有碎片都能最终拼合起来，避免现有的碎片无法"嵌入"到位的现象；二是正确的拼接顺序能够使碎片拼合得更加精确，尤其是对于碎片多、器型大的文物。

预拼时，一般先将小片拼成大片，然后将若干大片拼接完成，顺序是从底部逐渐拼到口部，或者从口部拼到底部，碎片数量多时可用透明胶带帮助固定。先拼接的部分往往误差最小，所以当遇到有纹饰图案的碎片或者醒目突出的碎片，预拼时也要优先考虑。碎片数量不多的器物可一次性拼接完成，这种方式产生的拼接误差最小。

（二）黏结原理阐释

两个物体由于介于两者表面之间的另一种物质的黏附作用而牢固地结合起来，这种现象称为"粘接"，也叫作"胶接"。介于两物体表面间的物质称为黏结剂，而被黏结在一起的两物体为被粘物。

黏结力是黏结剂与被粘物在界面上的作用力或结合力，包括机械嵌合力、分子间力和化学键力。当被黏结的陶瓷器受到外部压力的时候，黏结会遭到破坏，断裂的位置有三种可能：①当黏结层黏结力足够但自身强度不足的时候，断裂发生在黏结剂层。②当黏结层黏结力太强而且比器物更坚硬的时候，断裂发生在器物上。③当黏结层强度足够但黏结力不足的时候，断裂发生在黏结剂与器物黏结界面。

由此可见，理想的黏结剂要具备足够的黏结力，可以将碎片粘在一起，并能抵抗一定的外力作用。但是，黏结层固化后的机械强度不可过大，这样断裂只会发生在原来的黏结面上，而不会发生在器物上，造成新的损伤。

（三）黏结剂的选择

选择合适的陶瓷修复用黏结剂应该考虑以下几方面的性能：

（1）黏结强度。黏结剂必须能够将碎片牢固地拼合在一起，但黏结剂固化后不能过于坚硬，通常不能高于陶瓷材料的强度，当黏结层受力时，断裂不会发生在原器上，使其出现新的损伤。

（2）颜色和透明度。对于釉色淡或者透明的器物来说，理想的黏结剂是无色透明的或水白色的，并且不易变色。环氧树脂容易变黄，丙烯酸酯树脂的颜色比较持久。

（3）固化速度。黏结剂分为快速和非快速两种，前者如502胶几分钟就可以固化，而普通环氧树脂黏结剂需要一二十个小时才能固化。

（4）可逆性。通常要选择那些可以被移除而不伤害器物的黏结剂。热塑性树脂黏结剂如丙烯酸酯树脂、硝酸纤维素等可以用丙酮等有机溶剂清除；但是热固性树脂黏结剂，如环氧树脂无法用普通溶剂溶解，要用甲酸溶胀后采用机械方法清除。

（5）黏度。孔隙率高的陶瓷器要选用黏度较高的黏结剂，黏度低的黏结剂会迅速渗入碎片断面，无法实现很好的胶结，还会加深碎片边缘的颜色，污损器物表面。

（6）化学稳定性即抗老化的性能。此外，对黏结剂的抗霉、抗虫、毒性、价格、有效期、便利性等方面都要综合考虑。

（四）黏结剂的主要类型

1.环氧树脂枯结剂

环氧树脂广泛使用于高温瓷器的黏结，它由环氧树脂黏结剂与固化剂按比例调配而成，环氧树脂黏结剂本身是线形结构的热塑性高分子，每个分子结构内含有两个或两个以上的环氧基团，当与固化剂反应时，环氧基团的环状结构被打开，发生一系列的聚合反应，线形分子交联成长链网状分子，成为不溶不熔的热固性树脂。

环氧树脂黏结剂的优点有：机械强度高（抗拉强度、抗弯强度、抗剪强度、抗冲强度），物化性能稳定，耐酸碱、较耐热、防水、防霉；固化过程无需高温，不产生过多热量或其他副产品；收缩率小，不会因为材料收缩而损伤文物；施工工艺灵活多样，能加入填料、添加剂、稀释剂等适应黏结、浇注等操作需要。

缺点有：为不溶不熔的热固性树脂，不具可逆性；在光照作用下，容易变色泛黄。

（1）AAA超能胶：我国古陶瓷修复中常用的环氧树脂黏结剂产品。其价格实惠，使用便利，而且是小包装的黏结剂产品，便于日常使用与保存。修复时先在白瓷板上混合环氧树脂黏结剂及固化剂，然后用调刀将其涂在拼接面上，注意只要涂一面就可以了，这是为了避免胶水过厚而增大拼接的误差，多余的胶水用蘸有酒精的纸擦拭干净。用胶带内外固定拼好的碎片，插入沙盘。环氧树脂的固化时间较长，因此用胶带固定后可以再微调，直到指甲能平滑地划过接缝处即可。

（2）爱牢达2020（Araldite 2020）：该产品为水白色、黏度低、折射率接近玻璃。为黏结剂和固化剂双组份，以10∶3的比例混合（23℃），每100g黏结剂操作时间为45分钟，24小时后初步固化，完全固化大约72小时。需要时可适当加热，提高黏结剂的流动性并缩短其固化时间。主要用于高温瓷器或玻璃器的粘接，可以先拼合固定碎片后滴入黏结剂，由于爱牢达2020的黏度很低，在毛细原理下黏结剂会入缝隙。但是爱牢达2020不适合用于孔隙率高的陶器，因为大部分黏结剂会吸入胎体内部，而无法得到好的胶结层，且可逆性差。

2. 氰基丙烯酸酯黏结剂

氰基丙烯酸酯黏结剂为无色透明的快速黏结剂。此种黏结剂固化时间快，操作方便。但其黏结不持久，一般几年内就会脱胶失效，且胶水黏结力有限、渗透性太好，不适合黏结自重大的陶瓷器或者孔隙率高的陶器。因此，氰基丙烯酸酯黏合剂主要用于紧急情况下的快速临时性黏结。或者，在使用环氧树脂等固化速度慢的黏结剂时，如果使用玻璃胶带固定位置很困难，就可以在局部使用氰基丙烯酸酯黏合剂，以辅助固定。

502胶：化学名称为α-氰基丙烯酸乙酯，属于瞬间黏结剂。市售商品是无色透明的稀薄液体，使用后1~2分钟待溶剂挥发后即可，但黏结强度有限，通常一年内就自动脱胶。502胶应该储放在阴凉处或冰箱里，否则胶水在光照或者碱性环境下会迅速固化失效。使用前，先将碎片茬口上面的油污和灰尘清洗干净，然后利用胶带等固定好碎片，使茬口贴合完全，接着把502胶沿着接缝滴下来，使胶液流过整个接缝且渗入其中即可。

3.丙烯酸酯树脂黏结剂

丙烯酸酯树脂是文物保护常用的热塑性树脂，是由丙烯酸酯或甲基丙烯酸酯为主要原料合成的树脂，丙烯酸酯和甲基丙烯酸酯单体分别是由丙烯酸和甲基丙烯酸酯化而成的。丙烯酸酯树脂无色透明，具有优良的光、热和化学稳定性。其中，聚甲基丙烯酸甲酯（即有机玻璃）的抗紫外线能力最为突出。甲基丙烯酸甲酯常被用于丙烯酸酯等聚合物中，以改善材料的耐光老化的能力。

（1）Paraloid B-72：该材料是广泛使用在各类文物保护、修复领域中的专用黏结剂，是以甲基丙烯酸乙酯和丙烯酸甲酯的共聚物为主要成分的热塑性树脂。该产品为固体颗粒，需要溶解在丙酮等溶剂中使用，溶剂挥发后干燥固化。其突出的优点一是具有可逆性，固化后可用溶剂溶解除去；二是能够长期保持原有的色泽，耐紫外线照射不易变黄。该产品的玻璃化温度为40℃，不适宜在气候炎热的地区使用。

（2）Paraloid B-44：为甲基丙烯酸酯的聚合物。固化后具备良好的硬度、透明度和黏结力。玻璃化温度为60℃，适用于气候炎热的地区，但是渗透性不如Pamloid B-72。为获得较好的黏结效果，可先使用浓度低的Paraloid B-44或Paraloid B-72丙酮溶液润湿黏结面，然后再使用浓度为40%的Pamloid B-72丙酮溶液黏结。

配制Paraloid B-72或Pamloid B-44溶液时，为加快溶解速度，需使用磁力搅拌器帮助搅拌溶液，待树脂颗粒完全溶解于丙酮后，在瓶子上注明名称、浓度、日期。

4.聚乙酸乙烯酯黏结剂（PVAc）

聚乙酸乙烯酯黏结剂分为两种：一种是溶剂型的黏结剂，另一种是水溶的乳液型黏结剂（例如Elmer's Glue）。溶剂型黏结剂是将聚乙酸乙烯酯固体溶解在丙酮或乙醇溶液中制成的，为无色透明的液体。固化后可用丙酮溶液或者丙酮和乙醇的混合溶液（比例为9：1）清除。乳液型黏结剂也叫作白胶，固化后几乎是无色透明的，适合考古出土的潮湿器物。但是聚乙酸乙烯酯黏结剂只能用于临时性黏结，在高温潮湿条件下会发生脱胶。

聚乙酸乙烯酯黏结剂的黏结强度有限，仅适合多孔的陶器，不能用于高温瓷器的黏结。在正式拼接前，要先用去离子水或蒸馏水湿润陶片的断面，然后仅在其中一面涂上乳液，用力压紧，最后用胶带等工具固定好。

5.硝酸纤维素黏结剂

硝酸纤维素是最早用于文物保护的非天然的黏结剂之一，可以溶解在丙酮、乙醇的混合物中使用。其老化后易变脆、变黄、收缩、释放酸性气体等，但是由于其使用方便、相对无毒、具可逆性、价格低廉等优点，许多专家还是习惯用来黏结低温软质陶器，或配合其他黏结剂使用。常见有美国的 HMG、Duco Cement，欧洲的 Durofix、Universal cement。

HMG是使用较为广泛的一种商业产品，为硝酸纤维素与增塑剂和增粘剂的混合物，比纯硝化纤维素更耐热耐光老化。该材料为水白色，一段时间内不易变色。易溶于丙酮，溶剂挥发后即固化，也可用丙酮再度溶开。固化后黏结强度有限，适用于多孔陶器或石膏的加固。

（五）拼接的方法

拼接方法概括起来可分为两大类。

（1）先用胶带固定好碎片，然后将黏结剂滴入拼缝，完成黏结。这类方法适于高温烧制的瓷器，而且要采用低黏度的黏结剂，如爱牢达2020。

冲线或者裂缝也用这种方法：器物清洗干净后，先用胶带将冲线或者裂缝紧紧拼合在一起，然后滴入黏度低的黏结剂如502或者爱牢达2020。对于起翘的裂缝，先要找出开始错位的那点，并拢的部分先用黏结剂滴入加固，然后再用胶带把起翘部分拼准固定，最后滴入黏结剂黏结。

（2）先涂上黏结剂如AAA超能胶，然后用胶带或热熔胶固定位置，等待固化。建议初学者可以按部就班，等前一片粘牢固化后，再拼接下一片，但这种依次拼接的方法最大的缺点是，每一次拼接导致的细微误差在最后都将累计起来，可能在粘接最后一片时出现大的误差。所以，为了提高修复速度，并能随时调整每块碎片，熟练的修复者可以一次将所有碎片上胶，用胶带或热熔胶固定位置，在黏结剂未固化前及时调节碎片达到最理想的拼接。

拼接那些很重的器物，或者壶柄、壶嘴等难以固定又需要一定黏结力的陶瓷器，可以选择在采用环氧树脂黏结剂的同时，辅助使用502等快速黏结剂定位。方法是在拼接面的中间涂上环氧树脂黏结剂，但留下零星部分不要涂胶，调整碎片到最佳位置时，用力压紧碎片，而后用502胶滴注在未涂胶的部分，帮助快速、准确定位。等环氧树脂黏结剂固化后，又能保证器物的拼接牢度。

（六）固定的常用方式

设计好合适的固定方式，避免器物在固化前发生位移，是实现理想黏结的重要环节,目前常用固定装置有如下几种。

(1)胶带。包括透明胶带和医用胶带。透明胶带主要用于表面光滑的器物,医用胶带适用于表面粗糙、粉化的陶器。胶带具有弹性,固定碎片时要用力绷紧,不可用在易剥落的镏金或低温釉彩上。黏结后1至2天内及时清除,如留下污迹可用丙酮、乙醇等溶剂清除。

(2)沙盘。固定好的碎片最后都要放入沙盘,避免移动。放入时,需要调整器物的摆放位置,避免黏结好的碎片因重力发生错位。沙盘中的沙粒要细腻,器物外最好垫上布,防止沙粒划伤、磨损陶瓷器表面。

(3)热熔胶。使用专用热熔胶枪融化胶棒。操作时一人用两手固定碎片,另一人手持热熔胶枪,将融化的热熔胶液滴一颗一颗点在拼缝上,将碎片固定在一起。待黏结剂固化后,将热熔胶颗粒剥除。

(4)夹子。可选用木夹,否则必须在接触点垫好橡胶,防止损伤器物。

(5)铁架台。与特殊设计的夹子配合使用来固定一些特殊造型的器物。

(6)其他。橡皮筋、松紧带、绑绳等。

值得强调的是,无论使用何种黏结剂,为了实现良好的黏结效果,一定要做到:①拼接断面要清洗干净。②黏结剂涂抹均匀,不宜过厚,胶体浸润拼接面。③涂胶后需用外力施压,直至固化。

二、加固

加固即选用合适的加固剂对保存情况差、质地脆弱的古陶瓷器进行处理,增强其附着力和自身强度,目的是为了保持古陶瓷器外观的完整性,也为开展进一步的清洗、拼接、配补等修复工作做准备。加固的对象包括结构酥软、表面风化的陶器和不断剥落、粉化的釉层和彩绘。此外,器物上的细小冲线裂纹、易损部位或修复过的部分及要运输搬动或要在露天展出的器物,为了防止任何损伤的发生或加重,也需要进行预防性的加固。

加固材料注入器物后,想要定量地取出或置换是几乎不可能的,使用加固剂将永久性地改变器物,所以只有当环境控制等措施无效时才能使用。加固剂的作用就是进入陶瓷器材料的孔隙中,将脆弱的结构重新黏合在一起。选用固化剂时需主要考虑到以下几点:

（1）有较好的黏结力，在器物内部或表面形成支撑性的结构组织。

（2）具有理想的渗透力，尤其是具有适合操作的渗透速度。

（3）不会改变器物的外表，许多材料进入器物时会使其原色加深或者使其表面产生眩光。

（一）加固剂的选择

加固剂通常为合成高分子化合物。有的加固剂属于热塑型材料，可加热融化或者溶解于液体溶剂（水或有机溶剂）中使用，待其冷却或溶剂挥发后完成加固，而且可以再次加热融化或者用溶剂溶解。另一种加固剂为热固型材料，通过分子之间的反应形成，可以直接使用，也可以溶解在有机溶剂中使用，但是聚合后形成的是不溶不熔的固体。用于文物保护与修复的通常是溶解于有机溶剂的热塑性树脂，例如：聚乙酸乙烯酯（PVAc）和丙烯酸树脂（acrylic resin）。

1.渗透性

理想的加固剂必须有优良的渗透性，这与加固剂材料的分子大小、加固剂的稀释浓度及加固剂的使用手法有关。首先，要选择低分子量的高分子材料，因为大分子聚合物软化或溶解后的液体非常黏稠，不易深入且均匀渗透。其次，用溶剂将加固剂稀释到合适浓度，有利于加固剂的渗透。将聚合物溶解在表面张力小的有机溶剂里会形成低黏度的液体，可以实现最好的渗透。最后，选择某些加固剂的使用方法，可以提高渗透的效果。例如：利用负压装置渗透加固剂、适当加热降低加固剂的黏度（必须要小心操作，因为有机溶剂易燃）等。将分子量低的树脂溶于有机溶剂稀释成浓度为5%~15%的溶液，可以达到较好的效果，特别是在负压下渗透。固化后，器物可以获得适中的粘聚力和硬度，这类加固可以满足器物在博物馆或者库房内的保存需求。为了使加固剂能够更加均匀地渗透到器物内部，可以选择挥发速度稍慢的溶剂，或者将器物置于封闭容器内干燥，以减慢溶剂挥发的速度。

2.外观颜色

理想的加固剂不可以改变陶瓷器表层的颜色与光泽。但实际上，许多加固剂会加深器表颜色并产生光亮，这在浅色或亚光表面的陶瓷器上，表现尤为突出。

加固剂形成光亮是因为其填补了不平整的器表，形成光滑的表层，产生更多镜面反射。此外，由于分子类型与结构的原因，某些树脂会比其他树脂更为"光亮"。要改善加固剂造成的光亮，只能对表面进行再处理。加固剂也常会导致陶瓷器颜色变深的问题，只有将其中的加固剂重新溶解清除，才能消除加深的颜色。

此外，在固定陶瓷器的彩绘装饰时，彩绘颜料有可能与加固剂及其溶液发生反应，改变彩绘颜色，因此为确定合适的加固剂及其浓度，一定要事先在器物表面不明显的地方进行试验。

3.可逆性

理论上，热塑性树脂具有可逆性，通过有机溶剂的浸泡可以清除。但是，接受加固的器物通常都是质地脆弱的器物，它们的保存状态显然不能承受这类溶剂的浸泡。所以加固的操作必须要谨慎，只有在环境控制等方式无效的情况下，才能采用。而且加固剂也要选择耐久性较好的材料，例如，爱牢达B-72等丙烯酸酯树脂。

（二）加固的主要方式

使用加固剂的常用方法包括：刷涂法、喷涂法、滴注法、浸泡法、负压渗透法，要根据加固的对象、加固剂的特性、加固的目的来加以选择，通常利用毛细原理或者负压原理的加固方式，可确保加固剂更好地渗透到陶瓷器材料的深处。

（1）刷涂法。用合适的笔或刷子将加固剂反复涂刷在器物表面直到不再渗入为止，这种方法适合各种大小的器物而且比较容易操作。

（2）喷涂法。用喷枪或者喷笔将固化剂喷涂在器物表面，这种方法适合大面积加固，效率较高。但切勿使用过高的压力喷涂以免损伤器物，而且操作地点要安装通风设备。

（3）滴注法。用滴管或注射器将固化剂注入器物，这种方法适合那些非常脆弱的器物，而且可以精确地控制固化剂的使用量。

（4）浸泡法。主要利用毛细作用将加固剂渗透到器物内。器物可以多次以不同的位置局部浸泡在固化剂液体中，也可以逐步提高加固剂的水平高度，将固化剂渗透到全器。如果立刻全部浸没器物，会有空气留在陶瓷器的孔隙中，阻碍加固剂的渗透。所以局部浸泡有利于减少残留空气对于加固剂渗透的阻力。

（5）负压渗透法。将器物浸泡在加固剂内，放置在密闭容器内，适当抽出容器内的空气，令更多的加固剂进入器物内部。或者先将器物放在密闭容器内，适当抽出空气，然后利用外部滴管，逐步往器物内注入加固剂溶液，可以避免空气残留在器物的孔隙内。这种方法固化剂渗入的程度最大，但是可能会导致陶瓷器分解，所以不适合用在非常脆弱的器物上。

（三）常用的加固剂

1.爱牢达B-72

爱牢达B-72为甲基丙烯酸乙酯和丙烯酸甲酯的共聚物，具有优良的可逆性和抗紫外老化性能。该产品为透明固体颗粒，用丙酮等溶剂溶解后使用。爱牢达B-72溶液用于加固干燥的陶瓷器，稀释成低浓度（5%~15%）溶液后使用，且需选择挥发速度稍慢的溶剂，有利于爱牢达B-72渗入器表，避免加固剂聚集表层形成光亮。

2.聚醋酸乙烯酯（PVAc）

聚乙酸乙烯酯（PVAc）是醋酸乙烯酯聚合而成的无色透明固体，为文物保护中常用的热塑性树脂，可作为黏结剂、加固剂、封护涂料，普遍用于各种非金属文物的加固，例如：骨、牙、壳、角、齿、石、木、纸、皮革、织物、陶瓷、植物标本等。其特点如下：光稳定性好，颜色不易变黄；保持可逆性，日久虽然会发生交联和氧化，但仍能用有机溶剂溶解；玻璃化温度接近室温，易受热变粘，黏附灰尘或发生"冷流"即器物在自重作用下胶结层逐渐发生偏离的情况。聚乙酸乙烯酯分为溶剂型和乳胶型两类。

溶剂型：市场销售的聚乙酸乙烯酯为粉末状晶体，需溶于有机溶液后使用。文物保护中经常使用黏度为7、15、25的聚乙酸乙烯酯产品，其黏度越大，分子量越大。黏度7为的聚乙酸乙烯酯用于密度稍大的材料，如骨头和象牙；黏度为15的聚乙酸乙烯酯使用最普遍；黏度为25的聚乙酸乙烯酯用作黏结剂。作为加固剂，通常采用浓度为5%~15%的丙酮或乙醇溶液。浓度过高时，溶液不易渗透，干燥后聚集表面产生光亮，或者聚乙酸乙烯酯产生收缩导致文物变形或表层剥落。此外，聚乙酸乙烯酯的乙醇溶液比丙酮溶液挥发速度稍慢，因此具有更好的渗透性。

乳液型：聚乙酸乙烯酯乳液呈乳白色黏稠液体，固体含量大多为50%，俗称

"乳胶""白胶"。聚乙酸乙烯酯乳液清洁、无毒、无刺激、使用便利、价格低廉，固化后可用热水软化或有机溶剂溶解清除。聚乙酸乙烯酯乳液比聚乙酸乙烯酯有机溶液使用更普遍，尤其适合考古出土的潮湿器物，例如：加固潮湿状态下脆弱的陶器彩绘层或泥釉层。作为加固剂，建议使用低浓度的水溶液，聚乙酸乙烯酯乳液与水的比例为1∶3或者1∶4，或者使用水和乙醇（1∶1比例）作为溶剂。如果需要加固干燥陶器，则需用水湿润器物后方能施用。

在国际范围内，20世纪80年代中期前，聚乙酸乙烯酯在文物保护中还得到普遍使用，而1980年代末至今，人们更习惯采用爱牢达B-72。不过因为聚乙酸乙烯酯的诸多优点，它仍然用于考古出土文物的临时性加固或黏结，帮助在发掘现场加固脆弱文物，随后转移到实验室内进行深度保护或修复。需要时聚乙酸乙烯酯还可以用丙酮溶液清除。

第四节　陶瓷器配补

一、配补的类型

修复中时常遇到器物部分缺失的情况，这时采用石膏等材料对器物进行补缺，就称作"配补"。理想的配补要求后补部分的大小、厚薄、纹饰甚至胎质都尽可能接近原物，其目的一是为了复原器物造型，恢复文物原貌；二是为了使器物结构牢固、稳定，避免缺失部分聚集灰尘、水汽从而影响外观。

陶瓷器配补大约可分为以下三大类。

（1）填补。针对面积较小的缺失，如坑、缝、豁口等，直接浇注黏结剂或填入腻子配补。由于缺失部分小而且简单，一般不需要印模材料。

（2）模补。利用印模材料来复制缺失部分的方法，主要针对面积较大、造型复杂的缺失。运用在盘、碗、瓶、罐、壶等对称的器物居多。模补的一般流程是：①准备原型。原型也叫作母型，用黏土或油泥制作出缺失部分的形状，也可利用与缺失部分形貌一致的陶瓷器部位为原型。②制作模具。在原型上浇注印模材料，固化后就形成了模具。印模材料有软硬之分，软性材料（如硅橡胶）固化后有柔性和弹性，可以一次性浇注后，直接从原型上取下。硬性材料（如石膏）

对形状简单、具脱模斜度的原型，可采取一次性浇注。如果遇到有"倒角"的原型，则不能采用单件模，而要分别浇注二件模具或者多件模具，否则固化的印模材料会倒勾住原型的"倒角"部分，无法顺利脱膜。③制作塑件。将填补材料注入模具内腔，固化后形成的塑件，即为翻制出的缺失部分。

（3）塑补。直接用手或工具，将填补材料加工制作成缺失部分，这种方式多用于人物雕塑等。塑补比模补、填补的难度都大。

二、配补的材料

（一）填补材料

填补材料指替代缺失部分所用的材料，理想的填补材料需要有以下几个特点：一是填补材料可以塑形、浇注，从而加工成所需的形状。二是使用方便安全，在室温下易于固化，且固化时间不长。三是填补材料固化后的机械强度和原器物相当，但同时便于打磨、切割。四是固化后收缩不大，热膨胀系数与原器物相当，而且不污染器物。五是填补材料应该和上色层具有较好的接合力。六是可以加入填料、颜料等以接近器物的颜色。

1.石膏

（1）石膏的类型

自然界存在有天然的无水石膏（$CaSO_4$）和二水石膏（$CaSO_4 \cdot 2H_2O$）。天然二水石膏又称作"生石膏""软石膏"或简称"石膏"。天然无水石膏比二水石膏致密，质地较硬，又称"硬石膏"。市场上出售的石膏是由天然二水石膏经加热脱水生成的半水石膏（$CaSO_4 \cdot 1/2H_2O$），又称作"熟石膏"。天然二水石膏在加工时随温度和压力等条件的不同，会得到两种不同的石膏：α型半水石膏（高强石膏），β型半水石膏（建筑石膏）。

石膏的优点是：密度、强度和热膨胀系数与大多数陶器接近，适合用作陶器的填补材料；石膏凝结硬化时体积略微膨胀（约1%），石膏制品表面光滑细腻，形状精确饱满，干燥时不开裂；固化速度快，固化后容易打磨、切割，便于修整；价格便宜、操作简单；可以添加白胶水、白石灰以增大固化后的强度

石膏的缺点是：石膏不适合填补、塑补非常细小的裂缝或缺失；石膏不透明、无光泽，也不适合充当瓷器的配补材料；运输和储存中要防止受潮，一般储

存3个月后，其强度会降低；石膏晶体可能会被吸入多孔的陶胎当中，对器物造成一定损害。

（2）水化与凝结硬化

半水石膏与水拌合后，即与水发生化学反应（简称为"水化"），反应式如下。

$$CaSO_4 \cdot 1/2H_2O + 3/2H_2O = CaSO_4 \cdot 2H_2O + Q（热量）$$

半水石膏加水先溶于水，然后与水结合成二水石膏，由于二水石膏的溶解度比半水石膏小很多，所以二水石膏胶体颗粒不断地从过饱和溶液（即石膏浆体）中沉淀析出。随着石膏浆体中的自由水分不断减少，胶体颗粒间的搭接、黏结逐步增强，浆体逐渐变稠、变干而失去可塑性，这个过程称为"凝结"。随着水化的进一步进行，胶体凝聚并逐步转化为晶体，且晶体间彼此紧密结合，使浆体完全失去可塑性，不断增加强度，这个过程称为"硬化"。

（3）石膏浆的调制

先在橡皮碗内注入适量清水，将半水石膏均匀撒入水中，直到水刚好淹没石膏。静置1~3分钟，让半水石膏充分被水浸润后，用不锈钢调刀搅拌，待石膏浆体达到一定的黏稠度后，就可以使用。用力或长时间搅拌可以缩短凝固时间，但过度搅拌也会损害石膏的机械强度，而且会导致干燥收缩。减少用水量或使用洁净的温水可以加快半水石膏的水化速度，新生产的半水石膏的水化速度也相对较快。虽然石膏没有黏性，但是陶器碎片相对粗糙，使配补的石膏能够较牢固地与原器物咬合在一起。如石膏无法牢固咬合，必须要将配补石膏拆下，涂上黏结剂与原器物黏合。

2.腻子粉

腻子粉原是用于填补墙面凹陷的产品。文物修复只能采用水性纤维素腻子粉，它以白色碳酸钙为主要填料，以纤维素为黏结剂。在腻子粉中掺入适量清水，调成糊状后即可使用，用来填补陶瓷器的细小缝隙或缺口。其优点是干燥速度快，固化后比石膏硬度稍高，可以打磨修整。腻子粉作为填补材料，适合用于质地较软的考古出土陶器，但无法用于烧结温度高的硬质陶。

3.环氧树脂

环氧树脂主要充当高温瓷器的填补材料，通常还要添加适当的填料，来改变黏结剂的某些特性，例如，添加气相二氧化硅获得高透明度和玻璃质感；或添加滑石粉，增加粘（稠）度便于施工，降低固化后的硬度，方便打磨。环氧树脂固化后坚硬持久，可用手术刀切割或用砂纸打磨。其缺点是固化时间长、施工较慢，不适宜大面积缺失部分的配补。而且相对于石膏，环氧树脂的打磨、修整工作更加困难。修复脆弱陶器时，不可使用无填料的环氧树脂黏结剂填补。因为环氧树脂的线性热膨胀系数远远大于陶器，当环境温度升高或者器物受热时，环氧树脂的体积会增大而胀破器物。

环氧树脂腻子或俗称"面团"的制备法：在制备好的环氧树脂黏结剂里逐步加入填料（通常以滑石粉为填料），用调刀不断搅拌，直到制成橡皮泥一般的环氧树脂腻子。由于环氧树脂腻子流动性低，比较适合塑补的方式，固化后腻子呈现半透明的水白色，其硬度比纯环氧树脂低，便于整形加工。

4.聚酯树脂

聚酯树脂（Polyester Resin）指不饱和聚酯树脂，具有黏度低，工艺性好，常温固化，固化速度较快，固化时不产生副产物，使用方便，胶层硬度大，耐磨、耐酸、耐碱性好，具有一定强度，价格低廉等优点。其缺点是固化时收缩率大，有脆性，抗冲击性差，耐湿热老化性差。不饱和聚酯树脂可以作为黏结剂和填补材料使用，但在陶瓷器修复中应用较少，更多运用在玻璃文物修复上。

聚酯树脂产品通常由树脂和引发剂组成，有低黏度液体产品，也有较厚的触变胶体。聚酯树脂也有含填料的膏状产品，主要用于填补。这些产品最大的优点是固化速度快，几分钟内即可固化，而且混合后可以用丙酮润滑，完全固化后很容易用手术刀修整。

国内的云石胶也是基于不饱和聚酯树脂的填补材料。聚酯树脂持续光照下会从无色透明变为黄色，耐湿性逐渐变差，树脂逐步交联变得不可溶。但可以采用合适溶剂，通过溶胀来解除。

（二）印模材料

1.齿科红蜡片

齿科红蜡片为红色蜡质薄片。该材料容易裁切、使用便利，用吹风机或热水加热，软化后使用，适合碗、盘口沿缺失的简单翻模，但无法印出陶瓷器表面的细节部分。一般操作流程如下：①将红蜡片加热贴在器物完好部分取样；②将冷却定型的红蜡片移到缺损处，贴紧并固定位置；③将石膏浆体浇注到红蜡片中，直至与器表齐平；④待石膏固化后，除去红蜡片，进行精细打磨与黏结。

2.齿科打样膏

齿科打样膏主要成分是萜二烯树脂，辅以填料、润滑剂、颜料等组成，也叫印模膏。具有热软冷硬的特点，70℃左右变软，如温度过高，材料黏度太大，不利于操作，温度过低，流动性差，会影响印模的精度。而且，该材料热传导性能差，需受热一段时间后方能应用。打样膏可以反复使用，但时间过久，材料趋于硬化则无法使用。必须注意的是，打样膏延展性不佳，无法印出器表的细节。而且容易与石膏、环氧树脂等填补材料粘连，所以必须使用脱模剂。

以瓷碗口沿的配补为例，具体操作步骤如下：将打样膏放入热水，待其泡软后压在碗的完好部分，这样打样膏上就可以留下与所缺部分造型一样的印痕。待打样膏冷却变硬、不再变形后取下打样膏，在上面涂脱模剂（如肥皂水、凡士林等），贴到残缺部分，轻轻用手按平，或者使用胶带等固定，使其不再移动。然后将调好的石膏浆体慢慢倒入到口沿缺口处，直到所缺处全部填满。

3.油泥

油泥具有可塑性，随温度升高而变软，可以加工成片状，以红蜡片或打样膏的方式进行模补。也可用手或工具塑成所需形状，然后在其上浇注填充材料。

以修复瓷壶嘴为例：将壶嘴清洗之后，将少量油泥用手搓成团塞入壶嘴，在搓揉的过程中油泥会由于手温而变软。将壶嘴用油泥塞实后，依照壶嘴内壁的形状，用工具或手将油泥塑成合适的形状，并将表面修饰光滑，除去黏结在断面上的多余油泥，洒上少量滑石粉作为脱模剂，最后使用环氧树脂腻子作为填充材料，因其强度适合瓷器，且不会随意流淌，便于操作。

4.乳胶

Latex乳胶是一种预硫化乳胶，使用前为乳白色黏稠液体，常温下固化形成半透明的奶黄色橡胶层，乳胶固化后柔软有弹性，在任何复杂原型上，都能轻易脱模，能复制出很精确的细节。乳胶10分钟内可以初步干燥，2～3小时内可以从原型上取下，最好是放置12小时待其硬化后再取下。乳胶适合高温瓷器，也能用于粗糙的陶器，不会沾污器表，尤其适合用于造型复杂的缺失位置，例如：人物、花卉类的瓷雕制品。

一般操作流程是：准备好原型后，将乳胶用笔均匀涂刷在原型上，不可遗漏任何地方，并且要尽量将气泡赶出来。乳胶需要重复涂刷多次，等前一层干燥后再涂刷下一层，直到达到足够厚度。乳胶模具干燥后很软，在其中灌入填充材料后，模具会因重量而产生变形，因此需要一定的支撑。一般可以在涂刷最后一次时，黏敷上纱布条，令其完全浸润在乳胶内，帮助固定。或者在从原型上取下软模前，用石膏等再浇制成一层硬模，作为乳胶软模的支撑。

乳胶可以掺入填料后使用，但是第一层必须要用纯乳胶液。如果条件许可，施用乳胶可采用浸渍法，这比涂刷法效果更好，能使表面充分被胶体覆盖，也避免涂刷过程中搅动胶层。脱模的时候，胶层外可以撒一些滑石粉，避免卷起时彼此粘连。此外，要注意乳胶可能会对镏金装饰造成损害，使用前需进行试验。乳胶适合浇注环氧树脂黏结剂，不适合聚酯树脂。乳胶也常涂在陶器表面，防止修复材料沾染器物。

5.硅橡胶

硅橡胶分为室温硫化硅橡胶（RTV）和高温硫化硅橡胶（HTV）两种，通常采用室温硫化硅橡胶，需混合催化剂后固化而成。该材料具有良好的柔性和弹性。对于结构复杂、花纹精细、无拔模斜度或具有倒拔模斜度及具有深凹槽的塑件来说，制件浇注完成后均可直接取出。硅橡胶用薄刀片就可轻易切开，且切面非常贴合，因此可先不分上、下模，整体浇注出软模后，再沿预定分模面将其切开，取出原型，得到上、下两个软模。硅橡胶模具可以用环氧树脂、聚酯树脂等黏结剂浇注，容易脱模，无需使用脱模剂。但要注意硅橡胶不适合用于表面多孔粗糙的陶器，其所含油类物质会被陶器吸附，污染器表。

硅橡胶使用流程如下：①准备原型，表面清洁干净；②固定放置原型、模框；③将硅橡胶混合体浇注在原型上；④硅橡胶固化后，取出原型（必要时切开硅橡胶），即得硅橡胶模；⑤如发现具有少数缺陷，可用新调配的硅橡胶修补。

硅橡胶可添加滑石粉等填料，减少其流动性，制成类似橡皮泥的硅胶团，市场上也有商业产品出售。硅胶团固化后具有弹性，可以翻制出复杂的器表造型，包括略有倒钩的部分。由于硅橡胶不会与填补材料粘连，固化后的填补材料可以顺利脱模，不需要使用脱模剂。

三、翻模复制技术

（一）材料工具的准备

1.填补材料

填补材料有：石膏；环氧树脂（或环氧树脂"面团"）。

石膏适用于质地疏松的陶器，例如：史前陶器、汉砖、唐三彩等低温烧制陶器或釉陶。环氧树脂用于胎体致密，吸水率小的高温瓷器，如：青花瓷、五彩瓷、粉彩等。石膏本身不具有黏结力，常需要取下后用黏结剂与原器拼接。

2.印模材料

印模材料有：硅橡胶（或硅橡胶+滑石粉）；乳胶（latex）；石膏；齿科红蜡片；齿科打样膏；油泥。

陶瓷器翻模时，建议使用软性材料，如硅橡胶或乳胶。这类材料容易脱模，即便需要切开脱模，切口也很整齐，不会破坏模具内腔。在脱模允许的条件下，可以在浇注模具最后一层时使用填料、纱布等帮助定型，或者在模具外浇注一层石膏、热熔胶等硬质外模。

3.其他材料

细沙、滑石粉、木屑、纱布、玻璃纤维等。

（二）翻模工艺流程

1.准备原型

原型也叫作母型，用黏土或油泥塑成缺失部分的造型。也可利用与缺失部分形貌一样的陶瓷器部位。

2.制作模框

根据原型大小用黏土、纸板、木板、玻璃板甚至积木制成模框，用模框将原型围在一个平台上，用泥料或热熔胶将缝隙封住，避免印模材料液体漏出模框。如果印模材料为膏泥状，不流淌，就无需制作模框。

3.浇注模具

根据原型形状及脱模方式，模具分为单块、两块或多块，通常采用单件和两件模。石膏是最常用的模具材料，有操作时间短、价格便宜、取样精准等优点，但对有"倒角"的原型需划分模线，分多块模具浇注。

为保护原型、方便操作，古陶瓷翻模或复制越来越多采用硅橡胶、乳胶等柔软有弹性的印模材料。这些材料固化后不会粘连到原型，不用肥皂水等脱模剂就能轻易脱模，但有时需在软模具外部再浇注石膏外模，帮助固定。模具可以分为以下几类。

（1）开放模：利用齿科红蜡片、齿科打样膏、油泥等来取样，然后贴在缺失部分处，浇注填补材料。但是材料不同，翻制复制品的精细程度也不一样。

（2）单块模：利用乳胶、硅橡胶等软性或半软性模型材料，仅用单块模具就可以取样完成。适用于小型、简单或者造型较扁平的部分，但是仍然需要在"倒角"处填入油泥，方便脱模。软性模具外部常需要石膏等硬性材料支撑固定，确保不会在浇注过程中产生变形。

（3）两块模：对于比较复杂的造型，无法用单块模具，就需要分两次浇注印模材料，最后形成两块模具，浇注印模材料时，要利用油泥填补"倒角"，并且要有定位点和浇注口。两块模具之间的分模线很重要，决定了是否能顺利脱模。分模线划定的原则就是要设置在形体的最高点或形体转折部位，由于模型的结构和形状各异，分模线不一定为直线。

4.翻制模型

将准备好的石膏浆或环氧树脂黏结剂等填补材料注入模具内部，凝固后打开模具，即获得复制的缺失部分。

（三）翻模实例

1.硅橡胶翻模（两块模）

以瓷器器盖为原型，翻模制作出石膏复制品。具体操作如下：将器盖的"倒钩"部分填入油泥，例如：器盖上的穿孔等，使硅橡胶固化后可以顺利脱模。然后将器盖半埋入油泥中，用硬板纸制作圆形围栏，缓慢注入硅橡胶液体，避免产生气泡。凝固后即为一半模子，然后将器物翻转过来，取出底部黏土，露出另一半的器盖，按同样方式浇注出另一半的硅橡胶模。从硅橡胶中取出原型器盖，必要时需用手术刀切开。最后，将两半硅橡胶模合在一起，用皮筋绑紧，在模子顶端穿两个细孔，使用注射器将石膏浆体灌入模腔内部。待石膏固化后，取出复制器盖，用手术刀和砂纸修整。

2.乳胶翻模

准备好相似的器物作为原型，用笔均匀地将乳胶涂刷在原型上，不可遗漏任何地方，尽量将气泡赶出。重复涂刷乳胶4~5次，等前一层干燥后再涂刷下一层，吹风机可以帮助加快干燥速度。涂刷最后一次时，在乳胶内掺入木屑等，静置12小时后取下模型。在乳胶模具内撒入少量滑石粉，缓慢倒入准备好的环氧树脂黏结剂，24小时固化后取出，将环氧树脂复制件进行修整和打磨后，再进行黏结，最后完成上色。

3.硅橡胶-石膏翻制（两块模）

准备好瓷盖作为原型，先用积木搭建适当大小的模框，底部铺上一层油泥，然后将瓷盖插入油泥中固定，并在上面戳若干定位孔。随后，刷上硅橡胶层，待固化后再浇注上石膏。等石膏凝固后，将原型倒转过来，用相同方式浇注另外一半硅橡胶层和石膏，但要留出浇注口。等模具固化后取出原型，从浇注口灌入填补材料，固化后即获得瓷盖的复制件。

4.硅橡胶翻模（单块模）

实例一：以复制瓷瓶的狮形耳为例，首先用油泥堵住瓶耳中的镂空部分，将油泥制成长方形模框，在其中注入室温硫化硅橡胶。待其固化后移走油泥，用手术刀适当切开硅橡胶，从器物上取下，在模腔内浇注石膏。最后，将固化后的复制品取出，再进一步地修整与打磨。

实例二：盘口壶缺一耳，以完好的器耳为原型进行复制。方法是：取适量室温硫化硅橡胶，添加滑石粉，搅拌成硅橡胶"面团"。器耳的镂空处用油泥封住，然后将"面团"贴压到器耳上，待硅橡胶固化后，即制成硅橡胶模。然后在模子中浇入石膏，脱模后用刀具或砂纸修整即可。

5.沙堆放样法

以配补一件瓷碗为例，大致介绍该方法的操作步骤：

首先，用铅笔在纸上沿器物口沿绘出一段弧线。用作图方法求出这一段圆弧的圆心，即在圆弧上任取两段割线，分别绘制出这两段割线的垂直平分线，两条垂直平分线的交点就是圆心，从而绘制出瓷碗口沿大小一致的圆圈。然后，将湿润细沙堆在纸上的圆圈内，瓷碗倒扣在沙堆上，令器物口沿贴紧纸上所绘圆圈并转动一周，经过挤压的沙堆形成器物完整的内部造型。除去圆圈外的多余细砂，沙模的制作就完成了。最后，将石膏浇在露出的沙模上面，待石膏固化后，进行打磨修整。

这种方法适合残缺面积较大的器物，一次性浇注石膏，速度快。但是沙堆只能复制出器物内部的造型，无法复制外部造型。如果对外部的塑形有一定困难，可以考虑采用以下的装置辅助：将沙堆摆放在转盘的正中央，并按照上述方法浇注石膏，将硬卡纸或塑料板裁成器物的外壁弧度，固定在铁架台上，然后在石膏湿软未干前，转动下方转盘，利用硬卡纸在湿石膏上多次截割，刮去多余的石膏，如出现空穴或空位，可以将刮下的湿石膏填上，并继续转动直到获得正确的形状。

四、塑补技术

塑补适用于两种情况：①缺乏翻模取样的原型。例如，人物塑像等非对称的陶瓷器就很难利用原器作为翻模母型。②原器表面脆弱无法承受翻模取样。例如，表面粗糙、质地疏松的陶器接触蜡片、硅橡胶等印模材料，会造成表面污斑；具有易碎易断的"倒角"的器物，即使采用软性印模材料，设计好分模线，在脱模时仍具有钩伤原器的危险。

（1）准备工作。塑补开展之前，必须要收集准确充足的资料，如同类器的照片或实物，不能对文物造型进行随意改动或者臆造。在过去，塑补常会先在原器上安装支架，然后在支架上塑补缺失部分，这种方式是为了加强补缺部分的强度，但是需要在原器上打孔，具有破坏性，应该要避免。

（2）材料与方式。陶瓷器塑补可以采用两种方式：第一种，在器物上使用环氧树脂"面团"雕塑出所需造型，等待固化后进一步打磨修整，这种方法必须在器物上进行操作，具有一定的危险性；第二种，先加工制作出缺失部分，随后利用黏结剂与原器拼接。虽然需要分两个步骤完成，但是雕塑修整的时间很充足，也可避免修复材料沾染器表，或操作不慎而损伤器物胎釉。

塑补材料主要为环氧树脂"面团"，如环氧树脂黏结剂与滑石粉等体质填料的混合物。为了达到所需的质感和颜色，可在其中添加适合的其他填料或者粉状颜料。

（3）塑补实例（环氧树脂黏结剂+滑石粉）。其双系白釉陶瓶有龙形双系，拼接后仅留有一系，另一系丢失。配补采用环氧树脂黏结剂与滑石粉混合制成"面团"状，等环氧树脂稍微变硬之后进行塑形，操作时双手洒上滑石粉防止粘手，然后将环氧树脂"面团"依照左系的弯度、尺寸，制作出右系的主干部分拼接在所缺部位，适当调整后将器物平躺摆放，塑补部分用橡胶片水平垫高，防止环氧树脂在固化前因为重力发生变形，环氧树脂和橡胶片之间也要洒上一些滑石粉避免粘连。等待环氧树脂固化后，在主干基础上进行装饰，最后再加以打磨和修整。

第五节　陶瓷器上色

上色是指对修复部分进行着色处理，令其色泽、纹饰与器物的原部位一致，从而达到修饰、淡化修复痕迹的目的（图3-1）。

古陶瓷的保护修复操作有两个目的：一是为了稳定文物状态、延缓损坏变质加重；二是为了恢复文物原貌，便于欣赏和理解。"上色"操作属于后者，被视为狭义的"修复（restoration）"。"上色"要恢复昔日的文物原貌，原则上只能局限在缺失处，而不能遮盖器物的原材料，主要为器物的陈列展出、摄影出版而服务。

图3-1 古陶瓷上色示例

过去古陶瓷修复更多追求"天衣无缝"的效果，但随着保护理念的更新，西方博物馆界已经普遍接受"六英寸，六英尺"的修复原则，即修复痕迹在六英寸远可见，而六英尺远就看不见。也就是说，修复效果要达到恰当的中间程度，修复痕迹不能显而易见，被观众清楚发现，但也要与原器有所差异，能够识别区分。

一、上色的工作环境

（1）光线照明。古陶瓷修复的各项步骤都需要明亮的光线才能顺利进行，所以修复室最好设在有充足日光的房间，光线不足时也可用接近日光的人工光源辅助照明。给器物上色时，为避免修复部分产生颜色偏差，对光照的要求非常严格。一般来说，修复时的光照应该同器物在展览时的光照一致，如果博物馆使用自然光展览器物，那么陶瓷器的上色工作就应尽量安排在光线好的白天，避免在黄昏的阳光下操作，也不要在荧光灯或者白炽灯等人工光源下进行。

（2）通风设备。修复室内要保持整洁，防止灰尘杂质飘散，玷污修复器物，修复室需要安装通风橱，操作台上需要安装抽风口。喷绘和清洗等操作会使用挥发性有毒材料、试剂，修复人员也要佩戴口罩、手套等防护装备。

二、上色所用的材料

上色所用的材料主要包括三大类：黏结剂（上色介质）、颜料（着色剂）、稀释剂（溶剂）。黏结剂用于固定颜色，模拟器表的质感；颜料形成与器物吻合的色彩；稀释剂用于调节涂料的稀薄，使上色更加便利。

（一）黏结剂（上色介质）

黏结剂既可以与颜料调和使用，也可以单独使用。理想的黏结剂必须满足以下几个要求：一是不会对原器物造成损伤；二是固化后可较好模拟陶瓷器表面的质感；三是涂层的附着力较好、不易脱落，但需要时可以安全去除；四是能与颜料很好地结合，结合后颜料不会变色；五是颜色透明或为水白色；六是抗老化性能较好，不易变色和变质。

（1）丙烯酸酯树脂。适用于高温釉瓷，长期保持原有的色泽，耐紫外线照射不易分解、变黄。固化后涂层透亮无色，有较好的釉质感。适合喷枪上色，色层过渡自然，不留接痕。缺点是固化后硬度不如环氧树脂，涂层干燥时间较长，容易翻底，喷枪喷涂需要配备通风橱，操作人员必须做好安全防护。其稀释剂为香蕉水等有机溶剂。

（2）聚乙酸乙烯酯乳液（PVAc乳液）。将聚乙酸乙烯酯乳液调配粉状颜料或丙烯颜料用于上色，形成的颜色层无眩光。与其他常用的有机类黏结剂相比，操作更快捷、方便且清洁无毒。适用于胎质疏松粗糙的陶器、砖瓦等低温器物。其稀释剂为水。

（3）丙烯酸酯乳液。指丙烯颜料的上色介质，是由丙烯酸酯、甲基丙烯酸酯、丙烯酸、甲基丙烯酸等单体经乳化剂及引发剂共聚而成的乳液，如透明的丙烯画上光油。干燥固化为透明无色的涂层，上色时可混合粉状颜料使用。色层干燥后颜色会变深，调配颜色的时候需要考虑到色差变化。适合许多种类的陶瓷器，尤其是考古出土陶器或无釉陶瓷器，但不适合高温有釉瓷器。其稀释剂为水。

（4）脲醛树脂。脲醛树脂用作古陶瓷修复的上色介质已经多年了。脲醛树脂是尿素与甲醛在催化剂（碱性催化剂或酸性催化剂）作用下，缩聚成初期脲醛树脂，然后再在固化剂或助剂作用下，形成不溶、不熔的末期热固性树脂。脲醛树脂的优点在于能够形成脆硬的涂层，固化后可以打磨和抛光，也能层层堆积，很好地模拟陶瓷器的釉面。其缺点是不耐老化，而且性质危险有害，需要在有通风设备的环境下操作。

（5）聚氨酯树脂。聚氨酯树脂是多异氰酸酯和多羟基化合物反应而成的。具有较高的极性与反应活性，可产生较强的化学黏结力。使用时能很好地与颜料混合，采用松香水作稀释剂延长工作时间。聚氨酯树脂的物理机械性能好，涂膜坚硬、光亮、丰满、附着力强，可打磨和抛光，还具有耐腐蚀、耐低温、耐水解、耐溶剂及防霉菌等优点。

聚氨酯树脂的缺点是容易受光照而变黄，树脂逐步老化变为不溶，但可用二氯甲烷类的脱漆剂溶胀后清除，聚氨酯类产品含二甲苯等有毒溶剂，必须在有通风设备的场所操作。

（6）Golden牌瓷器修复光油。是水溶性、快干、可逆的瓷器修复专用光漆，可用笔或喷枪多次上漆，固化后表面可以打磨，可用适当的水做稀释剂。该产品可与各类丙烯画颜料调配使用，建议使用同品牌的喷绘颜料。多层喷涂的器物需若干天或若干星期的干燥时间，最好多次喷涂薄层涂料而不是一次喷涂厚层涂料，施工要选择适宜的温湿度环境。每次喷涂之间要留有充足的干燥时间，也可用吹风机加快干燥。最后一道漆需置于加热灯下24小时烘干，这项措施很重要，否则涂层将无法完全干燥固化，从而导致日后容易产生涂层软化的情况。该产品具有可逆性，可以使用氨水清除。方法是：将家用氨水和水1∶1混合，用干净的棉布吸取溶液后轻柔地擦洗。

（7）环氧树脂。适用于高温瓷器或釉陶，与粉末颜料、气相二氧化硅等填料调配后上色，也可单独使用增强亮度。室温下约24小时固化，固化后可以打磨加工，也能层层加厚，不会翻底。缺点是环氧树脂固化时间长，固化后为不溶、不熔的热固性树脂，不能采用喷枪喷涂，光照后容易变色发黄，不能用于修复颜色较淡的陶瓷器。其稀释剂为乙醇。

（二）颜料

颜料是指有色的细颗粒粉状固体物质，可分散在媒介中，当溶剂挥发后，即留下含有黏结剂和颜料的涂层。除使用干燥的粉状颜料，修复中也可以采用油画颜料、丙烯颜料等美术颜料，这些美术画材颜色种类丰富、质地细腻，使用方便。但是必须指出的是，这些美术颜料已经含有黏结剂，如油画颜料中含亚麻籽油，丙烯画颜料含丙烯酸酯乳液等，上色时可以单独使用或者与适宜的黏结剂配合使用。

染料亦可作为着色剂，用于环氧树脂或者聚酯树脂的染色，产生的颜色是透明的。但与颜料相比，染料在陶瓷修复中使用较少，因为许多染料具有不耐光、易褪色的缺点。

（1）粉状颜料。颜料按化学成分可分为无机颜料与有机颜料两大类。无机颜料是以天然矿物或无机化合物制成的颜料，使用与生产历史悠久，目前的产量占世界颜料总产量的96%。有机颜料指含有发色团和助色团的有机化合物，其生产历史虽只有100多年，但色泽鲜艳，着色力高，色谱齐全。不过，有机颜料的耐候、耐光、耐热性远不及无机颜料强，在光辐射的作用下，其分子因光化学反应导致结构变化，很容易发生褪色现象。粉状颜料必须要与各类上色介质混合后，才能用于上色。

（2）丙烯颜料。丙烯颜料确切名称为聚丙烯酸酯乳胶绘画颜料，是颜料、丙烯乳剂（丙烯酸酯乳液）和水的结合物。丙烯颜料可用水稀释，当色层湿润未干时，用水可以将其洗去。但是如果完全干燥后就变成一种既坚固又柔韧的薄膜，不再溶于水。丙烯颜料通常用于器表粗糙的陶器或釉陶的上色，而不适合用于高温瓷器的上色。丙烯画颜料的介质是水性乳液，不能与油画颜料、丙烯酸酯色漆等混合使用。

（3）油画颜料。颜色丰富饱满、种类丰富，但其中所含亚麻籽油等成分不利于色层持久，必须事先将颜料挤到白纸上，将油吸收后取用。油画颜料属于油类颜料，可以与丙烯酸酯漆混合，很适宜喷枪喷涂工艺，用于瓷器或釉陶的上色。与粉状颜料不同，油画颜料不容易产生颗粒状的表面。

（4）丙烯酸酯色漆。在丙烯酸酯透明漆中添加颜料而制成的产品。丙烯酸酯色漆适用于喷枪上色，色层薄且光亮，色泽过渡均匀自然。采用香蕉水水等有机溶剂作为稀释剂。可与丙烯酸酯透明漆、油画颜料、粉状颜料混合后使用。

（5）仿金颜料。瓷器的镏金纹饰通常是低温烧制的釉上彩，易在使用中磨损、脱落。修复镏金纹饰的方法就是将仿金颜料产品或铜粉与上色介质混合后，用画笔补绘在所需部分。铜粉的颜色种类多样、价格便宜、便于操作，其缺点是与树脂结合不好，固化后表面有颗粒、光泽较暗，暴露在大气中容易老化而变色，需罩一层添加紫外吸收剂的丙烯酸酯透明漆，增强亮度并用于封护。

（6）贝碧欧陶瓷颜料。分为陶瓷和瓷器两种产品。陶瓷颜料为不透明光亮的溶剂型颜料，耐光性能好，可以修饰陶瓷器。自然干燥无需烘焙，3小时初步干燥，48小时完全固化。干燥后色层可以耐光照和冷水，但不可浸泡在水中。该产品包括各色颜料、无色上光介质、专用稀释剂等。另一种专用颜料是Porcelaine 150，烘焙后色层光亮、坚固，颜色半透明或不透明，可用于各类瓷器或釉陶。几分钟后初步干燥，24小时完全干燥，充分干燥后在150℃下烘焙35分钟，能够形成耐水、乙醇、洗涤剂的色层。该产品可以层层叠加，加入专用稀释剂能增强颜料流动性，加入亚光介质能降低光亮度，而使用光亮介质可调淡颜色，但不会令色层变薄。该颜料容易变色，不宜大面积使用。

（三）稀释剂（溶剂）

稀释剂的作用是将涂料的成膜物质溶解或分散为液态，便于施工形成薄膜。不同的上色介质要配合不同的稀释剂或溶剂，例如：丙烯颜料可以用水来稀释；而丙烯酸酯色漆要用香蕉水等有机溶剂来调节色料的浓度。许多商业产品会配备专门的稀释剂。

（四）消光剂

上色涂层固化后常会形成比原器更光亮的表层，除了改用亚光型的上色介质之外，还可在涂料中添加消光剂来降低色层光泽。色层光泽是表面对光的反射特性，色层越平滑，反射的光越多，光泽度越高；色层越粗糙，散射的光越多，光泽值就越低，呈现"平光"。消光剂指那些能使色层表面产生预期粗糙度，明显降低表面光泽的物质。消光剂悬浮在涂层的表面或充填在涂层体系内部，使涂膜的表面产生不同程度的粗糙度。

古陶瓷修复中常用的消光剂为气相二氧化硅，其折光率为1.46，接近大部分成膜树脂的折光指数（1.4~1.6范围内），不会影响涂层的透明性，且具备耐磨、抗划痕性、高分散性等优点。研究表明，最多添加40%的二氧化硅都不会影响到色层的黏结强度。

（五）打磨材料

许多上色介质固化后足够坚硬，可用细砂纸（如800号以上砂纸）、抛光布、研磨膏等材料来打磨或者抛光色层，消除笔绘造成的笔痕，或喷绘形成的橘皮等漆面缺陷，增强表面的光亮度。但需等色层完全固化后使用，否则打磨材料易破坏并污染色层。打磨要从色层中心向边缘单向运动，先重后轻，不可破坏过渡部分，也不可伤害器物釉面。

三、上色工具

（一）喷枪设备

喷枪设备由空气压缩泵和喷枪两部分组成：

1. 空气压缩泵（空气压缩机）

为空气喷涂的动力源，可产生压缩空气，高级产品还具备调节气压的功能。喷涂通常需要1~2个大气压力。

2. 喷枪（喷笔）

常采用小型压送式喷笔或喷枪，口径为0.2 mm或0.3 mm。喷枪液杯（或称

"盛液"缸)分可拆卸与不可拆卸两种,可拆卸液杯的喷枪可方便快速地替换不同颜色的液浆,且液杯能自由转动,可实现多角度的喷涂,但是有时液杯有脱落的危险。

压缩空气进入喷枪体内,使吸料管产生负压,涂料从液杯中吸至枪嘴时,被压缩空气气流猛烈向前吹出,被吹出口的涂料时雾化成无数的微小液珠,落到被涂件的表面,形成均匀的涂层,经干燥后,便牢固地附着在被涂件表面。

喷枪的喷嘴决定了涂料的雾化、喷流图样的变化。为了控制喷出量并较好地喷绘出局部的细节部分,古陶瓷修复上色应选择小口径的喷嘴,如口径为0.2 mm,能够喷出细致的花纹,但喷涂丙烯酸酯涂料易发生堵塞,要注意正确使用与养护。有的喷枪的液杯不可拆卸,每当换不同颜色的涂料时,必须先将液杯中原有的涂料倒出后才能使用,因此当颜料用量少、更换频繁时,会造成不便。且这类喷枪不能朝上或朝下喷涂,否则涂料会从敞开的液杯中洒出来。可拆卸液杯的喷枪,其液杯能自由转动,可完成多角度的喷涂。

喷枪使用后应及时用丙酮等溶剂清洗,方法是先取出针阀,擦拭干净,排净剩下的涂料,再往液杯中加入溶剂后喷吹。最后用手指堵住喷头,按下扳机,使溶剂回流数次,直到喷出来的为清澈的溶解液,即表明涂料通道已清洗干净。当喷嘴等部分堵塞时,可用硬度不高的针状物疏通。暂停使用时,可将液杯、喷嘴浸泡在溶剂内,防止残留涂料干结。但不可长时间将喷枪全部浸泡于有机溶剂中,这样会损害喷枪内部的密封垫,造成漏气、漏漆现象。

(二)画笔

上色通常选择尖形的油画笔、中国毛笔或水彩画笔,一定要有锋、不开岔、不脱毛。可选用貂毛、猪鬃、狼毫、尼龙等材质的画笔,其中尼龙笔最容易受到化学试剂的腐蚀而变形。选用何种粗细的笔要视上色部分的大小,最常用的是00~03号油画笔,或小毫、圭笔等型号的毛笔,可用于补绘精细线条和纹饰。

上色完毕后要及时清洗画笔,否则会影响笔的使用寿命和效果。油画颜料、丙烯颜料可用专用洗笔剂或肥皂水清洗,丙烯酸酯漆可用丙酮等有机溶剂清洗。清理时一定要把笔锋内的颜料挤出,尤其是笔锋根部的颜料,最后用纸吸干画笔,恢复笔锋形状后存放。

四、上色的流程与方法

（一）上色的基本流程

（1）准备。正式上色前，准备好颜料、稀释剂、黏结剂、笔刷、喷枪、白瓷板等上色材料与工具，器材保持干净整洁、取用快速方便。丙酮、丙烯酸酯漆等挥发性试剂须装在密闭容器内，相关的调色与上色操作均在通风橱内进行，操作者要佩戴橡胶手套和口罩。准备工作是为了能够迅速流畅地开展工作，许多上色材料的干燥速度快，因而要尽量缩短工作时间。

（2）封护。石膏等多孔隙的填补材料在上色前需要表面封护，如浓度为5%~10%爱牢达B-72丙酮溶液或低浓度的环氧树脂黏结剂的酒精溶液等。这是为了加强石膏的强度，也起到打底的作用。封护可采用笔涂或者喷涂的方式（环氧树脂黏结剂不推荐采用喷涂方式）。

（3）基色。该层涂料中会添加有强遮盖力的钛白颜料。一是为了均匀上色部分的颜色，便于稍后的正式上色；二是加入较多的钛白颜料可增厚涂料，填补表层的坑洞或划痕等细小缺陷，固化后用细砂纸打磨平整。基本涂层会凸显出修复表面的不足，可用上色介质混合滑石粉来填平，固化后再打磨光滑。该操作可能需要反复多次。

（4）底色。用调刀或画笔在白瓷砖上混合颜料和黏结剂，调配出与原器底色相同的颜色。可在相同的填补材料上试验，等干燥后与陶瓷器颜色进行比较。上色可以采用笔绘或喷绘的方式，后者的颜色过渡自然，能够实现"天衣无缝"的修复效果。根据不同器物，选用适合的上色材料与方式，通常陶器上色使用丙烯颜料，带釉器物采用丙烯酸酯漆。等待色层固化后才能再上下一层，往往需要多次上色才能达到所需的颜色。

（5）纹饰。补绘所缺纹饰或者镏金装饰需要有可靠的依据，如器物保留的重复对称的纹饰或者简单线条。大多数采用笔绘的方式完成，有时需要采用喷涂来达到晕散的效果。

（6）罩光。上色修复最后一道工序是罩透明光漆，用于保护修复部分的色层，防止材料老化变色或受到磨损，主要是用于带釉器物。根据需要选择光亮或者亚光的丙烯酸酯透明漆，或者在其中添加适量的气相二氧化硅，降低涂层的光亮度。

(二) 上色的常用技术

1.基色

（1）笔绘：笔绘适合用于小面积的上色，但颜色过渡不是很自然，难以实现"天衣无缝"。具体操作为用笔尖蘸颜料后（但不会滴淌），自中心向外围，轻柔平滑地运笔，不要叠笔以免留下笔痕，影响色层的平整度。上色区域与原器表的颜色过渡是重点，为了使上色层与周围颜色融为一体，分界线附近要采用短小快速的笔触，运笔方向与分界线形成一定角度，颜色也要逐渐趋淡，方法是待色层尚未全部干燥的时候，将含颜料的笔在无色介质中沾湿后渲染色层外缘，起到逐渐模糊色层分界线的作用。注意上色层与原器的交叠部分要尽量少。

色层完全固化后，可以用细砂纸精心打磨抛光，扫去表面粉尘后，进行再次上色。打磨只能局限在修复上色的范围，而且要从中心向原器表面方向打磨，不可伤及器物表面，也不能破坏色层的自然过渡。打磨后，色层会变得较淡，但再上透明光油颜色又会变深，如果上色出现错误，用笔蘸稀释剂后轻柔溶解后清除。

（2）喷涂：喷涂能够实现过渡自然、光滑平整的釉面基色，适合模拟高温瓷器的透明光亮的釉面，尤其是大面积地上色。但其缺点是喷涂范围不易控制，容易造成过度修复，不适合用于小范围的上色。喷涂的重点在于控制好喷枪上色的距离、角度、压力，而且事先要用纸等材料覆盖保护原器表面。

喷涂颜料流动性较强，通常在有盖小容器中调配。调色时，先在容器内加入适量黏结剂或透明介质，然后在一旁的调色瓷板上用笔调油画颜料或其他颜料产品，然后加入液杯中，用笔充分搅拌混合，必要时添加稀释剂调节浓淡。稀释剂用量太少，涂料过于黏稠，会堵塞喷枪；但用量过多，涂层过于稀薄将没有遮盖力。正式喷涂前一定要试喷，比较一下漆色和原器的差别，如果颜色差别小、喷枪状态良好就可以正式喷涂了。为了避免颜料挥发固化，颜料色浆需要密闭保存。

喷涂时空气压缩泵一般选择1个大气压左右，并通过调节喷枪的调节螺栓或控制按下扳手的幅度来帮助调节喷漆量。扳手直接按下去只有空气喷出，向下向后斜推则喷出颜色。一定情况下，喷笔距离越远、扳手斜推程度越大，喷绘面积也越大。喷笔距离近、斜推程度小就可以喷出较细的线条。

喷枪的运笔要根据釉面浓淡，以直线或打圈方式进行喷绘，如拉坯成型的瓷器会出现一圈圈的深浅不同的釉色，喷枪就要根据其轨迹进行运笔。颜色一致的色块可采用打圈的方式运笔，这样产生的色层厚薄均匀，不会有堆积的情况；也可以采用平行的直线，但是线条之间彼此要略有重叠。涂层完全干燥后，可以用细砂纸略加打磨，但不能破坏过渡色层。

2.纹饰

陶瓷器纹饰大多数由工匠用毛笔手绘而成，因此对这些纹样图案的补绘通常也采用笔绘的方式。有时也会采用喷枪与笔绘结合的方式，来表现晕散的效果。

（1）打稿：补绘纹饰前，根据器物保存的相同图案或者相关资料，在底色上打出大致的样稿。最简便的方法是采用硫酸转印纸来复制，先将转印纸盖在原器纹饰上，用H或者HB铅笔描印图案，随后将转印纸翻过来，再将图案勾描一遍，最后将该面盖于需补绘位置，用指甲按纸背将铅笔痕迹转印下来，铅笔残留可用棉签擦拭。

（2）裂纹：哥窑瓷器、铅釉陶器等都有裂纹，只是粗细浓淡不一。补绘裂纹时，可采用细笔蘸油画颜料（松节油稀释）描绘，或采用细铅笔，但是颜料或铅笔附着力较差，干燥后必须喷涂一层丙烯酸酯透明漆。如果裂纹很细小难以用画笔模仿，则可先用针笔在补绘表面上刻线出裂纹，随后填入颜料粉，然后罩光漆。如果裂纹颜色浅于底色，可用笔蘸透明介质将底色稍微溶解，获得相对较浅色的线条。

（3）晕散：青花、釉里红等釉下彩瓷的纹饰线条常会发生颜色晕散，补绘的难度较大。对于晕散模糊的纹饰，可以先采用笔绘，待颜色半干时用少量透明介质模糊线条边缘，或者利用喷枪在笔绘纹样的基础上喷涂，仿制出晕散的效果。

（4）斑点：指散布在陶瓷表面的大小黑色、棕褐、淡黄的斑点，这种斑点是坯料中所含铁质杂物在窑内的还原气氛下发色而成的，可用牙签、笔尖蘸颜料逐一点出，也可以采取牙刷弹拨的方式。

（5）釉上彩：有的彩饰较薄，按普通上色方式即可，对于较厚突起的彩饰，如粉彩等，需要在颜料中添加气相二氧化硅等将颜料增厚。

（6）镏金纹饰：瓷器的镏金纹饰通常是低温烧制的釉上彩，易在使用中磨损、脱落。修复镏金纹饰的方法就是将仿金颜料产品或铜粉与上色介质调配后，用画笔补绘在所需部分，其中可添加适宜的颜料来调节颜色深浅。

3.罩光

罩光要等色层完全固化后才能开始，否则容易造成"翻底"。罩光主要用于瓷器或者釉陶，采用光油喷瓶直接喷漆或喷枪喷涂的方式。罩光漆固化后可打磨，也可以层层叠加，但是必须要有充足的固化时间。可以按照需要，选择光亮漆或亚光漆，也可以添加气相二氧化硅等消光剂降低涂层亮度。这个阶段，也可在透明漆中添加少量颜料（透明度高的颜料），将色彩鲜明的纹饰调整得略微柔软些。

（三）色彩原理与调色

1.色彩的原理

所有色彩都具有色相、纯度、明度这三要素，可以用于帮助区别不同的颜色。

（1）色相：指不同色彩相互区别的基本色彩特质，是不同波长的光给人的不同的色彩感受，如红、橙、黄、绿、青、蓝、紫等各种色彩相貌。自然界中，红、黄、蓝是不能再分解的基本色，称为"原色"。由两种原色混合成的颜色橙、绿、紫称为"间色"。由一种间色和另一种原色混合而成的黄橙、红橙、红紫、蓝紫、蓝绿、黄绿被称为"复色"。这样原色、间色、复色就组成12种色相的色相环。在色环上处于相对位置的两种颜色如红色和绿色，蓝色和橙色，黄色和紫色与称为"补色"。当一对补色相互混合，它们会相互中和，令色彩变得灰暗。

（2）纯度：指色彩中单纯色彩的含量浓度，纯色的含量越高其纯度也就越高，颜色就显得越饱和，故又称作"饱和度"，也称为"鲜度"或"彩度"。红色是纯度最高的色相。橙、黄、紫等色是纯度高的色相，蓝、绿色是纯度最低的色相，不同程度地带有灰色的成分，使得色彩呈现不同的非饱和状态。颜色中加入白、黑、灰、补色等都会降低其纯度，使颜色灰暗。

（3）明度：又称亮度，是颜色的深浅变化所产生的明暗感觉。不同的颜色具有不同的明度，白色的明度最高，黑色的明度最低。

2.调色

在白瓷板中央放置黏结剂，四周放所需的粉状颜料或美术颜料产品，并且准备好稀释剂。用笔或调刀取颜料添加到黏结剂中混合，粉状颜料要用调刀尖研磨细碎，添加的颜料要逐渐增量，直到调出合适的颜色。调色要控制时间，避免颜料在使用前就干燥，建议多调一些颜料，因为调色过程中颜料会有损耗。调好的颜料要在同样的填补材料上试验，与原陶瓷器颜色接近后方能正式使用。

调色时先放含量多的颜色，后加含量少的颜色。比如调配青花的青白底色时，先在调色板上放上白色，然后加少量群青、生赭逐步调整。加黑、灰、等量的补色可以加深颜色，加白可调淡颜色。有人建议使用生褐加深颜色，用柠檬黄来调淡颜色。调和一种颜色最好是两色相加或三色相加，否则颜色会变灰暗。要增加颜料透明度，可增加无色的上色介质。在所有颜料产品中，丙烯颜料固化前后颜色会有色调不同。最后罩光也会改变颜色深浅，光亮的介质会令颜色变深，亚光介质会令颜色变浅。这些可能的色差变化都需要加以考虑。稀释剂可用于调节颜料的浓稀度，增加稀释剂令颜料变稀变淡，但如稀释剂用量过多，颜料中的黏结剂相对不足，就会减弱颜料层与修复表面之间的附着力。

五、上色的实例分析

（一）喷枪上色（丙烯酸酯漆）

1.准备

正式工作前要对喷枪进行调试，可采用乙醇等稀释剂进行试喷。当喷笔运行正常时，喷出线条应均匀、挺实、点圆、喷雾效果好。如发现喷雾断断续续，并伴有突突响声，有时甚至没有喷出，那就需要进行检查，排除故障后方能进行调色。常见故障通常为：喷嘴、笔身、接气管密封不严出现漏气；喷枪内颜料未清洗干净，出现堵塞、气泵故障等。

2.调色

喷枪上色可采用丙烯酸酯透明漆、丙烯酸酯色漆（或油画颜料）、稀释剂等调配好的涂料上色。先加入适量丙烯酸酯透明漆，然后用毛笔调颜色后加入，用笔充分搅拌混合。稀释剂可以用香蕉水等有机溶剂，用量太少时，涂料会过粘而堵塞喷枪，或造成"溅点""拉丝"；但用量过多，涂层过于透明没有遮盖力，也会产生"挂流"。由于色漆目测的颜色和实际喷涂在陶瓷器上的颜色有所差别，因此正式喷涂前一定要试喷，比较一下漆色和原色的差别，如果颜色差别小、喷枪状态良好就可以正式喷涂了。

3.喷枪使用

喷涂的时候，喷枪与被涂面成直角平行运动。小型喷枪的喷嘴与器物表面的距离一般以2~5 cm为宜，空气压缩泵一般选择1~2个大气压。调节喷枪上的调节螺栓或者控制按下扳手的幅度也可以帮助调节喷漆量。扳手的操作是使用喷笔的关键。扳手直接按下去只有空气喷出，向下向后斜推则喷出颜色。由于喷笔是将颜料雾化后喷到器物表面，所以喷枪距离过远会散失掉一部分颜色，导致色层附着力不足。但是如果距离过近则会产生冲斑。

4.基本操作步骤

（1）基色：喷涂一道白色漆（透明丙烯酸酯漆、白色丙烯酸酯漆、稀释剂）用于遮盖并均匀上色部分的颜色。漆层固化后，器表会暴露出小瑕疵，可多喷涂几道漆，等固化后用金相砂纸打磨平整。如效果还不理想，就等漆干后，用滑石粉等填料混合黏结剂进行填补，固化后用砂纸打磨平整。原器喷涂前最好遮盖起来，防止沾染涂料。

（2）底色：调配接近瓷器底色的上色涂料，在白基色上喷涂。这道工序通常要反复多次，并且不断调整颜色。喷枪用笔应根据不同情况有所变化，碎片的拼缝可以依照线条运笔喷色；喷涂大面积补缺部分时，用笔则随意不做规则，使涂层生动不呆板。几道喷涂之间需有足够的干燥时间，否则后喷涂料中的稀释剂会溶解前层未干的涂料，造成"翻底"。当色层覆盖原器的范围过大时，可趁色漆未干时，用细笔蘸稀释剂清除，但注意不能破坏交界处的过渡。

（3）纹饰：通常使用油画颜料笔绘上色（使用松节油作为稀释剂）。但用喷枪辅助笔绘，可以模拟纹饰中的晕散效果。

（4）罩光：在干燥的纹饰上喷涂丙烯酸酯透明漆，封护固定纹饰，也能增加肥厚的釉质感。如果需要降低光泽，可使用含有气相二氧化硅消光剂的透明漆或者亚光型透明漆。

使用丙烯酸酯漆喷涂上色时，常常会出现各种问题，需要修复人员反复练习，掌握技术的要点。

（二）丙烯颜料上色

市场上的诸多丙烯类画材品牌，已经发展出丙烯画颜料的系列产品，如高黏度、液体、喷枪专用丙烯颜料，有光或亚光丙烯画上光油，塑形软膏等。因为这些产品属于美术画材，其中含有各种用途的添加物，性能各有不同。所以当运用在古陶瓷修复上，必须经过一段时间的试用检测，判断其性能优劣。

与环氧树脂等介质相比，丙烯颜料在文物修复方面，具备许多突出的优势：①色层固化后能附着于石膏或环氧树脂等多种材料基底；②色层固化后无眩光、不易变黄或褪色；③具可逆性。可用丙酮等有机溶剂清除，或者用温水软化后机械清除；④产品种类繁多，能够有效实现多种上色技法；⑤为水溶性颜料，干燥时间快，操作无毒清洁，对人体无害。

丙烯画颜料干燥后形成塑料质地的薄层，无法保证颜料与器物之间有足够黏结强度，也很难进行打磨或抛光等表面处理，所以比较适合考古出土陶器或者无釉的陶瓷器物，无法运用在高温釉瓷上。

丙烯画颜料可用水稀释，也可与粉状颜料或同系列丙烯画产品混合，或者将丙烯画上光油（透明或亚光）混合粉状颜料使用，直至调配出理想的色彩、厚薄、亮度的颜料。丙烯画颜料的干燥速度与材料基底有关，在石膏等多孔材料上干燥较快，而在非多孔材料上干燥较慢，例如环氧树脂。低温下颜料干燥速度会变慢，而且不利于颜料成膜，可以采用吹风机来加速干燥。如果需要多次上色，每次操作要有足够时间让色层充分干燥。丙烯画颜料干燥后颜色变深，需在同类材料上进行试验后，方能正式开展上色操作。丙烯颜料干燥后不再具有可溶性，所以调色板上的颜料要保湿，画笔在颜料固化前要及时用水、肥皂或专用洗笔剂清洗。

丙烯介质为热塑性材料，其硬度与弹性受到温度变化的影响，温度升高涂层会变软、变黏。其理想的操作环境为相对湿度75%以下，低于9℃的工作环境不利于丙烯介质成膜。

由于丙烯颜料干燥后会变色，所以正式修复前需在石膏等材料上进行测试。在上色区域的四周要涂上乳胶保护原器，待上色完成后再剥除，乳胶易干，清除时不会损伤器表。如果颜料不慎落在器物上，可用棉签蘸水后擦拭清除。

丙烯颜料可采用笔尖点戳、牙刷弹拨、海绵涂擦、喷枪喷绘等多种上色的方式。

（1）笔尖点戳。用画笔蘸取颜料以点戳或涂擦的方式上色。笔头垂直多次点蘸，产生分散、蓬松的笔触，不同的颜色要交错安排，避免在一处堆积同种颜色，最终要使不同的色彩在视觉上协调地混合起来。这种方法称为点彩法。

（2）牙刷弹拨。牙刷蘸丙烯颜料后，用手指拨动，弹溅在所需区域，通常需要比较稀薄的色浆。这种方式能够获得比较自然的颜色过渡，没有生硬的颜色分界。但牙刷弹拨很难控制颜料的溅落位置，需预先用适当材料覆盖原器表面，或用水擦拭掉多余的颜料。

（3）海绵涂擦。用海绵蘸颜料后逐步按压在需修饰的部分。海绵表面粗糙、高低不平，可形成不规则、复杂多样的色块，适合模拟陶器表面的粗糙质感和颜色。这种方式既可以运用稀薄的色浆，也能采用较黏稠的膏状丙烯颜料。

（4）喷枪喷绘。丙烯颜料既可用笔绘也能利用喷枪上色，但是必须采用流动性高的颜料。市场上已经有出售专门的丙烯喷涂颜料，不用稀释可直接使用，不会堵塞喷枪，而且颜料可以层层叠加。普通丙烯颜料也可用于喷绘，但要添加专用稀释剂，不能直接用水稀释。

（三）其他颜料的上色

（1）环氧树脂黏结剂（含着色颜料）。环氧树脂黏结剂与气相二氧化硅和粉状颜料混合后，可用作填补材料。固化后用细砂纸打磨即可，采用该方法可将配补和上色两项操作合二为一。新型的环氧树脂黏结剂（如爱牢达2020）耐光性好、黏度低、折光率接近玻璃，配以气相二氧化硅为填料，适当着色后可用于瓷器的配补与润色。固化后，环氧树脂的颜色、半透明感与原器保持协调一致，这种方法的最大优点是可以避免覆盖过多的原器物表面。对于器型纹饰小巧精致、损伤范围较小的器物来说，这种方法显然优于修复面积过大的喷枪上色。

（2）陶瓷颜料（笔绘）。使用贝碧欧等自然干燥陶瓷颜料作为上色材料。在调色板上用画笔调配颜色，先上底色，其后上各色纹饰。等色层完全干燥后，喷一层丙烯酸酯透明漆保护笔绘色层。

第四章　古陶瓷修复的方案

第一节　古陶瓷的考古修复

考古修复也称研究性修复，对破损、病害文物做保护性的清理、加固，尽可能地保留文物的历史痕迹。器物造型复原时以石膏为填充物，对破损的古代陶瓷器进行快速地造型复原，方便做考古发掘研究。

一、元·龙泉窑贴花大花瓶的修复

元代龙泉窑大花瓶经修复后高72cm，在同类器形中实属少见。龙泉窑的贴花、堆塑是元代常用的工艺。该件器物器型之大，工艺之复杂，完整度之低是本次修复的一大难题。

残件共有三十余块大大小小的碎片组成，送修时还无法判断其大概尺寸。通过简单拼凑，根据残留部分的外貌特征大致可以确定是件典型的元代花瓶。整个器形约70%缺失，瓶身部位残留不足二分之一，口沿和底足部分完全缺失，破损极其严重，修复工序十分复杂。

将瓷片放置于塑料盆中，用脱脂棉花平敷于瓷片外表的沁蚀物上。挤压吸取草酸溶液的胶头滴管，使棉花吸水饱和，对瓷片表面及横断面上的附着物进行软化清除。在这一过程中可用牙刷配合清洗，注意千万不可过重刷洗，以防对文物产生二次伤害。两者相互配合直至断面上的土锈和其他残留物彻底清除，再放置于清水中浸泡、稀释。待瓷片干燥后便开始修补工作。

首先根据器物本身的器形、纹饰，确定瓷片的位置，合理编排，按照规律拼接好瓷片。因器物体型较大，502快干胶的黏合无法承受其体积所带来的重量，故选择有超强黏合力的环氧树脂胶黏剂。拼接过程中需小心谨慎，在断面上涂好胶黏剂，合拢后双手用力挤压，确保无走形错位再用胶枪在两个瓷片接缝两侧点上适当大小的胶点，用医用镊子夹取沾染酒精的棉花球擦拭溢出瓷器表面的环氧树脂胶黏剂。拼接完成后，用绝缘胶做再次固定。待24小时胶水完全固化后拆除此前的固定材料，平置粘接好的大瓶残件，为下一步的补缺工作做准备。

分析器物现状，对缺失处制定科学的补缺计划。瓶身、瓶颈部分尚有残存，可使用打样膏取样翻制石膏造型。瓶口、底足两块缺失处用可塑性材料恢复其造型，再制模翻取石膏造型。可以先从具有可复制性的瓶身开始制作，使用红白打样膏在与器物残缺部位相似的残存区域制模。操作中，打样膏冷却极易碎裂，控制好打样膏的厚度是关键。大瓶较大的胸径会给翻模工作增加难度，此时需要多人的配合完成翻制工作。翻制好的石膏造型会因红白打样膏过厚过硬无法有效取得瓶身上的贴花纹，只要保证瓶身造型规矩，石膏造型与原瓷片衔接处平整不扭曲即可。残余的瓶颈部分亦使用相同方法进行复原。取样复制的工作基本到这里就告一段落了，余下的便是对造型完全缺失的瓶口、底足部位进行修复。仔细比对修复前所准备的同类器形参考资料，通过比例计算，合理的推算出该件大花瓶缺失部分的具体尺寸以供后期制作时参照。大瓶子的上下两部分由于瓶身过大过重问题只能分开单独塑形，而后再与瓶身做衔接。雕塑泥具有一定的黏性，可塑性强。将雕塑泥揉搓成泥条状规则地按计算好的尺寸往金属转盘上堆积，在堆积过程中使用工具配合整形。达到特定尺寸大小后，并进行口沿和底足部分的纹饰雕琢。翻模方式与小型器不同的是龙泉大瓶制模需要用石膏材料来制模，用石膏模具来翻制缺失部位的石膏造型。

大形完成之后，开始进行下一步的微调。元代龙泉花瓶用贴花技艺，花叶互相缠绕，很是精美，体现了匠人精湛的技艺。但现代修复技术很难复原古代巧匠的技艺，为此纹饰需参考大量相似的图像资料，来确定纹饰的各种细节。尽可能地将瓷器纹饰复原到位。

待纹饰雕刻好后，便可以开始收尾工作。用由粗到细的砂纸打磨掉多余的石膏，直至石膏与瓷片衔接处触之没有明显的高低凹凸感为止。文物修复不光要熟悉制作工序，还需要修复者繁而不烦的耐心与繁而细致的细心。这样才能使残损的文物重新复原，以更加绚丽的姿态展现在世人的面前。

二、北宋·越窑青瓷划花荷叶纹碗的修复

越窑青瓷划花荷叶纹碗，碗口沿外翻，深腹。高圈足，胎质细腻，施青釉，釉层均匀、滋润，底足满釉垫粉条烧。越窑青瓷在唐代以素面为主，以釉色取胜。中唐晚期才出现刻画花工艺，荷叶纹在晚唐、五代少见，北宋时期常见。该器内底刻画荷叶纹，刻画线条纤细，自由奔放，图案简洁明朗，是典型的北宋越窑青瓷器。这件越窑碗直径14cm，高8.5cm，杭州建筑工地出土，完整度在65%左右，器形规整，薄胎。进行以研究为目的的造型复原。

首先根据需要将残片及接缝处用化学溶剂清洗擦净（如84消毒水等）。在确定瓷片处理干净后，在进行拼接。拼接过程中，一般先用胶抢固定位置，再往接缝处加入502快干剂，灌胶时要对准拼接部位，尽可能地不要让胶剂接触器物的其他部位，待胶黏剂完全固化之后，再用金属刀片将多余胶体削平。

接下来准备两块红白打样膏，将其浸入70℃左右的热水中，为防止粘盆，可先再脸盆中放入一块毛巾，十分钟左右待其软化，反复搓捏，把气泡赶出即可。用打样膏大概的捏出破损面积大小，翻出内外模。取样前必须再器物表面涂上肥皂水，以免打样膏与器物粘连。打样膏冷却后很快硬化定型，因此，从热水中取出后要迅速翻模，冷却定型后移至残缺处定位作微调整。

准备塑料碗，加入适量的水，放入石膏粉，用勺子顺时针方向的搅拌成浆糊状，石膏浆以不见颗粒状物质为好。在往补缺处加入石膏前先要把内外模擦干，因水分会让翻制的石膏造型产生气泡。将调制好的石膏浆迅速浇注到器物残缺部位，覆盖外模进行挤压，将多余石膏浆排挤出去。在补缺部位没有完全干透前不要随意移动残件。

待干透后用吹风机加热打样膏，软化后将其小心取下。用金属刀片去除多余部位，再用砂纸进行打磨处理表面质感。

三、唐·长沙窑褐绿彩贴花双系罐的修复

罐体高24cm，胸径23.5cm，口径16cm。整件器物形体规矩大方，修胎规整，罐子上部配方形贴花双系，罐身两侧施以大块褐绿色抽象纹饰彩釉，釉质精细莹润，观察釉面可见表面布满细密、均匀的小开片。长沙窑产品的釉面往往是

不均匀的，一个器物中可见釉层厚薄不匀现象，施釉工艺略显随意，常见近底足处施釉高低不整。而这件双系罐釉面较为平整均匀，底足处施釉规矩，实为长沙窑难得之作。综上所述，这件褐绿彩双系大罐为唐代中晚期长沙窑中的珍品。

  首先，对该残件做了修复档案的记录。该器为南京建筑工地出土，罐身破损严重，共有58个大小不一的碎片，罐身处缺一系，口沿部位缺失六分之一，器身分布几处小缺口，疑为出土时被遗漏。送修时器形已粗陋粘接，拼接情况恶劣，瓷片断面基本都不在一个平面上。考虑到物主只做研究之用，所以对该物件只做清洗、清理并用石膏对缺口进行造型复原。

  遵循文物修复的原则，清洗中使用的药剂需先轻后重。先用天然无害的纯净水加热清洗瓷器，对粘接处原来的胶黏剂进行软化处理。器物上的碎瓷片因胶黏剂软化出现分离，随后将瓷片放置在装有丙酮的玻璃容器中浸泡。丙酮有一定毒性且挥发性强，操作时需做好防护措施，以免吸入丙酮气体导致身体不适。待目测瓷片横断面上的胶脱落溶解，再将瓷片放置于清水中进行稀释，然后晾干瓷片。长沙窑产品较其他青瓷胎质偏粗糙，且胶进入后不易剔除，需谨慎用手术刀剔除残留在断面上的胶。过程中出现些许瓷片上的胶水过于稀薄无法剔除，此时不得用尖锐物强行剔除，须重新放置到丙酮溶剂中进行溶解，直至断面上没有黏结剂残留现象即可。这一步骤用时虽长，但断面的细心清理势必给后期拼接工作带来更好的效果。

  清理完后的瓷片有58片之多，大小不一，在操作时谨防小碎片丢失。双系罐的瓷片在进行拼接编排时要注意罐子的釉层较薄，摩擦时容易将断面的釉层磕落，因此拼接时动作幅度要小些。从下往上的拼接顺序更好的保证瓷片与瓷片的精密黏合，热熔胶的胶点不可过密，起到支撑防止脱落即可，此时需注意的是罐身上的彩釉图案部分，相比其他地方，彩釉部分更容易脱落。拼好之后用502快干胶适量的从缝隙中缓缓注入，待胶水固化后，使用瞬间胶解胶剂擦洗釉面上多余的胶水。大罐经过重新拼接，更加突显其珍品的面貌。

  在翻模打样之前，因考虑到长沙窑罐釉面的开片，为防止开片缝隙被石膏浆沁入造成后续不必要的麻烦，需要在浇注石膏的周边区域做好隔离措施。将翻制好的内膜放置在器物内壁中灌入石膏然后用外膜挤压，等石膏干透后用吹风机软化打样膏，使用砂纸按顺序先粗后细进行打磨抛光。

至此，整个修复工作完成。这件尽显大唐气息的古代艺术品重新得到完美的展现！

第二节 古陶瓷的展览陈列修复

展览陈列修复：应陈列需要，对破损的典型器进行较为理想的造型与表象复原，提升器物的展示效果的修复。做到修旧如旧，让观者近看时可辨别修复的区域。展览陈列修复因长期展示的需要，对修复材料的抗老化性有较高的要求，需经受得起长期的光照和氧化的考验。

一、宋·当阳峪窑紫釉执壶的修复

宋代当阳峪窑位于河南省焦作市修武县当阳峪村，又称为修武窑、怀庆窑、河内窑、当阳峪窑系、当阳峪窑群等，是我国宋代瓷窑中风格变化最多、造型与装饰品种最为丰富、做工特别精细的大规模窑场。为宋代北方著名民间瓷窑之一，其艺术感染力远在磁州窑系瓷窑同类装饰之上。这件当阳峪窑执壶为杭州南宋皇城旧址出土，器形端庄古拙，釉水莹润，整把壶碎成数十片瓷片，送修前已经过简单的黏结。

在修复前先对该壶做状况分析，并建立了文物修复档案。该修复品的现状如下：壶身基本完好，口沿残存65%左右，壶柄缺失，细看瓷片拼接不平整，非常刮手，瓷片黏结处胶水为瞬间胶，并夹杂着泥质物。

综上所述，需对该壶进行分解，重新拼接恢复其表象。首先清洗瓷片，先用清水处理瓷片表土，然后将执壶放入电磁锅里用热水加热使胶黏剂老化，为防止加热过程中沸水增加器物与金属锅壁的碰撞，应预先在锅里铺上棉麻质毛巾做好防护。待水沸腾后，每隔半小时观察器物黏结处是否出现老化分离。胶黏剂的加热老化时间需根据不同的黏度来定，一般通过肉眼来判断，待黏结处出现松动分离即可。瓷片相互分离后发现胶黏剂并未得到彻底的清理，此时，需使用稀释过的化学溶剂浸泡瓷片，将瓷片完全浸没在溶剂中，2至3小时之后，用医学镊子将瓷片一片片取出，用纯净水浸泡稀释后，再用吹风机吹干瓷片。

处理干净之后，根据当阳峪执壶的器形进行试拼编排并计划好拼接顺序。

由下而上，用胶枪将瓷片拼接处固定。待整体合拢无走形错位后，用502快干胶渗入拼合处，用手或工具加固使瓷片与瓷片之间更好的黏合，放置5至10分钟。用医用手术刀将器表残留的胶质轻轻刮去，但不能用刀尖刮，以免划伤釉面。再用棉花球蘸取酒精将黏合处表面处理干净。

这把当阳峪执壶其器物的口沿、腹部、壶嘴及壶柄有部分缺失，用打样膏在器物残缺位置相同的地方翻模，在翻模之前需用肥皂水涂在翻模位置上以防打样膏黏附在器物上。器物的把手需查阅同一时期的当阳峪壶的图像资料制模，不可随意编制。内模放置在器物破损位置的内壁中用手压制，将调制过的石膏倒入破损位置填满之后用外模进行挤压，在用胶带捆绑好，待石膏干透之后，用吹风机均匀加热轻轻掀开外模及内模。不平整的地方用砂纸慢慢打磨，打磨到以手触摸光滑无阻挡即可。务必小心打磨以免伤害釉面。

当阳峪窑的紫釉瓷是其高品质制品，最能体现当阳峪窑的高超烧制技艺。如此周正的紫色实为难得。该釉似红似黄，调制时确有难度，好在这件执壶是做展览陈列之用，无需十分精到。补缺部分可用丙烯颜料调制与釉色较接近的颜色，作色这道工序对色彩的调制要求颇高，在上色之前调制的颜色先要在白色瓷板上试色，试完之后再在器身残缺位置打底，最后做表面机理和局部的微调。

二、民国·钧釉大卷缸的修复

首先是对卷缸进行清洗，以去除卷缸表面以及断面的污物和残留的原有粘接剂。故而第一步，将卷缸残片放入沸水中反复加热清洗，再把卷缸表面污物以及断面残留的解胶剂清理干净，直到将断面清洗干净达到粘接要求为止。

粘接之前进行试拼接，连接处一定要干燥。用胶带暂时固定碎块，再试着拼接一下，看是否有缺损，断面是否吻合，这样就提高了粘接的准确性，同时也能提高工作效率。

在黏结的过程中所选用的粘接剂是AAA牌环氧树脂胶，它具有较好的抗水性、固化时间适中、无毒、无刺激、抗老化时间相对较长、强度较高、比较容易去除等特点。操作时将粘接剂按1比1的比例调好，用小刀均匀的涂抹在器物的断面上，两面都涂，但不宜过多。待黏合位置准确后，渗出的胶可用蘸取酒精的脱脂棉擦拭干净，同时用手指反复触摸粘缝两侧是否有错位情况，都调整好后用热熔胶将其固定。

接着进行打样做形，用红白打样膏在热水中加热后根据瓷器完整处器形做出残缺部分的造型，接着放在一旁冷水中冷却定型。然后进行填补工作，上一步粘接完成后，粘接处不可避免的会有缝隙，这就需要填补。填补和补缺的材料同样选用无色透明且不变色的AAA胶为粘接剂，并加入适量的滑石粉和与底色接近的矿物颜料混入黏结剂中，使黏合剂颜色与器物一致，可以适当稍微浅一点点，待黏结剂完全干透时，颜色会比当时调制好的颜色略深一点，所以可以适当调浅一点，再均匀搅成面糊状，硬度要适中，这样做的目的可以使胶的黏性和强度相对减弱一点，打磨起来会比较容易，接着进行黏合。就是先将冷却好的打样膏擦干贴合在残缺处，顶牢，确保在黏合过程中不会移动，再用粘固粉调刀或自制工刮去填充料均匀涂抹于瓷片接缝处，或直接粘到所在瓷器残缺处，可用手将形状压出，再将接缝处溢出的填充料，用调刀轻轻抹掉或用棉花球蘸取适量酒精清除干净，将接合表面弄平整。待静置两小时粘接剂七八分干的时候，用吹风机加热将打样膏吹下，再用120目的木砂纸或磨光机细细打磨接缝处至其与瓷器本身完全融合且表面平洁光滑。并在其未固化前打腻子进行造型补缺。再静置24小时至其完全固化。

瓷器商修过程中最后一道工序也是最重要的一个环节，是作色复原，也是最难掌握的一道工序。首先，上色时一定要先将颜色在调色板上调好，认真与器物上的颜色比对后用毛笔涂色。画缸上的一些黑线可以运用开片画法。开片也就是釉面呈现自然的冰裂纹，色浅发黄的裂纹称作"金丝"，色泽较黑的称为"铁线"。修复中这种裂纹是靠人工勾勒画线的方法制作。画线采用狼毫小描笔，颜料采用丙烯酸基料调配。画线前仔细观察整个器物上纹路的走向，行笔时不能有停顿，末端要有锋，线条略微比原线稍细，才能使画的线条均匀而流畅，增加裂纹的真实感。绘画完线条，接着做釉上的色点。这里，先用小号的鬃笔或者油画笔，将笔锋剪平，留0.6到0.8厘米，再用笔锋蘸色后做色。也可在喷作最后两遍涂层前，用弹拨法拨色散点，点要自然，不自然的斑点可用毛笔尖稍蘸点稀料轻点渲晕。由于宜钧釉的特色，需要使作色的色点要大小不一，并反复多次，层层叠叠。一点一点慢慢作色后，直至与原物色彩一致，融为一体。最后再喷上一层光油达到釉色效果，待光油干透后，查看，如果釉色太亮，可用细砂纸轻轻打磨。就这样使这件宜钧釉紫砂画缸能够整体再现。

这件画缸的内侧及器身内侧修复处未做作旧处理，做到新旧区分可辨识性。但由于此画缸表面黏结处磨损较多，为了表面衔接平整，从整体性考虑，在内侧打磨掉了约2厘米的胎体。从保护角度上来说是不可取的，但是为了器物能够恢复原貌，不得已使用了这种方法。所以，如果能够使用其他方法复原，不建议使用此类方法用于文物修复，一定要做到"最小干预或者减少干预"。

三、宋·青釉绳纹谷仓罐的修复

谷仓罐原是三国时期出现的一种瓷器，又名魂瓶、堆塑罐等，形状如坛。上面一般都堆塑着人物、鸟雀、走兽、亭阙和佛等形象。其目的在于"所堆之物，取子孙繁衍，六畜繁息之意。以安死者之魂，而慰生者之望。"

首先，对修复对象建立修复档案。此件是宋代时期的青釉绳纹谷仓罐，高45厘米，口径32厘米，底径28厘米。此罐分盖及罐体两部分，盒及斜肩皆由竖绳纹装饰，罐体腹部向下急收，并由四道竖绳纹装饰至腹底。瓷器本身胎体呈灰白色，施青釉至腹下部，平底略内凹，釉面不甚匀净。盖子因受外力影响，一分为二，并伴随多个小碎片，边缘处有小块地方缺失。瓶身残损严重，但不缺肉。整体布满黄土，土锈严重，瓷片断面有黏结痕迹。应物主要求，对其进行去污，保留土锈，复原器形对粘接处进行打底上色。

对于这件较大的器型，残片硕大，一般容器难以放置，清理比较耗费工期，需挨个进行清理清洗。先将部分瓷片放入添加瓷净剂的超声波清洗机里清洗，然后再用化学溶剂浸泡，配合竹签去除断面胶黏剂和杂物。因残片过大，无法放入容器浸泡清洗，需在瓷片待处理区域使用脱脂棉吸水将其软化后再除去，给下一步的黏结工作做充分的准备。

瓷片数量虽多，好在体积都较大，为其找寻具体位置还是相对简单方便的。按照规律确定好拼接顺序，对断面进行干燥处理。瓷片拼合上去之后用热熔胶棒将其固定，瓷片的体积重量在此时需注重考虑，增加热熔胶的量，增多固定点的数量，待整个器形的拼接工作完成，用绝缘胶在罐了的上下两端缠绕，做进一步的紧固工作，防止瓷片因重力脱落。

瞬间胶具有使用方便、渗透性能强、固化时间快等特点。这件器物形体硕大，胎土粗厚，用瞬间胶将其固定后，需再调制AAA超能胶在断面的裂缝处加填。为尽可能达到与原器物的表象接近，在调制AAA超能胶时添加矿物质颜料和增加硬度的填充材料。待其24小时后完全固化。

揭除器表固定用材料，剔除表面残留物质，进入作色步骤。谷仓罐的釉面不均，有开片，局部有腐蚀现象，为减小作色对裂缝周围的釉面造成的影响，故不推荐使用喷笔对其作色，使一羊毛笔沾取油画颜料来为器表上色做肌理。按照展览陈列修复要求，该器的作色区域达到远看与原器物效果基本接近即可。

第三节　古陶瓷的商品修复

商品修复具体出现的时间已无从考证，在民国时期就活跃着一批技艺高超的文物修复从业者，商品修复的目的在于恢复文物的经济价值。在文物市场形势大好的背景下，商品修复自然广受收藏家和古董商所追捧。商品修复的操作方法基本与展览陈列修复相似，不同之处在于它所使用的材料与原器物的质地、质感更为接近，经修复的器物用肉眼无法辨别其破损之处，几乎做到以假乱真。

一、明·成化黄釉盘的修复

现以明成化黄釉瓷盘的修复为例。对商品修复进行具体的介绍。该器口径20厘米，高3厘米，底足为白釉，青花双圈两行六字楷书"大明成化年制。"

由于器物出土后已被人为用透明胶和502黏结过，在对器物进行修复之前，我们需要先进行修复前的拆卸清洗。有三种方法：①机械法。用刮刀轻轻刮除，或用砂纸小心打磨。②加热法。可用烘箱或热水浸泡等手段做加热处理，将胶溶化后除去。这种方法适用于一些热熔胶或耐热性能较差的胶。③溶剂浸泡法。用有机溶剂，将胶溶解后除去。此方法主要适用于热塑性胶。该器物的处理适合采用较安全的加热法，即用不锈钢容器加水升温，保持水温90℃以上，浸泡半个小时左右原粘接处便自然脱胶分离。冷却后用手术刀等工具将原粘接剂全部剔除，断裂面必须彻底清除干净，以防接缝过大，拼接错位。

破损的器物粘接前需进行试拼。在试拼时应采用，先锐角再钝角，先局部再整体的规律。最后做调整。这样能避免错位或有些碎片无法被及时拼接上去。

粘接时，采用无色透明的环氧树脂，黏合时上下左右前后均需兼顾，不可有丝毫差错。粘接后的瓷盘尚有多处缺失需要进行配补。瓷器的补缺要求较高，不仅瓷胎要牢固，敲击时要有清脆声，器面还需光亮透明有玻璃质感。古瓷器在补缺时不能回炉重烧，以防炸裂，只能冷补，即用瓷粉加黏结剂和矿物颜料，再用打样膏取模造型，制得补配处再黏结补缺。

将补配材料与瓷器残缺处拼接后的缝隙用黏结剂、滑石粉和矿物颜料调配好填平，其颜色调至与釉面颜色一致，或略淡一些。再用粘固粉调刀挑取适量的腻子刮到瓷盘的缝隙中，瓷盘底足上的一小片缺口，无需打样，直接用刮刀补平。待24小时固化后，再用砂纸进行打磨。瓷器的打底不能有丝毫马虎，要做到表面光滑为止，一次做不平整，就重复数次，直到用手触摸无凹凸感，方可作色。

用丙烯酸树脂漆、稀释剂和矿物颜料进行调色，调到与釉色完全一致方才上色。因破损较小，在上色时，我们采用传统手绘。用毛笔手绘时，保险起见，最好先在白瓷板上试色，再到器物上描绘。

作色后，表面缺少玻璃质感，所以还需上釉罩光。先配制好无色透明的瓷釉。笔涂法需选用精制的羊毫湖笔，笔毛一定要柔软紧密有弹性，绝对不能脱毛的。操作前可先用手捋一捋，把碎毛取出。操作时笔尖要有平锋，运笔要快，行笔要匀称快速，一笔到位，不可重笔。干却后再次上釉，根据釉面的厚薄，反复进行，直至与原器物光亮一致。上釉后，还需用细砂纸轻轻打磨，进行作旧处理。

经做旧处理后，这件"大明成化年制"黄釉瓷盘恢复了原有样貌。

二、宋·建窑盏的修复

这是件完整的宋代茶盏，为著名的福建建窑产品。建窑也称"建安窑""乌泥窑"。遗址位于福建省建阳市水吉镇，是宋代、福建烧造黑釉茶盏的著名窑场。这件茶盏除近口沿处有窑粘、土沁，其他无问题。

首先将其放入瓷洁净溶剂中浸泡，根据器物釉面不同的腐蚀程度，可以选择浓度较高的瓷洁净溶剂浸泡，也可以将溶液用水稀释后再使用。根据实际情况，选择稀释瓷洁净溶剂后进行浸泡。水和瓷洁净溶剂的比例是2∶1。先浸泡一天，然后用镊子将其取出后观察，如器表不够干净，再继续浸泡。瓷洁净溶剂泡完之后一定要在清水中再浸泡稀释一天，将瓷胎里吸收的瓷洁净溶剂吐出来，然后再进到下一个步骤。

先把口沿处的窑渣用轻型吊磨机进行打磨，剔除窑渣后再修补。打磨时注意手要稳、要慢。打磨过程中，吊磨机的金属磨头切不能接触原器完整处。打磨窑渣也要实时查看进度，尽量保持原器口沿处的弧度。打磨完成后，用橡胶吹气球清理灰尘，再用清水冲洗，待晾干后使用蘸有酒精的棉球进行擦拭。

以瓷粉、粘接剂和矿物颜料调和为补缺材料，将残缺处在补缺后用木砂纸磨匀，缝隙处用腻子填平，最后用水砂纸打磨抛光。对于建窑盏的修复，最难的就是作色这一部分。因建窑盏有兔毫，由于古时是手工操作，说它是直线，有些地方似乎不太直，说它是弯曲的，它分明又是一条直线。这条线的颜色中间深两边淡，上面深下面淡，淡的呈自然化开渗出状。简单的一根根直线，似直非直，似清非清，若隐若现，虚虚实实。若要将这一根线做得天衣无缝，操作时需将传统手工艺和现代机械工艺相结合，手绘时线条要直挺，机械喷绘时，虚实相结合，色彩要随器物的变化而变化，接气要自然。若需保证修复质量，不但要掌握色彩的调制，还要有一定的美术绘画功底。

最后上釉罩光，釉的颜色既要光亮，又不能有刺眼的贼光。釉面亮出来后，再用金相砂纸轻轻打磨做旧，应根据器物本身的釉面光感，反复进行对比操作。这件建窑盏的修复工作就算完成了。

三、宋·龙泉窑葵口盏的修复

器物釉面光洁有润度，无任何多余附着物质，无需用化学药水进行清洗，用酒精将器物表面可能存在的油脂处理干净，尤其是缺口不可有油脂。清理完成后，开始修复。

先用打样膏做模然后补缺是古陶瓷大面积配补常用的方法，一般可用医用齿科打样膏取样，然后浇注，此办法简单易行。具体的做法是将打样膏浸入70摄氏度左右的热水中，五分钟左右即软化，反复捏搓在手上压平，并留一定厚度，可随意取样。取样前必须在器物表面用牙刷涂上肥皂水，以防止打样膏与器物粘连。打样膏冷却后会很快硬化，因此，从热水中取出后要迅速按压在与破损处相对应的取样部位，注意这只葵口盏破损处刚好在口沿处，所以在用打样膏取样时，要尽量将其葵口的凹凸感体现出来，接着将取样处放在冷水中冷却定型，接着将模取下，用干净的棉球或纸巾将模上的水擦干，再将其扣在要修复的残缺处。

滑石粉加粘接剂和矿物颜料调制填充料，用调刀搅拌均匀，可在打样膏与填充料连接处先细洒层薄薄的滑石粉，这样方便日后打样膏取下。此时，待填充料成面饼状时，我们将填充料塞入器物的残缺处，切忌将填充料涂到器身的其他部位。再趁料尚未干透时刮平修整，然后放置24小时，待其完全干却时，我们用木砂纸反复打磨，再用金相砂纸精修平滑，葵口凹凸处我们可用水砂纸再细磨。

最后，用仿釉涂料加矿物颜料调制颜色。上色前先在白色瓷板上试色，试完后再在原器上做微调，而后使用进口的微型喷枪配备微型压缩杲作动力，色要薄，釉要厚。像这个葵口碗，一些褶皱处颜色较深，所以这种细小的部位可用手工绘制，器物的凹凸处釉有薄厚，故而釉色也要随之变化。为了突出青釉釉面的玻璃质感，用光油对配补区域进行多次喷涂，增加釉层效果，使之莹润。

四、五代·越窑青釉盏的修复

古代不乏文人墨客对美丽的越窑青瓷有着极高的评价。越窑，是中国古代南方青瓷窑，始于东汉止于宋，唐代是越窑工艺最精湛时期。

五代越窑小盏，高4.5cm，口径10.3cm，底部直径3.8cm。在工地出土，因挖掘不当碎成多块。

这件越窑器制作精美，胎质细腻，釉层较薄，有较强的玻璃光泽。因长期埋于地下，釉水受到破坏，釉层中含有土沁。所以在拼接前需要放在84消毒水里浸泡若干小时，每隔两个小时观察下釉面的清洁程度。待釉面上的土沁及吸附在釉面的污垢完全剥落后，将瓷片放入清水里稀释，若瓷片的横断面处仍有污垢残留，这时候就需要用牙刷将污垢处清理干净。每片残片都清理干净后，要把残片放入清水中再次冲洗。之后，用干毛巾把残片上面的水分吸干，再放入恒温烘干箱待其干燥。

拼接之前，用蘸取酒精的棉签擦拭瓷片断面。根据瓷片胎的厚薄及上面的纹饰来确定每片瓷片在整个器形中的位置。在拼接时要注意先拼锐角再拼钝角，每拼接上一片瓷片时要用手或者工具确认下接缝处是否有高低，然后调制树脂胶对瓷片进行黏结。两片粘贴处尽量少涂胶，以防空隙过大、走形。拼接后用热熔胶暂时固定，待胶粘剂彻底固化后，用手术刀刮下热熔胶。

用打样膏翻好内外模，将内模固定住，残缺部分调制树脂胶加入瓷粉来进行配补。用做好的腻子刮补欠平整的地方和拼接处的缝隙处，待腻子固化后，用水砂从粗到细依次打磨，用手指触摸瓷器感觉不到有丝毫凹凸为止，然后再进行抛光。

丙烯酸树脂漆配合矿物颜料调成与器物相同的颜色，使用喷笔，以小型气泵作动力进行上色。喷笔的口子要对准需要做颜色的部位喷色，不宜喷到原有的釉面上。残缺的部分和原瓷器的衔接处可有一根手指头的宽度进行罩色，以达到完美衔接的效果。喷颜色时需要一层一层的罩色，尽量把颜色做得透明，不能发闷，有变化有层次。做完颜色后放置让它自然晾干，等颜色干透后，需要在颜色上面罩一层光釉，以提升颜色的光泽度和莹润度，达到陶瓷釉面的效果。如光泽度过高，可使用金相砂纸对仿制的釉面进行去光处理。

五、清·嘉庆仿哥釉的铁锈花辅首瓶的修复

仿哥窑器是始于永乐末年，据《皇明纪略》记载：明仁宗当太子时，曾令人成功的仿成哥窑器。此瓶为清嘉庆年间仿哥釉的铁锈花辅首瓶，弧形口、短颈、圆鼓腹、底圈足，两边饰兽耳一对，口沿、颈下及圈足处各有一周铁锈花纹饰，哥釉小开片，釉面均匀光洁，晶莹滋润，修胎规整，造型挺拔大方。

此瓶保存较完好，只在瓶口处有近三分之一半月牙形状的缺失部分，其他地方都非常完整，瓶子表面无不易清理的附着物质，只在铁锈花纹低洼处有灰尘、污垢的堆积，所以我们只需要用超声波清洗机对瓷器进行清洗，并用稀释过的84溶液进行消毒即可。一般来说，对于没有较大缺失的瓷器我们尽可能的要做到能"还原"瓷器本身的面貌，考虑到瓶口缺失小而且易损坏，因此使用了以瓷粉为主的填充材料进行补缺。补配的材料需调制的干稠一些，颜色接近原物但要略显浅淡，以便后期上釉和做色。将残缺部分和黏结后瓷片之间的缝隙用腻子补平，干后用砂纸打磨，另外考虑到瓶口的纹饰和弧度，所以我们需要用到打样膏来翻制出一个模型，要求和瓶口的其他地方一致，花纹也要吻合。由于铁锈花的

造型不是很突出，所以还需要自己再做后期修整，尽量做到同样效果，因为造型的贴合程度对之后的作色阶段有很大的影响。

上釉作色，是这次修复过程中最关键的一道程序，成功与否直接关系到修复的质量和效果。将所需矿物原料粉与光油调和，用富有弹性的羊毫笔，把笔尖修剪平齐，由于上色范围较小，所以可挑选较小的笔，快速弹拨，动作要轻，用力匀称。待干后用金相砂纸打磨。铁锈花的颜色可以在瓶口干后进行二次调色并用相同的方法进行上色，干后若有上色不均匀的地方可以轻轻打磨，但万不能破坏造型。随后对哥釉的开片进行处理。在施釉的过程中要做出釉层均匀的效果，尽可能接近原物。

第四节　传统锔瓷手艺的存续与创新传承

民间手艺是中国非物质文化的重要组成部分，它是中国几千年来自给自足的社会经济模式下的产物，也是农业文明、手工业生产方式为主与价值模式相契合的原生技艺，其内涵和形式充分体现劳动大众的生活需求。锔瓷手艺作为其中的一个行当，有着悠久的历史，但随着工业化文明的发展导致其生存环境剧变，在现代社会中逐渐处于濒危或消亡的状态。这是人类社会发展的现实和必然，我们无法回避，但是无论从人文精神与寄托以及文化生态发展的角度上都不能否定锔瓷这门民间手艺的存在价值。如何科学合理地对它进行保护和传承，笔者认为通过了解锔瓷手艺在传统文化生态背景下存续方式，分析其现代价值和发展的多重性，才能探寻到锔瓷的创新与再生之路。

一、传统锔瓷手艺的存续

所谓"锔瓷"，即指铜钉补瓷的意思，是用延展性比较强的金属片（如铁、铜、金等）通过敲击成形做成扁平的两脚钉（锔子）后用于修补破裂陶瓷器物的一门手艺。使用金属修补陶瓷器的技法在一些国家的文明里出现过：如出土的古罗马时期萨米安（sam ian）红陶器上就发现使用金属条绑接或用X型铆钉连接修补器物的做法。而中国具体什么时候开始使用"锔子"的手法进行补瓷已无法考证，但是在北宋画家张择端所绘的《清明上河图》中描绘了一处铜匠做活的场景，另外据史料记载日本国立东京博物馆内收藏的南宋"龙泉青瓷花口袖钉碗"上的铜补出自明代工匠之手。伴随着先民们"惜物保福"的情感和习俗，铜瓷至少经历了宋、元、明、清、民国、中华人民共和国这几个时期，跨越了上千年的历程。

一个民族独特的文化是这个民族与其所处的生态、物质环境相互适应的结果和体现。瓷器是中国古代的伟大创造发明之一，对中国传统文化的影响毋庸置疑，陶瓷文化系统内在、外在要素及其相互作用所形成的关系构成了一个完整的文化生态。在这里，我们把文化生态引入到铜瓷存续的讨论，其实是在强调一种文化的整体性。因为对于铜瓷而言，其在悠久的历史脉络中得以延续自然是与中国陶瓷文化生态息息相关的。中国古代陶瓷器物自唐宋之后在民间虽然获广泛地使用，但由于其烧制的不易，在日常生活中若是食具、茶具等出现裂痕，或具有纪念性的陶瓷器物出现破损，往往会不舍得丢弃而进行修补。最早修补瓷器是使用拼合粘接等方法，但所使用的黏合材料（多以熟面筋为主）虽然阴干后牢固结实却不耐水，修补的器物往往也因此失去了实用的功能。随后民间工匠在拼合粘接的基础上，用硬度极高的金刚石在破损瓷器接缝两侧的表面打上浅坑，把浅坑作为的支脚固定住铜钉对破损瓷器进行加固。这样铜补好的瓷器表面连接得严丝合缝，不仅外形能保持完好，同时也保留器物的使用功能，让行将废弃的瓷器获得了再生。中国的民间铜补技艺经过总结、规范后构成了一套完整的"铜瓷"行当，破碎的瓷器获得了新生，也让铜瓷手艺能够在传统文化生态中一代一代传承下来。

传统的铜瓷手艺主要通过师徒或家族传承的形式获得延续。手艺，顾名思义是手头上的技艺，动手模仿和自身领悟是所有手艺获得的唯一途径。学习铜瓷手艺首先是日复一日的观摩和身手的直接模仿，其次再是自身的领悟以及师傅的言传身教来掌握这门手艺的核心技艺，最重要的是需要铜瓷匠人经验的长期积累并结合自身对工艺美术方面的修养来达到铜瓷行当中独立完成"铜活秀"的水准。与大多数传统手艺一样，过去铜瓷的传授还是遵循着"循例""保守"的认知模式。这种看似稳定的封闭发展模式由于自身改造开发能力不足，导致一旦遭遇社会生产方式、文化经济出现变迁，手工艺的发展将明显滞后于时代的脚步。

二、锔瓷手艺在近现代社会的困境与再生

随着社会制度的变迁和现代技术的发展,曾经在特定文化生态中活跃的传统民间手艺必然面临着生存的困境。在中国近代,锔瓷由于有着与传统陶瓷文化相关联的内在传承动力,使它苟延残喘般地延续了下来,但是与之前手工业为主导的社会时期相比,锔瓷行当明显呈现衰落的态势。到了20世纪六七十年代,国内工业化生产带来了大量的陶瓷产品投入到消费市场,再加上特殊历史时期对传统文化的破坏,曾经四处走街串巷的锔瓷行当由于其传统生存环境的消亡以及自身与人们生活方式的脱离逐渐不再出现在人们视野中。这项见证过中国古代陶瓷文化兴盛的传统手艺随着老匠人的相继离世开始面临濒危的境地。

传统手艺的现代价值,无论从人文精神和情感的寄托、文化生态学和对于现代艺术设计观念发展角度,都是值得发展与弘扬的。在现代工业文明发展进程中,如果我们不把传统锔瓷手艺置于当下文化生态中重新审视手艺维系与传承之度,就很难为它寻找到合适的再生途径。通过前面对传统锔瓷行当发展兴衰脉络的梳理,我们在当下社会中针对它的现代价值研究可以从人类对手工造物行为重新认知的维度上来进行定位和思量。盛行于清代的"王记"锔瓷世家在其家规中写道:接活如迎父母至,出活如送儿女行,锔本无言尚能语,艺本无限更有情。语言虽通俗却体现了锔瓷手艺中蕴涵的中国传统造物观对于"技进乎道"的恪守与文化语境,是研究民间技艺、经济、文化特征的活化石。它在现代社会的存续,对于中华民族传统文明的传承和陶瓷文化中考古、修复、古玩古旧瓷器甚至现代艺术设计的发展都具有重要价值。

20世纪90年代末,随着国际学术界对"非物质文化遗产"的重视,中国也开始意识到传统民间手艺存续的价值。我国台湾地区对铜器的收藏研究一直非常重视,早在1995年就曾召开过有关锔瓷文化的研讨会,2006年初,台湾历史博物馆与文化资产保存研究中心合作推出了"宝罍藏神——锔瓷研究展"展出了各种锔补技法的历代锔瓷器物200余件。2011年中央电视台以"锔瓷无痕"为主题专题报道了锔瓷世家传人王振海老先生的纪录片,引发了社会上对锔瓷这门老行当的重新关注。2012年,中国传统产瓷区唐山市民间锔瓷爱好者举办了"锔瓷作品展暨古代锔瓷艺术品展"希望通过对濒临失传的锔瓷技艺关注和发掘,给传统民间

艺术和陶瓷文化的收藏、保存、宣传有所借鉴。但锔瓷手艺的再生如果纯粹只是停留在对濒临失传技艺的关注层面或唯尚法古意翻刻形式的传承是很难获得延续的。因此锔瓷手艺在现今社会的存续与再生需要将当代社会文化价值紧密结合，体现当代手工艺的两个核心价值：即体验与生成的生命价值以及反思与建构的文化价值。我们不仅需要保护传统手艺的"原生态"，同时也要通过对文化元素重构，整合入现代文化体系中，让它们体现出新的价值。

日本民艺学研究的杰出人物柳宗悦提出的传统和现代共生的著名公式对现代设计产生过深远的影响：他认为就设计艺术领域而言，重要的是将民艺的"本源"精神提升到后现代设计的高度，使民间艺术的审美与文化内涵在现代生活中获得新生。2011年，在挪威卑尔根举行的："Thing，Tang，Trush"（事物、特性与垃圾）现代陶艺展上，参展的30余位前卫艺术家通过对陶瓷现成品进行解构和拼接，延伸了它们原有观念符号的同时也体现了对陶瓷材料未来的思索。其中以色列艺术家乌瓦尔把日常生活中的陶瓷残破器物用金属工艺进行重构加工后作为艺术品展示出来，让那些即将废弃的破旧瓷器通过艺术家的感知赋予它们新的内涵。这种对破损的陶瓷进行升级再造，使它们获得重生的艺术思想对锔瓷技艺在现代社会中的蜕变和再生提供了良好的指向。2013年，由（中国）台湾艺术大学举办的"锔月人生"艺术展上，艺术家将锔瓷转化为意向概念，通过整合古老技法与现代的新思维创新运用，融入感性、知性的人性情感，在唤起传统文化技艺回忆的同时也带来了创新的生活美学体验。另外，锔瓷手艺的再生也必须在现代文化生态中寻找到自身的文化产业集群（如瓷文化、茶文化、饮食文化等），将锔瓷手艺非物质性的特质表现在文化消费的原始动力上，加强以锔瓷手艺为载体的文化产业集群竞争力，推动自身的价值观以及渗透在民间生活的审美导向。只有这样，锔瓷手艺中特殊的文化价值才能转化成为可持续、持久发展的再生动力。

传统手艺是千百年以来人们智慧与情感的结晶，是人类在不同的文化生态下获得的可靠经验与生存技能，不管历经怎样的兴衰，每一项传承下来的传统手艺背后都蕴含着它们存在的哲理。毫无疑问，锔瓷手艺在现代技术的发展和社会的变迁中遇到了种种生存和发展的危机。面对这样的危机，观念上不应该是否定、回避，而是要正确地认识、分析它在现代存在的价值、发展的多重可能性，继而才可能以发展和开放的态度来摸索锔瓷手艺创新与再生之路。

第五节　古陶瓷修复的新技艺——金缮

一、金缮工艺起源与发展

"金缮"又称"金继",金缮工艺指用天然生漆作为黏合剂,对破损的陶器、瓷器等器物碎片实施粘接、补缺,并在接缝敷上金粉或金箔装饰的一种传统的工艺技法。金缮以大漆为基础材料,以惜物为核心理念,可广泛运用于瓷器、木器、玉器、金属等器具(图4-1)。相较于锔瓷、复原修等传统修复工艺而言,金缮工艺不止是一项修复技艺,更是基于"惜物"理念的一次艺术创作。

图4-1 金缮工艺修复示例

(一)金缮工艺的历史起源

《马蝗绊茶瓯记》中记载,南宋时期,日本武家之首平重盛向临安的育王山寺布施黄金,佛照禅师以一葵口龙泉茶碗作为回礼相赠,当时是龙泉窑发展鼎盛时期,该茶碗青润如玉、明如镜、声如磬,从器型、釉色都属一流上品,被藏者视若珍宝。到十五世纪日本室町时代,茶碗辗转到了幕府将军足利义政手中,但由于时间久远,又几经波折,茶碗底部出现裂痕,足利义政十分喜爱这个茶碗,因此将其送回中国,想要寻得一只一模一样的茶碗,可是当时中国已经到了明朝,当时技艺已然达不到龙泉窑巅峰水平,寻遍各窑,也没能找到相同的青瓷茶碗,于是,中国工匠采用锔瓷技艺固定了裂痕,由于锔补后瓷面的锔钉形似蚂蝗，所以被日本人称作蚂蝗蚌。相传足利义政不满意这种修复形式，于是命令日本工匠研究更好的修复方法，当时恰逢日本漆艺发展高峰，并大漆有修补物品先例，所以，大漆修补瓷器并用金色修饰的技艺应运而生，因其实用性与艺术性兼备，并与日本文化相合，受到了广泛好评，金缮便从日本逐渐发展起来。这项金缮工艺起源说得到了日本和中国研究者的广泛认同，在日本各大科普网站、书籍和中国邓彬的《金缮尽美》、尹婕的《金缮工艺在陶瓷艺术设计中的应用性研究》等金缮工艺研究文章中均有体现。但传说中金缮起源的引源马蝗蚌龙泉茶碗经由日本三井财阀捐赠给日本东京国立博物馆，成为日本重要文化财，近期正在中国故宫博物院展出，并未如传说中那样改由金缮修复，而是如记载中是锯瓷修复，从当时日本漆艺水平来看，嘉靖《宁波府志》中记载："宁郡切近海洋，自设立海关以来，外洋诸货毕集，居民遂模仿为之，如漆器之类，虽不及洋制，而民间也资之以为利。"这里的外洋指的是日本，足以说明日本漆艺在当时的发展水平。如果，如传说中足利义政不满茶碗修复，那以当时技术水平金缮修复必然轻易就能达到，反之来说，既然并未有实物证实，且相关记载中也未提及，由此可见该项金缮工艺起源说并不是十分准确。

既然传说起源不可考，那金缮工艺起源的研究可以从其工艺技术上来分析。金缮工艺的产生离不开漆艺，而漆艺起源于中国，经过7000年的文化沉淀与工艺演变，达成了令人瞩目的艺术成就，数百年来的文化艺术交融与学习，也让中国漆艺与日本漆艺相互影响。金缮工艺中的一部分与中国漆艺中"泥金""金漆"修饰、"贴金"等工艺极为相似。金缮工艺的原始技艺就是用金来修复破损痕迹，达成独特的装饰效果。《髹饰录·乾集》中记载："日辉，即金，有泥、屑、鼓、薄、片、线等。人君有和，魑魅无犯。"这里的泥金是指用研磨的极细的金粉来描绘的描金工艺。关于金漆，唐朝时候就有了用金色来修饰器物。《本草纲目》中记有："今广浙中出一种漆树，似小授家而大，六月取漆漆物，黄泽如金，即《唐书》所谓黄漆者也。"这些传统漆艺都与金缮工艺有很强的相似性，存在演变可能。

在运用方面，髹饰录记载中金漆工艺在唐朝时期就已熟练运用，且用漆修补物品的"缀补"的运用、漆与瓷器的结合早已产生，《景德镇陶录》中有记载："定窑器皿有破损者，可用褚树汁浓涂破处，扎缚十分紧，俟阴干永不解"；清宫档案中有采用天然漆修复瓷器记录，"乾隆十一年……总管刘沧州交均釉飞脊花肌一件。传旨：着用漆补好，钦此。"所以，金缮工艺应是起源于中国，又在东邻被发扬光大，继而在当下又被国内的手工艺界吸收、传播的一项传统工艺。金缮工艺未在中国古代广泛传播，却在日本发展到鼎盛，这大概与这项工艺和日本文化、审美的契合度有关，可以说，金缮工艺是中国、日本文化艺术交融的产物。

（二）金缮工艺的发展

金缮工艺因其传承方式大多为口口相传，所以历史记载稀缺，但是从当代来看，日本金缮工艺形成了比较成熟的体系，在日本，金缮主要分"无衣""百川"和"蚊足"三大流派。三个流派各有其特色，如追求金线"细若蚊足"的蚊足派，专注漆色与釉色对比的无衣派等。日本金缮师工作认证考核共分九个段位，第一段位就要求主要流派的金缮修复工艺技法熟练运用，从二段开始，包含了其他修复技术、日本漆艺技法、古陶瓷鉴定、流派分辨等多项技能掌握，到了高段位还要求专家举荐、从业年龄、家族传承与金缮工艺传授，几乎对评定者技能水平、文化修养、社会认可度、行业贡献等作出全方面的考核，是一项成熟的考核制度。科学的从业制度为日本筛选出一大批优秀金缮修复从业者。

2014年以来，金缮工艺以独特的艺术表现以及美学观念在中国掀起研究学习热潮，至今热度不减，在2017年，中国语言文化中心与日本"你好釉花"金缮教学机构合作举办《日本金缮艺术展》，金缮工艺象征着中日两国文化间的相互借鉴与学习，是中日文化友好交流的代表。

近年来，金缮艺术陆续形成了许多具有知名度的民间组织、工作室或独立艺术家，如漆息工作室、上缮堂金缮锔瓷工作室、邓彬工作室等，让金缮工艺以新的面貌在修复行业大放光彩。研究者对金缮艺术的认识也逐渐全面，中国金缮艺术正在逐步发展。

二、金缮工艺的基本技法

金缮工艺技法并不复杂，它更注重工艺与器物的相适度，以及工匠的艺术审美。在技法方面，材料的把控与工艺的细致度也至关重要。

（一）金缮工艺的基础材料

金缮工艺的基础材料包括黏合包括黏合材料、补缺材料、绘制材料、清理材料以及杂项材料。

1.黏合材料

大漆也常写作㡶，大漆是金缮工艺的黏合材料，也是金缮工艺最重要、最基础的材料，在对残器黏合、补缺时都可使用到。由于漆文化缺失，现代人们提起大漆大多不知是什么，以为是化学涂料一种，其实不是这样。大漆原料是生漆，生漆是由漆工在漆树上采割的天然涂料，漆树为漆树科漆属植物，属木兰植物纲，蔷薇亚纲，无患子目，是我国特有的经济树种之一。生漆是漆树皮层中天然的生物质树脂，由漆工用割漆刀在漆树上刻下一个对角形的口或者斜形刀口，插入竹片将漆液引流出，南宋的《淳熙新安志》中有记载："佳漆则诸邑皆有之。山民夜刺漆，插竹笕其中，凌晓涓涓取之，用匕刮筒中，磔磔有声。其勤至矣，岁旱则益少，天时雨汁则又不佳。"《古今注》记载："漆树，以钢斧斫其皮开，以竹管承之，汁滴管中，即成漆也。"这里都说到了生漆是如何采割的。

中国是最早使用大漆的国家，现出土的朱漆碗距今7000年的历史，大漆贯穿了中国几千年来的文明史，通过人们对大漆漫长而又深刻的认识，大漆的材料特性逐渐融入了传统文化。人们形容情侣恩爱幸福会说"如胶似漆"，这就承认了大漆如胶一样黏着的特性。大漆阴干后十分坚固，《景德镇陶录》中有记载"定窑器皿有破损者，可用褚树汁浓涂破处，扎缚十分紧，俟阴干永不解"。这里的褚树汁就是说的大漆，生漆暴露在空气中会逐渐氧化，从奶白变为深褐色。人们常说的"固如坚漆"，也能说明大漆固化后坚固的特性。大漆是天然材料，凝固后的大漆不会对人体有不利影响，大漆在生产、使用时也不会排出有害物质影响环境，《本经》中记载的干漆有活血祛瘀、通经、杀虫的功效，《本草纲目》中也有类似功效的记载。

漆色中以朱、黑两色最为经典，人们通常认为朱红是太阳的颜色，以朱色为漆有赞颂生命之意；而黑漆最为经典，人们常常形容美人"手若柔荑，眸若点漆"，形容夜晚"漆黑"，说明黑漆的色泽与深邃。大漆不易腐蚀，具有很强的稳固性，一旦大漆干透就很少受到温度、湿度、强力的影响，几千年前的出土漆器保存得当，依旧光洁如新，经久耐用。

金缮所用的大漆包括生漆、透明漆、黑漆、朱漆等，都是生漆与其熟制加色产品，髹漆时需注意尽量不与大漆直接接触，未干的大漆中含有漆酚，易过敏使人生漆疮。这也是金缮或是漆艺从业者较少的原因之一，人们常说"漆树咬人"就是说的漆疮问题，但是漆疮虽然瘙痒难忍，《本草纲目》中有记载生蟹汁、柳实、辣椒等都可有效缓解。

金缮工艺中残器黏合时也有在大漆中加入面粉、蛋清等辅助材料的方法，增加漆的黏固性。

2.补缺材料

补缺材料主要包括瓦灰、瓷粉、丝、麻等。

瓦灰按照粗细分中、细两种，也有按目数区分，粗制瓦灰与漆拌成腻子表面粗糙，粘着性更高，可用作内部补缺；细瓦灰腻子细腻，适合表层补缺。

瓷粉与瓦灰都是用于与漆调和，如果残器修复选择中需要补缺处与瓷器胎底色相近，瓷粉更适合，除此之外，二者相差不大。

丝、麻都是在较大补缺中用于拌入腻子，增加腻子内部纤维，从而固定补缺处的辅助品。

3.绘制材料

金缮工艺的绘制材料包括之前提及的大漆，金粉、金箔、银粉、银箔等绘制材料以及发刷、勾线笔、扫金笔等在内的绘制工具。根据残器修复计划的不同，其所用到的绘制材料相对也有所不同。

4.清理材料

清理材料包括松节油、橘子油、酒精、手术刀等。松节油和橘子油都可用于大漆稀释和清理，二者效果相差不大，但市面上松节油大多有刺鼻气味，橘子油散发着橘皮的清香，以笔者使用感来说，松节油调和的大漆似乎色彩更稳定，由于这部分不是研究重点，未做深入研究。酒精和手术刀都是用来清理残器，金缮修复前要保障器物上无灰尘异物，否则影响修复效果。

5.杂项材料

金缮修复的杂项基础材料包括调漆的玻璃板、牛角刮刀、瓷碟、手套、加厚保鲜膜、脱脂棉球、打磨用木砂纸、水砂纸等。

（二）金缮工艺的修复流程

金缮工艺修复过程大约包括制定修复方案、残器清理、补缺黏合、髹饰贴金、推光揩清五个部分。在金缮工艺修复之前首先要确定该残器是否适合金缮工艺来修复，了解残器所属者的修复要求，以瓷器为例，如瓷器上只是有冲线，并无破损，并不适合金缮修复，漆的黏着性和勾线笔的尺寸让漆无法深入裂缝，而是在裂缝口就停留凝结，内部裂缝问题不容易解决；再如残器所属者要求修复效果要达到无痕修复，这也是金缮工艺做不到的。

1.修复方案的制定

金缮工艺是很具有审美性的工艺技术，如果一件残器确定可以进行金缮修复，匠人必须仔细斟酌其修复方案，不可贸然行事。金缮工艺的独特审美性注重修复结果的艺术表现，这时，依托工匠艺术修养，择选最适宜修复方案就显得极为重要，金缮修复应注重金缮工艺表现与原器物相协调，了解残器历史与艺术特征，结合工匠自身艺术修养，方能达到器艺统一。金缮工艺中包含着一种惜物精神，同样体现在其工艺流程中，以一种珍惜、严谨的态度对待残破之器，珍爱世间给予的一切，让残器重现光彩。

2.残器清理

金缮工艺修复器物之前需要对残器进行清理，如果已经是黏合过的器物要对它进行拆分。拆分可以分为物理拆分与化学拆分，分别是整体水煮、高温浸泡、吹风机加热、化学试剂浸泡等，根据器物材质不同以不破坏原器为标准选择。其次，用酒精和手术刀清理残片上的灰尘和异物残留，酒精擦拭要先测试是否会破坏釉面，否则只能用刀尖剥离和清水擦拭。

3.补缺黏合

清理后首先确定是否残器需要补缺，如不需要补缺，就直接拼合，拼合时如分离残片过多，将残片分为几组，如沿口、瓶身、瓶底各为一组，采用开合式粘接法粘接。在分组残片内侧涂漆，严丝合缝的拼合，并擦拭溢出漆，用纸胶带固定，防止偏离，放入荫房，等干透后再将各组拼合。如残片不多就直接黏合，此步骤需注意，如果接缝处有轻微缺损，可将漆换成漆与面粉调和成的麦漆，增加黏合物体积与黏度；大漆干透过程中时常查看，避免错位。

如若残器有缺口，缺口较小，则将瓦灰与漆调和涂上，并修整成缺口形状,减少打磨。若缺口较大,可将蜡片固定于缺口处,调整蜡片弧度,以蜡片为依托分层涂漆灰,将漆灰内部夹杂麻丝或丝线,增加韧性,每层漆灰涂抹时确定上一层已干透,防止死漆。

4.髹饰贴金

补缺粘接完成后,器物虽不残损,但尚不美观,需要对其进行修饰,这一步来说各个工匠根据不同修补情况会选择不同的处理手段,但最常用也最经典的只有一种,这里对这种简要说明。首先将粘接线与缺口面打磨平滑,在其上涂黑大漆,干透再行打磨,使缺口平滑整洁,涂朱漆,朱漆半干贴金箔或扫金粉,待全干后扫去余粉,即完成。

5.推光揩清

推光揩清是金缮工艺的最后一步,将生漆与桐油相混,用脱脂棉球蘸取,在干透的金粉上擦拭,确保每个部分薄厚均匀,干透后,就完成整个器物的金缮修复。

总体来说,金缮工艺的修复流程并不算复杂,但在操作步骤中的每一步都需工匠仔细斟酌,匠人必须耐心,材料和工具必须规范。残器经过金缮修复后有其特有艺术表现与精神面貌,金缮工艺中的线条弹而婉转有力,金线明亮如一笔勾成,故而经常有人评价其如闪电般明耀震撼;绘制艺术与残缺相映而再生,形成新的艺术形态。

三、金缮工艺的特征与审美价值

(一)金缮工艺的特征

金缮工艺是一项传统修复技艺,最早运用于瓷器领域。中国是瓷器之乡,瓷器的发展史几乎伴随了中国的文明史,中国在瓷器艺术所取得的成就举世瞩目。代代相传的陶瓷技艺让中国古人留下了大量遗珍,近代也有许多炉火纯青的佳品,由于瓷器易碎的属性,稍不注意,珍贵的瓷器就香消玉殒,瓷器修复领域应运而生。将金缮工艺放置到其原生领域瓷器修复中,才能更好地了解金缮工艺的价值。

金缮工艺具有使用价值与艺术价值共存的特点,金缮工艺材料的天然性保留了器物原有的使用价值,金缮修复后的器物还可再次使用,因其材料无毒无味、耐高温的特性，即使在日常生活也能应用自如，在保障使用功能的同时，金缮工艺还带给器物独特的艺术美感。金缮工艺本身具有的艺术价值与金缮工艺对使用价值可保留的特性，共同构成金缮工艺最重要的特点。

金缮工艺是有温度的艺术遗产，它承载着物主对器物、修复者对器物的情感。主要指物主在使用或观赏器物时对其产生不同于一般器物的特殊情感，以及修复者对残损器物的惜物之心。金缮工艺富含情感的特性也对它的其他特点产生影响。

金缮工艺是极具自然性的民间技艺，自然性是自然界中自然事物所引起的自然行为，金缮工艺修复器物的主观性虽高，但仍旧遵循着器物破损的痕迹，这些碎裂的痕迹是不规则且不可控的自然生成，充满原始的野性美感与自由感。

整体性与协调性是金缮工艺艺术表现的核心特点。所谓"器能载道"，器物在经历金缮修复后它的"道"必然是器物本身的"道"物主、修复者二方情感外延、金缮工艺艺术表现三者的复合产物，它必然是一个整体，是三者在其中协调融合成新的"道"，也是工匠有意识的美感营造与不可控自然痕迹的衔接。

从艺术表现上来说金缮工艺的装饰性也是它的重要特性。金缮工艺通常在修复过程中构思巧妙，线面结合是金缮工艺常见的表现手法，金缮工艺中的线条极具节奏和韵律，大漆材料深沉的宝蕴赋予了金缮工艺神秘主义气息，贵重金属的添加表达了修复者对残破生命的珍视，也让金缮工艺精致似克里姆特的画作，极具装饰性。

提到金缮工艺的独特性，总有人将它与自然性混搅。金缮工艺的独特性与自然性有很大不同，原器物残破的不可控性，让金缮工艺与自然韵律相联系；而与自然性不同，对于金缮工艺本体来说，修复者根据不同器物的本体韵律、残损情况、情感寄托等，研究生成不同的修复方案，则金缮修复中的金缮工艺必定是针对的是某一个体，而不是群体，金缮修复后的每一件器物都各有不同，所以具有独特性。金缮工艺的特点来自金缮工艺的外在显现，这些特点的了解和研究有助于我们更好的了解金缮工艺本体。金缮工艺与其他修复技艺不同，它同时承载着实用性与艺术性，通过它的应用表现出来。从金缮工艺的应用中还可以了解所修复器物在与人类共同生活中，或使用、或欣赏，而产生的情感关联，对金缮工艺产生更深层的了解。

（二）金缮工艺的审美价值体现

金缮工艺从不止步于修复，在融入修复者主观审美的再创造后，金缮工艺的发展越来越有倾向艺术领域的趋势。金缮工艺的历史流变推动了它对日本审美与中式审美的融合，金缮工艺的材料、工艺甚至理念无一不体现着它的审美价值。

1.金缮原生态材料的装饰美

金缮工艺材料具备的审美价值是金缮工艺审美价值最直观的部分，也是观赏者对金缮工艺的初印象。大漆是金缮工艺的基础材料，漆文化在中国有着渊源流长的历史，赏漆之美又是漆文化中不可或缺的一部分。经过提炼的大漆为半透明淡褐色液体，层层大漆铺砌，经历岁月磨洗，光泽细腻、色彩柔和、手感温润、宝蕴沉淀，像是水乡的古典美人一样，符合中国传统审美；金缮工艺中所表现的大漆肌理，是通过不同髹饰手法和载体形成的独特纹理，天然成趣，是大漆独特的艺术语言。金作为金缮工艺的重要材料除体现修复者的珍视以外，其绚烂的色彩，以及金色的质感与包容性，让画面华丽而又富有装饰性。金缮工艺的载体也是金缮工艺材料的一部分，器物的破损形态与损伤程度所表现出的自然规律，使金缮工艺呈现出自由的趣味性。

2.金缮工艺之"巧"

"工有巧，材有美"中"巧"为评价手工艺的价值标准之一，金缮这门手艺不是去遮掩残缺，而是有意识地突出它、放大它，让它成为伤口上长出的新花新叶，有这样的审美态度，你才会对不完美的人生生出别样的满足，这是工艺之"巧"部分彰显。金缮工艺技艺应用中的审美价值主要源于修复者对破损器物的尊重，金缮工艺的技艺流程始终贯穿着惜物之心，包含着人们对生命的珍视和敬畏，这与金缮工艺中所包含的中国传统审美与日式美学观念有深刻联系。中式的诗意从容与日本的严谨质朴，听上去是毫不相干的词组，却都能在金缮工艺的艺术表现中看到。金缮工艺将工匠的耐心体现得淋漓尽致，工匠工作时必须倾注所有的注意力，将工艺做到极致，金缮工艺是一场针对修复者的修行，没有精益求精的工匠精神是做不好金缮的；金缮工艺描绘的是残缺个体，在它的艺术表现中，随着残损形态的不同，线条依形而走，弹润而有序，顺应自然的规律，自由而从容；金缮工艺不仅让残器完整，并提升残器的层次美感。经修补后，器物上的金线痕迹，在器物底色的映衬下如银河璀璨；从整体来说，金缮工艺中点、线、面结合富有韵律，再在黄金的映衬下华丽而具有装饰性，结合金缮工艺材料所表现的沉稳、质朴，共同构成了金缮工艺极富矛盾性的工艺之美。

金缮工艺中是巧意在于修复者"匠心独运"，自2015年来，工匠精神成为国内热议话题，"匠心独运"是工匠精神重要组成部分，包括工匠在工作时运用巧妙心思的创造性活动。巧思是工匠结合审美与技术经验，根据具体事物，有意识的营造出的创造性活动，在手工艺操作过程中占据核心地位。

金缮工艺是工匠审美与残器气韵的高度融合，是修复者在金缮工艺的操作中将自身的审美意识与金缮工艺载体的气韵相结合。具体来说，因器物的内在重量、材质，外在的造型与装饰影响着人们对器物的整体感受，则要求金缮工艺根据残器本身的气韵与造型，包括整体感受、纹饰色彩与形制等，制定修复方案，并让修复采用技法、材质、纹样等与之高度融合，处处体现工匠巧意。

在修复过程中，残器本体的纹理与金缮修复的纹理必须相呼应，如果一味强调华丽或者某一单一效果，反而会喧宾夺主，破坏残器本身气韵，失去了金缮工艺的意义，所以修复方案的设计极为重要，修复者需要"感于心，合于形"，用心真切的去感受器物，怜惜器物，通过修饰去烘托器物本身的气韵，在此基础上凸显自身审美情趣，提升审美意境，巧法造物。因此金缮工艺带来了一种艺术与技艺相结合的独特修复方式，让修复者的主观巧思与审美成为金缮工艺的重中之重。

3.重塑残器的新视觉与新形式

金缮工艺是残器涅槃重生的修复技艺，残器的支离破碎，总让人感到从圆满到残缺的心理落差，残缺总给人带来悲伤、遗憾的负面情绪，金缮工艺不仅修复残损，让器物本体寿命得到延续，产生新形式存在，这种新形式重塑新视觉，这便是历史与艺术价值的传承与再生，更以新的艺术面貌带给审美主体新生命哲学感悟。

金缮工艺赋予器物的重生并不是器物成为残缺前的状态，它的重生包含着残损痕迹的显现与工匠艺术修养、精神内涵的交融。这一重生的过程契合了庄子所说求"道"的过程。庄子认为"人法地、地法天、天法道、道法自然""法天贵真"这里所说"道法自然"，就是要遵循自然规律，顺应自然。庄子对"真"

有他的解释，"真者，精诚之至也，不精诚不能动人。""真者，所以授于天，自然不可易也"，也就是说"真"是一种本身所具有的最真实的状态，它顺应自然、合乎规律。庄子在西施皱眉的例子中也从侧面说了这一点，西施因心痛皱眉，这是真，所以美，东施效颦因矫揉造作的模仿，失真而不美。只有"真"才是精神上超脱的基础，进而到"道"的境界，也就是"大美"的境界。金缮工艺参与的修复中，"真"即是残损痕迹，对于残损事实，残损带来的情感，坦然面对，不加掩饰，就是正确的寻"道"之路。在"存真"的基础上顺应自然规律，经过修复者真切的情感与艺术巧思，以及漫长的时间等待，对器物进行残缺修复，将残损的不完美转化为内涵"大美"的器物。金缮工艺在修复中，对人们的视觉与心理产生强烈冲击，美和丑、完整和残缺，表面上两者相互矛盾，实际上相互映衬、互相依存。金缮工艺对残器的艺术创作与传承，达成外表美与丑的转化，让普通观赏者也能感受到器物中所蕴含的"大美"，体会器物重新焕发的生机与神韵。

四、金缮工艺传承与拓展

随着现代化与工业化的推进，参与人民生活的传统工艺大部分退出了历史舞台，向生产成本更低廉、时代适应性更强的大工业化生产让步。在这个背景下，金缮工艺也不能幸免的寻找新的出路。金缮工艺正在面对市场参与抉择、传统文化缺失、手艺人的流失等多项问题，为明确金缮工艺在当代的发展方向，对金缮工艺发展现状的深刻认识刻不容缓。

（一）金缮工艺传承与拓展的深刻认知

对金缮发展现状的深刻认识，可以规避同类问题的错误产生，并借助实践经验找寻金缮发展最适宜的方向。

由于当代社会格局的变迁、机械化生产的勃兴以及传统文化空间的萎靡，传统工艺在当代发展必然存在着许多的问题。经过对金缮工艺的研究，将金缮工艺在当代面临的困境与问题总结为研究角度误区、是否参与市场、传承人流失、传统文化生存环境的破坏。

金缮工艺在当代的研究作为金缮工艺保护与开发实践的理论依据，在金缮工艺当代发展中占据核心位置。纵观金缮工艺的理论研究，大多学者在涉及金缮工艺的传承与拓展时，将金缮工艺定位非物质文化遗产，将非物质文化遗产的研究理念直接运用到金缮工艺传承与发展之中。这就为看过理论的金缮工艺相关人员产生误区，以为金缮工艺就是非物质文化遗产，但在非物质文化遗产名录中并未有金缮工艺。以非物质文化遗产的角度研究金缮工艺，先不论其保护与发展多项针对性的条例，单就其要求本体不变化而言，势必为金缮工艺的发展带来阻碍。金缮工艺作为在现代仍有自身生命活力的传统工艺，它的发展需要具有针对性的理论，只要让人们深入了解金缮工艺的价值，不用非物质文化遗产名号的增幅，也会有很多人愿意投入金缮工艺保护与开发事业。

金缮工艺必须要参与市场，一味要求金缮工艺不变化，只会消磨金缮工艺在当代的适应能力，让金缮工艺发展陷入僵局。不只是金缮工艺，它所代表的可变化的传统工艺都要尝试去参与市场。从社会发展动力模式上来看，传统工艺的原生性发展动力模式来自古代的手工业和农业的技术状态，而现代社会发展的动力模式则来自机械工业和高新技术的发展状态。不同的动力模式产生着不同的社会构成方式和社会生产方式，产生着不同的文化观念和不同的审美需求。在社会发展变革的冲击下，传统生活方式逐渐被取代，传统工艺面临的发展困境迫使其必须作出转变。金缮工艺如何参与市场，如何在利益驱动下不迷失自我，才是我们应该重点面对的问题。

传承人流失是金缮工艺在当代需要面对的一个问题，也是大部分的传统工艺需要面对的一个重要问题。一个工匠从技艺陌生到熟练，需要经过漫长的学习实践，经过枯燥、艰苦学习期才能成为"熟工"，而由"熟工"转化为"熟能生巧"，是十分艰难的，需要工匠毕生的相关领域不间断的学习，提升文化、艺术素养，日日精磨技艺，但也有工匠穷极一生也不能达到"巧"的境界。这样艰苦，非毕生挚爱难以坚持。但是在当代的变革下，传统工艺在寻找发展路径的过程中，一些原始状态、或处于转化过程中不能为传承者带来基本生活保障的传统工艺，势必会产生传承人流失的问题。虽有部分传统工艺转化成功，能够自给自足，但在转化过程中流失的传承人也会对传统工艺造成损失。当代年轻人对快节奏、现代化社会的追求，对传统文化的不了解，也让传承人结构后续乏力。

传统文化生存环境的破坏是金缮工艺在当代发展面临问题最根本的原因，传统工艺包含传统性质的造物哲学、人们的风俗习惯和生活态度等，而这些也是其文化生存空间的构成内容，社会的变革造成了文化生存空间的破坏，教育全面西化的变革也让传统文化束之高阁。传统文化依靠宣传进入人们的视野，而不再是生活的一部分，这就导致了人们对传统文化理解的偏差。

（二）金缮工艺传承与拓展的需求分析

金缮工艺自大漆工艺演变而来，历史悠久，除其本身的历史沿革、文化内涵与流传故事，更见证了中日文化交流历史变革，其惜物的核心理念迎合了当代人的心理需求，缓解了物质需求追求下隐藏的疲惫，历史价值与文化价值深厚；大漆易变，黄金璀璨，金缮工艺由于其材料的特殊性，所以不易造假，昂贵的材料虽然限制了金缮修复的消费群体，但较好地保留了金缮工艺原汁原味的技艺；金缮工艺无论是在古代还是现代，它的职能与服务群体都未改变，一直是为少数有资产的有珍惜物品修复需求的人而服务；金缮工艺在日本被列为重要文化财，并且其传承人被列为国宝级传承人，但是在我国由于各种原因未被列入非物质文化遗产名录，但民间已有许多工作者或自发组成的团体学习金缮工艺、进行金缮工艺相关研究，但相对系统的研究较少，对金缮工艺传承与拓展需求的研究是金缮工艺的传承与拓展的前提，研究需要迫在眉睫。

1.历史认识需求

常言道"读史使人明智""以史为鉴"，学习历史并不是让人们简单的知晓历代沿革，历史故事，更要求人们在学习历史中了解发生事件的前因后果，衡量史实，探寻原由，以明得失，即了解为何发生，发生规律，乃至社会发展规律，才能历史"为鉴"，归纳现实社会发展规律与社会风险规避要素。

认识历史一般认为有三种途径文字、文物考古和以非物质文化遗产为代表的活态传统文化。我们要做到"以史为鉴"必须保障史料的真实可靠。文字、文物、活态传统文化在帮助人们认识历史的过程中都有其独特的意义，必须综合学习，不能忽视任何一方，尤其是如今经常被忽视的活态传统文化。文字是人们认识历史的主要途径，但由于古代当政者对文字的把控、历史文字工作者为统治阶级服务、个人情感影响的特性以及中国文字本身的概括性，文字记载或多或少有其局限或细节忽视，不能很好地贴合史实，必须寻求其他材料的辅证；文物考古为认识历史打开另一条思路，但文物有静态的特性，可以保留瞬间的影像，却不能完整表叙述史实的过程，如我们可以从明代石刻《河东盐池之图》中了解明代运城盐湖治盐生产规模的庞大，但是并不能从图中看出提炼盐具体的操作方法；而活态传统文化诞生或发展于中国历史的各个时期，由师承关系代代相传。"百里不同风，千里不同俗"这句俗语更是很好地说明了中国活态传统文化的丰富和地域性，活态传统文化中民间传说、说唱艺术、民间技艺等充分补充了民间历史文献的不足，且通过辅证，还原历史的本来面目。活态传统文化特殊的传承方式犹如一本立体书籍，能在查阅研究中了解到这个地区的历史文化、民俗文化、艺术特色等多项信息，直至深入该地区的深层基因，将历史细细讲述。

金缮工艺作为优秀的活态传统文化不仅有其自身的历史认识价值，更见证了中日漆艺发展历史，留下了许多传说故事，对漆艺、海上贸易、工艺技术发展、日本美学发展等相关领域的历史认识也有重要意义。

2.艺术审美需求

金缮工艺的艺术审美需求表现在三个方面，即民间艺术情感认同、多元化的审美价值以及契合现代艺术发展思潮。

金缮工艺作为传统工艺，蕴含着传统艺术的发展规律。传统艺术大多数是由老百姓创作并集体认同的，所以最能代表底层人民意识形态。传统工艺的艺术表现代表了最真实的民间审美，拙朴有趣、用色大胆、形态自由，极具包容性。人们对传统艺术的认同感是其他艺术所不能比拟的，地理环境、地域文化、传统文化、民俗习惯等对一个人成长的影响同样也作用于该地域传统艺术的发展，艺术活动受情感影响巨大，情感认同促进了传统艺术审美需求的发展。同时许多优秀的传统艺术不论是在创意上，还是在技法上，都令人惊叹，在当今社会仍有很高的审美价值。

当代社会进步让国内外艺术、文化交流更加便捷，开阔的视野促进了人们审美多元化的需求。不同地域，不同朝代的传统艺术体现出不同的地域特色、时代精神与民族性格，其独特性孕育了多元化的传统艺术。如南北年画风格有很大不同，北方民族性格爽朗热情，年画风格大体都是大开大合，拙朴有趣；南方民族性格温婉细腻，年画风格精细秀美；而南北各地之间又各有不同，不只是地域文化、地理位置，甚至地域迁移、时代风潮、民族文化融合等都会影响民族艺术多元化的形成。金缮工艺是漆艺与修复技艺融合的产物，融合日本审美与中国传统技艺，丰富了民族艺术多元化。

传统艺术直观而自由大胆的表达、荒诞隐喻等特殊手法的运用顺应了当代艺术思潮；有趣朴拙、不过度修饰的、极具个性、风格、多元化的特性也满足了人们在机械化、工业化、批量化生产带来的无聊乏味下急需的审美需求。金缮工艺不要求精致的修饰，以其与传统修复完全相反的艺术表现，大胆开创新的修复形式，侧重点也从实用性转为意境的营造，艺术形态更加成熟。

3.精神文化需求

优秀传统文化是民族意识的集中体现，优秀的无形传统文化更是承载了深厚的处世哲学。口头及非物质文化是广大民众生活当中不可须臾离开的一个有机组成部分，是民族精神和民族性格的体现，是民族价值观的反映，是民族情感的寄托，是维系和巩固民族团结和谐、密切社会联系的黏合剂，是民族凝聚力的载体。

优秀的传统文化对社会道德有约束和指引作用。传统文化是民族性格的显现，已深刻的融入我们的日常生活，它是人民群众创造，受时代精神、社会思潮、艺术发展等多种因素的影响，富有深厚的民间文化积淀，转而又影响了下一代人，继而反作用于时代发展。优秀的传统工艺表达着工匠最诚挚的情感，蕴藏着进步的道德引导，对于人民精神需要与社会稳定都有重要意义。金缮工艺的表现形式将中国美学与日本美学发挥得淋漓尽致，同时，金缮工艺中蕴含着制作者与物主的惜物之心，以及制作者精益求精的工匠精神，在这个物欲横流的社会难能可贵。

近年来，传统工艺保护的热度也从未消失，反而在传统文化复兴的浪潮中愈演愈烈，这与中国寻求国际上的文化身份认同，提升中国文化影响力有关。中国对民族认同感的诉求激发了对传统文化的需求。第二次世界大战后，随着民族运动的影响，世界格局逐渐重新建立，新兴政权迫切需要证明其稳定性，一个国家的民族文学、艺术、习俗等传统文化构成了这个国家最显目的标志，则文化身份的认同就成为重要的有效依据。中共中央办公厅、国务院办公厅印发《关于实施中华优秀传统文化传承发展工程的意见》中提出：到2025年，中华优秀传统文化传承发展体系基本形成……文化自觉与文化自信显著增强，国家文化软实力的根基更为坚实，中国文化国际影响力明显提升。由此可见，传统文化复兴在提高国家文化软实力和国际影响力上占据了重要地位。

4.社会发展需求

金缮工艺传承与拓展的社会发展需求包含四个部分：历史延续；自我保护；科技发展价值；经济带动价值。

在古代人们就深刻意识到传统文化对国家历史，民族情怀，人文关怀等的重要意义与价值。从先秦起就有了较为完善的民间艺术保护制度，虽然和现在的称呼不同，但是保护的对象、手段都与当今对无形传统文化的保护相同。如先秦的采诗制度，东汉班固《汉书》有记载："孟春之月，群居者将散，行人振木铎徇于路以诗，献之太师，比其音律，以闻于天子"。北宋欧阳修《诗本义》："古者，国有采诗之官，得而录之，以属太师，播之于乐，于是考其义类，而别之以为风雅颂，而比次之以藏于有司，而用之宗庙朝廷，下至乡人聚会。"除记载、专人整理之外，当时还有传承人培养和教育普及的概念。如在《春秋公羊传》中有记载："男年六十，女年五十无子者，官衣食之，使之民间求诗"。《汉书·礼乐志》："周诗既备，自卿大夫、师瞽以下，皆选有道德之人，朝夕习业，以教国子。国子者，卿大夫之子弟也，皆学歌九德，诵六诗，习六舞、五声、八音之和。"这几乎是现代一项非物质传统文化完整系统的保护发展流程，由此可见，以金缮工艺为代表的无形传统文化保护是历代发展必经之路。

自我保护是指全球化推动全球资源的整合与流动，在推动了物质文化大力发展的条件同时，也为一些地区带来了文化冲击。随之而来的国际文化交流的日益频繁，文化碎片化、分裂化现象严重。从而，在国际文化和本土文化的频繁交流互溶的情况下，为抵制文化一体化，保护本土文化独特性，进一步促进了保护国家无形资产的热情。

无形传统文化中蕴含着广博的民间智慧，其中也包括了现代科技都叹为观止的顶尖技艺，无论是技艺技巧学习还是作为创作源泉都值得我们研究。传统工艺以农耕文化为基础发展起来，以手工业发展契机，紧扣着古代人们生活需要，扎根于百姓之中，是一切艺术、科技、文化发展的基础。金缮工艺的传承与拓展是社会发展的必然追求。许多人一谈起传统工艺就认为它是落后的、不科学的，但这种全盘否定的说法是错误的。不论是现代艺术、文学作品还是医疗发展乃至生活各个方面，都可以从传统文化中吸取营养，获得灵感。传统工艺的技艺成熟不是一蹴而就的，其中有很大一部分经过了历代优良工匠上百年的淬炼，依靠生产劳动实践、生活经验与个人灵感不断改进，从选材到制作再到储存都有其独到之处。如金砖烧制工艺，金砖是皇宫专用地砖，故宫的地面就是金砖铺设，材质细腻、密实，敲起来有"金石之声"。以现代砖石烧制技艺来说，肯定比古代更加科技化，但现代却很难烧制出如明清金砖一样声音清脆，重力敲击只有细碎片状掉落的砖。所以说很多传统工艺代表了所在领域的极高成就，具备研究价值。

传统工艺的生产过程并不是独立存在的，而是涉及多项物质，具有经济带动价值。优良的传统工艺对使用材料有着严格地把控，以金缮工艺来说，材料中运用到的漆必须是天然大漆，金是研磨的极细的真金粉，在金缮工艺发展期间，间接带动了天然生漆、金消粉、金丸粉等关联材料的产业发展。

（三）金缮工艺的传承与拓展

金缮工艺传承与拓展的原则立足于传统工艺传承与拓展的发展原则的基础上，参考近年来中国非遗传承与拓展与日本无形文化财传承与拓展的实践基础，提出以传承为基础、坚持核心理念与原始功能、整体性保护、扎根现实生活、双向发展五个原则。

1.以传承为基础

传承是传统工艺传承与拓展的第一步，也是传统工艺理论意义与现实价值的基础，脱离传承的传统工艺只会成为无源之水、无本之木。金缮工艺的传承与拓展要立足于金缮工艺的传承。

自柳田国男著作《民间传承论》中将研究对象确定为"民间传承"后，传承概念被广泛关注。随之，日本学者在传承概念上不断完善，加藤秀雄就"传承"概念冻结的现状分析日本民俗界存在的两种传承的不同观点，提出"我们不应该自明性地接受学术讨论中得以形成的传承观，而有必要重新返回到田野，返回到生活世界，来重构传承概念。"[1]他的观点贴合传承的本身意义，不拘泥于"同一性或连续性"的局限，将传统文化活态的保留延续。传统工艺本体不是物质形态，而是通过物质来表现的，它更像是一种存在于传承者脑海中的知识，通过口传身授来传递，所以它不是一潭死水，不同的时代精神、地域风格、民族性格、传承人艺术理想在传统工艺中都有不同体现，所以说传承人或者说技艺所有者在传统工艺传承与拓展中占据核心地位。只要保护好传承人，传统工艺就不会

---

[1] 任颖.金缮工艺传承与创新性发展研究[D].太原：山西大学，2020：47.

消失。

至于如何保护传承人，促进传承人精于技艺、传道授业。随着各国对传统工艺的重视，对传承人的保护和要求也逐渐成熟，借鉴外国成熟的经验，有助于完善传统工艺保护理念与保护方法，节约研究成本，减少实践误区。日本作为第一个对无形文化实施保护的国家，率先提出"无形文化财"观点，并十分重视"无形文化财保持者"也就是传承人，称其为"人间国宝"，给予极高社会地位和经济扶持。但不将技艺良好保存、传承的匠人是不会被评为"无形文化财保持者"的。而传承人在这种体系中社会价值与作品经济价值的提升让他们致力于追逐"人间国宝"的评定，从而形成了良性循环。对金缮工艺乃至中国无形传统文化的传承与拓展都有极高的借鉴意义。

2.坚持核心理念与功能主义

传统工艺显现了一个民族的民族精神、传统信仰、世俗观念以及独特的民族性格，它其中的一部分，与已经被评为非遗的传统工艺不同，仍能依靠自身在当今社会发展，所以金缮工艺的传承并不像非遗一样，要求原汁原味，完全不改变，但是并不是随意变化的。在传统工艺的传承与拓展中要坚持核心理念与原始功能原则，在金缮工艺的传承与拓展中自然也要求如此。传统工艺的核心理念与原始功能决定了它的表现方式，脱离了原生的核心理念与原始功能，传统工艺就丧失其独特性，甚至不再是自己。

核心理念是一项传统工艺乃至民俗艺术的灵魂，是传统工艺或民俗艺术形成时制作人的内心活动并贯穿始终，李砚祖教授在提到传统工艺的"不变"时，认为传统工艺应保持"精神内核"以及其本质的某些规定性，将传统工艺的精神内核，定义为"产生这种艺术造物的内在规定性，即积淀着的民族精神品质和文化要素。"[1]以女红来说，女红一直是家中女子代代相传的，为家人手做的，包括千层底、绣品、衣物等等。女红这种传统工艺的保护不只是技术层面的保护这么简单，它也许还包括二门中女子单纯质朴的审美和对家人的情感，它虽然不是一成不变的，但是它的审美和精神核心应该不能改变。如果一项传统工艺或者民俗艺术在保护和利用过程中不能保有其核心理念，将不再保有其深层含义，保护沦为破坏。金缮工艺的核心理念是对破损物件的惜物之心，针对金缮工艺的传承

---

[1] 李砚祖.社会转型下的工艺美术[J].装饰，2014（05）：26-29.

与拓展必须以惜物之心为前提，像是在金缮修复热潮期存在的，打碎器物进行修缮的现象，单纯追求金缮工艺外在表现形式，背离了金缮工艺的初衷，甚至不能将其称为金缮工艺。

每一项传统工艺或民俗艺术都有其固定的原始功能，就像是金缮工艺作为修复技艺而存在，砖雕技艺作为砖石装饰而存在，丧失原始功能，这一项传统工艺或民俗艺术就不复存在。在传统工艺交叉领域非遗传承与拓展中类似问题的研究，可以让我们在金缮工艺或其他传统工艺的传承与拓展中规避保护性破坏的风险。原始功能丧失的问题在我国非遗传承与拓展的初探实践中屡见不鲜，尤其是对非遗理论知识的滞后，导致研究者与非遗工作者对非遗本体认识不够，混搅非遗本体与衍生品，形成的关于非遗坚持"本真性"与保持活态"活态"的争辩。这次争辩暴露出我们在非遗传承与拓展中存在的问题，也就是将丧失原始功能的非遗还定义为非遗。非物质文化的"遗产化"过程则使非物质文化从其生存的文化环境中脱离出来，进入了一个被生产、被建构的陌生化过程，这一过程使非物质文化越来越远离其日常生活形态的本真样貌。原本系民众生活此在的乞巧展演，演变为政府相关领导唱主角的传统文化秀；复合型的岁时节日也随之被提炼改造成可供游客凝视的县级乃至更高级别的文化景观。从这两位研究者的观点中可以看出，我们在保护非遗的过程中确实存在忽视其原有功能，任意改编以致非遗保护性破坏的局面，这需要引起我们的警惕，并加强非遗的理论普及工作。以此为鉴，在金缮工艺传承与拓展的过程中，我们除了要保护其核心理念的同时也要注意保护原始功能，以防扼杀金缮工艺原有生命力，倘若因为我们保护者错误的观念使传统工艺被扭曲发展，将会与传统文化复兴的最终目标相背离。

3.整体性保护与拓展理念

整体性保护原则是我国在传统工艺传承与拓展理念与实践发展到一定程度领会到的重要原则。刘魁立教授认为"世界非物质文化遗产保护的目的是以全方位、多层次和非简化的方式来反映并保存人类文化的多样性。它涉及整体性文化的各个方面，几乎包括了传统和民间文化的所有表现形式，而不仅仅是个别文化形式的有限综合。"[1]在传统工艺传承与拓展时除了针对传统工艺本体的整体性保护，即保护传统工艺的材料、工序、技能等关于本体的全部内容，还要知道传

---

[1] 刘魁立.非物质文化遗产及其保护的整体性原则[J].广西师范学院学报,2004(04): 1-8+19.

统工艺并不是独立存在的，不是说单独的记录好工艺流程、保护好传承人，就可以完成传统工艺的保护，传统工艺有其生长空间，传统工艺独特的面貌与它的生长空间息息相关。民间工艺美术类型的传承保护依赖于民俗文化空间的存在实现。对具有社会性和历史性双重因素的传统民俗文化空间的关注是诸多非遗类型传承的重要基础。

传统工艺是特定环境下的特定产物，不同时期、不同地域的人们因不同的生活、不同的文化基础、不同的造物、不同的人文环境、不同的自然环境，自然而然的构成了独具地域特色的工艺美术，就像我们熟知的景德镇陶瓷、北京雕漆、扬州玉器、云南蜡染、苏州刺绣等等各具地域代表性的传统工艺，剥离原生环境，这些传统工艺就难以存活。同时，传统工艺与同地域或周边的其他文化事项也有着关联性，它们都有相同或相似的生长环境，相互影响就成了必然，就像捏面人、糖画、踩高跷和庙会活动密不可分；黄土高原的皮影、剪纸与窑洞文化密不可分。所以要想保护好传统工艺，必须整体保护，保护好传统工艺自身以及所在的特定环境。

在快速发展着的当前社会，生产力与生产关系的变化，生产工具的变迁，生活方式的改变，大机械化时代的到来，改变了很多传统工艺的传承环境，如农业工具打造工艺、草编技艺在当今社会生存艰难；金漆树的消失让金漆工艺逐渐消失；云南诺邓火腿制作应采用本地产的黑猪，但现在黑猪全国仅有300头，根本不可能达成原料供应；大批茶馆的倒闭也让茶点技艺、说书人没了用武之地。自然环境导致的传统工艺濒危不可逆转，但是对于传统工艺生长、发展空间的传统工艺整体性保护应该引起重视。

4.现实主义创作视阈

传统工艺从世俗生活中诞生，它在当代的发展也应融入现实生活，现代社会生活的变化是传统工艺发展的转折点，也是传统工艺发展面临困境的根源所在。传统工艺的理论研究必须溶于生活，让传统工艺可以在现实社会中活态发展下去，扎根生活，向上开花。

让传统工艺融入生活是传统工艺传承与拓展的难点，也是其在当代实践的盲点。传统工艺在当代的发展有一个明显特性，就是艺术化。传统工艺中包括宫廷贵族技艺和民间技艺，各有自特色。宫廷技艺堪称历史珍品，目标市场是权贵帝王，满足权贵阶层审美、使用需求，如景泰蓝烧制技艺、花丝镶嵌技艺、牙雕技艺等等，它们是面向小众的技艺，是身份的象征，即使是在历史上也是有一定的身份地位才能使用的；而从百姓生活中诞生的民间工艺，蕴含百姓生活中的智慧，如百花齐放，多样而有趣。纵观当代传统工艺发展的变化，会发现传统工艺艺术化的问题，即将传统工艺停留在了欣赏层面，而不是将其融入生活。无论是宫廷贵族技艺还是民间技艺都有一部分走上了殊途同归的道路。在这部分艺术化的传统工艺中，奢华精致的宫廷技艺产品，拥有者在换成普通百姓后，无论是基于人们对工艺精湛的精美物品的追求；或"旧时王谢堂前燕，飞入寻常百姓家"所引发的隐晦心理需求；亦或是把它作为一个投资品，大多发挥的是观赏作用或者陈设作用，被当成精致的艺术品、收藏品。其中的民间工艺产品，人们的购买目的并不是将在日常生活中使用，而是作为日常生活"陌生化"的艺术品。在这部分传统工艺的发展中，传统工艺的物化品扮演的角色并不是必需品，而是欣赏品。这其实是传统工艺发展的异化，改变其初始功能与生存方式，并与现实生活剥离。

传统工艺在生活中诞生、发展，脱离了世俗生活，仅仅作为艺术品的制造术，不仅断绝了传统工艺的来源，传统工艺发挥不出其精神内涵，也截断了传统工艺按照原生轨道发展的可能，并且，一旦人们对传统工艺的定位形成心理定势，尤其是人们对传统工艺的概念尚不明朗的当今，这将对传统工艺的发展产生局限。

5."活态性"与"原真性"双向发展

双向发展原则是要求在探寻金缮工艺在当代的发展中，将金缮工艺的保护研究与利用研究分离。也就是将金缮工艺的传承与拓展两个方向明确区分，双向发展，这个原则在传统工艺的发展实践中也有重要价值。传统工艺包括已评为非遗的传统工艺和以金缮工艺为代表的未被评为非遗的传统工艺，这两类在双向发展中应有不同的表现。

双向发展原则在传统工艺中被评为非遗的部分中显得格外重要，涵盖非遗本体的理解，是非遗传承与拓展的基础，也是其理论实践中面临问题的源头。非遗因其不能依靠自身发展活力在当今社会生存，已经由传统工艺性质转化为"遗产"性质，"遗产"是先人所遗留下的物质、精神财富，有着不可改变的特性。

所以在传统工艺评定为非遗后，完成了身份的转化，就必须由传承人原汁原味的继承与传授，并且不再变化。这一类传统工艺的保护更多依赖政府或保护机构的扶持，确保传统技艺的可持续传承，做好非遗的数字记录。非遗并非是一潭死水，它的活态体现在利用的方方面面。一旦做好非遗本体的保护，就如同保护到了该项非遗的本源，只要本源依旧，那就可以不再留有顾虑，可以对非遗作出更多的尝试。无论是跨领域融合，还是非遗元素的提取再利用，都可以为非遗的利用提供新的思路。许多非遗研究者质疑的如何在保持非遗"活态性"的同时保护其"原真性"，一旦理清非遗的本体概念与双向发展原则，一切问题便迎刃而解。

对于以金缮工艺为代表的，在现实生活中仍能依靠自身发展的传统工艺来说，一味地去强调维持传统工艺初始工艺是不太现实的，更是违背了文化资源的自身的发展规律。传统工艺在各个时期都是与时代精神、社会生活不断的交流与互动中不断磨合、传承、发展的，它的活态特性中就包含了这一部分，作为蕴含复合文化的精神载体，倘若因为其保护者错误的观念使传统工艺被动的僵化保存，成为一件"文物"，反而会去扼杀了它原有的生命力。所以这一类传统工艺保护、利用两个发展方向都有着变化的特性。这类传统工艺的利用与工艺技术非遗的利用方向大致相同，它的发展的难点在其保护上。这类传统工艺虽有变动性，但不是任由它随意发展，由于一些历史原因，传统文化在当今的发展研究仍处于不成熟阶段，很多传统文化在当代的发展方式仍需要实践与摸索，这就让把握控制传统工艺在维持其自身发展的同时不偏离轨道变得艰难。这类传统工艺保护者需要做到既要维持传统工艺发展方向，又防止管控过多扼杀传统工艺原有生命力。在没有先进经验指导的情况下，保护者必须多记录、观察，谨慎作出指导意见。在控制期间，联系多项发展原则，关注传统工艺各构成因素的实时存在方式与存在过程，从其纵向历史发展和横向交流发展的多重维度综合规律进行关照，在时间轴中纵向总结变迁的规律和文化内涵，在横向空间上了解地域间文化交流、关联性物质变化对其产生的影响，在高度紧张下，进行全面观察，正确处理好管控程度、传统工艺自身变化与社会变革之间的关系，避免传统工艺在不当保护过程里造成的僵死化或碎片化，才能在保持其生命力与原真性的基础上，让传统工艺在当代形成良好有序发展。

五、金缮工艺在当代的发展路径

（一）坚持以传承为先的保护之路

传承是古代造物中很重要的一部分，是传统工艺得以延续、发展的前提，是金缮工艺的保护方式中的必要机制。金缮工艺的保护方式是金缮工艺发展的难点，对金缮工艺的传承与拓展可以借鉴中外非遗保护、开发的相关成功经验，但不可照搬。在研究金缮工艺的发展之前，我们必须熟知一个关于金缮工艺本体的概念，即金缮工艺的传承与非遗不同，它的传承包括其自我保护与自我修复的能力。传统工艺传承至今，在历史的长河中不断揉入新的灵感，在很大程度上呈现着自然而然的发展状态，并非是人为干预的结果。在面对发展冲击时，传统工艺有面对发展模式破坏的自我演变与修复能力。因此，以金缮工艺为代表的这一类传统工艺在发展中变化是必然的，它变化的特性包含在它本体性质之中，是其原真性的一部分。

金缮工艺的传承最为稳固且常见的就是家族传承与师徒传承，家族传承通常是指家族内部中技艺传授和代代延续的传承方式；师徒传承则是农耕文明历史背景下最常见的一种传承方式，一般以师傅向徒弟传授技艺徒弟跟随师傅学习为主。传承方式以传承人的言传身教与学徒耳濡目染为主。金缮工艺的存在形态与传承方式决定了传承人在金缮工艺保护中的重要性，保护好熟悉工艺的人，也就是保护好了金缮工艺的源泉。对传承人的保护应注意这一点，早在1997年国务院令发布的《传统工艺美术保护条例》中就提出工艺美术大师的授予要求、对传统工艺美术科学研究的资助以及对难以维持生计的具有高艺术价值的濒危传统工艺企业或个人的扶持。在非遗保护领域也十分重视传承人保护，关于传承人的理论研究逐渐成熟。在2019年中华人民共和国文化和旅游部发布的《国家级非物质文化遗产代表性传承人认定与管理办法》中也有支持国家级非遗代表性传承人开展传承、传播等活动的相关措施、经济资助、评选方式以及履行义务等。在许多方面都对金缮工艺传承人的保护有借鉴意义。除了对传承人经济扶持，提高社会地位，让传承人受到既定利益的指引或完善传承人生活、工作基本保障的基础上，应该加强传承人对传统文化价值的了解，培养其民族责任感，以民族文化复兴为己任。对于传承人自身来说，不应地依赖保护机构的扶持，在以精益求精的工匠精神完善自身技艺的基础上，须知金缮工艺与非遗的不同，借助传统文化复兴的时代趋势，将时代精神、当代社会生活融入传统工艺自身发展之中，随着国民经济的发展与生产方式变革以独具特色的姿态、创新的心态达成金缮工艺在当代需求下的转变，建立适应当代社会生活的新生存模式，将金缮工艺传承下去。

记录和整理是金缮工艺保护工作的重要部分。尽管技能、经验、知识是看不见的，但我们可以将将无形的传统工艺以文字或音频等形式留存于有形的、具体的档案之中。20世纪20年代，中山大学民俗学先驱们率先创办《民俗周刊》记录大量民俗事项；中华人民共和国成立后，根据"百花齐放、百家争鸣"方针，对民族民间文化遗产进行全国范围的长达半个世纪的调查，出版了《中国少数民族社会历史调查资料丛书》，为民俗保护活动奠定基础；2005年文化和旅游部部署全国范围的非遗大普查，抢救性保护了一批珍贵的非遗资料与实物；近年来非遗档案与非遗数据库的逐步完善让非物质文化保护工作有序进行。相对于早期的文字记录，现代高科技的记录方式更能真实、全方位的呈现传统工艺的全部信息，贾芝先生提出"全面搜集、忠实纪录、慎重整理、适当加工"的十六字方针，利用高科技手段尽可能的将金缮工艺的全部信息与调研、整理人员的看法、笔记等作为传统文化的种子进行保存，做好金缮工艺保护的记录工作，供后人分析、检索、研究和传播。

保护机构在金缮工艺保护中占据关键地位，在当今社会，金缮工艺一般以自由的方式发展，但社会变迁与传统文化缺失为金缮工艺的发展留下了还未爆发的隐患。为保障金缮工艺在未来不走向异化，保护机构应对金缮工艺这类非非遗的传统工艺实行"观察为主、谨慎指导"的方针，相对非遗而言，减少保护机构的控制，实时观察；分析传承与历史发展规律；建立原始档案；在金缮工艺自行变革中，依据金缮工艺核心理念与原始功能不改变原则，分析金缮工艺变革前后的连续性，判定是否异变。

（二）坚持以教育为根的重塑之路

金缮工艺的发展要坚持以教育为根的重塑之路，教育对于传统工艺意义巨大，主要教育方向在传统工艺的价值认识与传统文化的普及教育，通过教育重塑人们对传统文化理解，凝聚民族精神。

只有让人民大众了解到传统工艺的价值，传统工艺的保护与开发工作才能有序进行，作为传承人，只有了解传统工艺价值，才能树立责任意识，对传承有更深刻的理解；作为传统工艺保护者，只有了解传统工艺的价值，才能更好把握传统工艺发展规律，了解传统工艺的核心意义；作为消费者，只有了解传统工艺的价值，才能透过传统工艺制作品与衍生品的外在，看到其本质内涵，从而影响社会购买力；联合国教科文组织《保护非物质文化遗产公约》在序言部分即提到"考虑到必须提高人民，尤其是年轻一代对非物质文化遗产及其保护的重要意义的认识"，作为年轻人，只有了解传统工艺的价值，才能引发对传统文化的兴趣，产生投身民族文化事业的伟大愿望，延续民族精神，让传承后续有力。

金缮工艺所代表的传统工艺所传达的绝不仅是民族审美，更在传达民族魂与经过历代、无数人影响行成的这个民族的价值观、世界观、人生观。传统文化普及教育是传统工艺教育的基础，传统文化是传统工艺内涵，只有了解传统文化，尤其是本地的地域传统文化，才能对传统工艺的内容、内蕴、趣味等有更透彻的了解。传统工艺涉及的符号形式数不胜数，这些符号曾经历了漫长岁月，慢慢演变成一个社会大众集体默认的含义，不同的符号都有相对应的文化基因。就像金缮工艺不仅仅是特殊的修复形式，更包含工匠对生命平等观的理解；中国结不仅仅是精美的绳结，更是通过福气结、平安结、寿字结、同心结等表达美好的祝福；定胜糕，也不仅仅是普通的豆沙糕，更包含着古代军民鱼水情以及百姓对士兵的祝福、对和平的向往。传统工艺的内涵不仅仅流于表象，如果没有传统文化的学习与潜移默化的累积，我们根本不可能理解传统工艺的真正意义，更不要提对其作出保护与开发的研究。传统文化的学习是针对这个时代提出的方法，古代很少有传统文化刻意的学习，那时的传统文化就在人们的生活之中，但是，当代面临的一个问题就是传统文化在社会中的缺失，这让传统工艺保护与开发工作的推进变得极为艰难。

鸦片战争过后，国内"反传统"的声音一直存在，直到新文化运动达到顶峰，国破家亡的危机感迫使我国学者在西方文化、制度中寻求富强的出路。然而，对传统文化的一味批评导致人民形成了一种固有的思维方式，即认为传统文化一定是破旧而又腐朽的。而对于西方教育体系的学习也让人们在西方思维模式与中国传统思想中困顿不堪，从而用西方思维体系来解读中国传统思想，对中国传统思想产生误读。只学习月球表面撞击坑形态和裂隙的形态，很难理解李白的

"举杯邀明月，对影成三人"的孤独和浪漫。由于对传统文化的一知半解，即便很多人有保护传统工艺之心，却因为对传统工艺文化内涵错误理解或认知局限，对传统工艺保护产生了破坏。这里的文化缺失，不仅仅是广大民众的传统文化缺失，而是包括参与传统文化保护的政府官员，工作人员，甚至非遗继承人本身。鲁迅先生在致刘岘信中谈民间木版年画说起，旧的和此后的新作品，有一点不同，旧的是先知道故事，后看画；新的却要看了画后才知道故事，所以结构就更难。这样看来，当代社会传统文化缺失才是传统文化保护最大的阻碍。

现在国家已经开始重视传统工艺的相关教育，2005年国务院办公厅发布的《关于加强我国非物质文化遗产保护工作的意见》中明确要求"教育部门和各级各类学校要逐步将优秀的、体现民族精神与民间特色的非物质文化遗产内容编入有关教材，开展教学活动。"与"通过社会教育和学校教育，使非物质文化遗产代表作的传承后继有人。"2018年4月文化和旅游部、教育部、人力资源社会保障部联合印发《中国非物质文化遗产传承人群研修研习培训计划实施方案（2018—2020）》。2019年7月参与联合国教科文组织的"《保护非物质文化遗产公约》与高校非物质文化遗产项目的融合培训班"传统文化教育工作正在有序推行。国家的支持推动传承人与爱好者、学生、保护与开发群体增强传统文化基础、拓展眼界、提升文化修养与文化自信，丰富参与者的学术与科研积累，促进传统工艺可持续发展与相关学科的体系建设。

在推行金缮工艺为代表的传统工艺的教育时，需要以传统文化的关联性为基准，通过传统文化价值、优秀传统工艺普及，提升人民人身修养、民族责任感与文化认同；通过当地的地域传统文化相关信息的学习，让传统文化再次回归当地民众生活，在提升人民传统文化修养的同时保持文化独特性与多元化；通过传承人课堂，传播传统工艺，增加人们对传统文化的兴趣与理解，让更多的人投入传统文化学习与保护的行列；通过传统工艺保护与开发课堂，让传承人、保护者、开发者以及相关参与者对传统工艺的传承、开发有更系统更前沿更科学的理解，为其在保护或开发中的行为找到更科学的理论指导。在传统工艺教育实践中，应注意各地不同的特色，避免走向类似个别地方误读非遗进课堂的理念，出现的为其他剧种讲授京剧并要求取长补短；给传承人讲人体结构比例，要求根据现代艺术整改，其实是在泯灭民族文化的独特性与多元性，为传统工艺带来毁灭性的破坏的误区。

（三）坚持以旅游为系的传播之路

良好的传播方式可以贯穿金缮工艺的保护与开发，为其发展产生极大促进作用。通过传统文化与其他领域的跨界融合，激发其活性，是近期国内比较认同，且通过实践较有成效的新型发展方式，其中传统文化与旅游的结合取得了显著成效。文旅融合不仅可以通过各类传播渠道实现传统工艺相关信息与知识的传播，还能让传统工艺在当代生活中保持其活性，达到有序传承和良性发展并存。金缮工艺的发展应借助国家发展文旅融合的政策扶持，发展以旅游为系带，联合多领域共同开发的传播、发展之路。

近年来，文旅融合以其高效的文化效益、经济效益、社会效益成为学术研究的重点。传统工艺与一般艺术不同，它是群体修行成果与个人修养美学的结合；它与时代、地域的文化空间密不可分；它是一种因需求而起的自然传承，而非精英传承；它的变异性、活性是它最突出的特性，这恰恰与生态游、乡村游、体验游、特色游的旅游业新市场需求相匹配。传统工艺与旅游的结合也并不是传统文化发展概念上的偏离，而是当代空间环境下的跨领域优势互选。从旅游业近期发展来说，文旅融合成为当前旅游市场发展趋势。文化旅游以其厚重的文化底蕴、独特的民俗体验、丰琳琅满目的民族艺术深受国内外游客青睐，同时也以其在古今艺术遗产保护、传统文化保护传承、传播普及以及国家文化形象塑造等方面的显著作用，受到国家政府重视。

自国家文化和旅游部合并后，对文化旅游的发展格外重视，从我国当前发展的国情来看，发展重点在于乡村振兴，在2018年中央一号文件《关于实施乡村振兴战略的意见》中指出要发展乡村共享经济、创意农业、特色文化产业。乡村振兴、旅游扶贫与文化旅游将形成联动发展趋势，以文化为乡村旅游铸造神魂，达到一加一大于二的效果。如榕江县乌吉苗寨以刺绣、银饰等传统工艺为特色的乡村旅游；泰顺以木偶戏、马灯、廊桥营造技艺等为特色的特色小镇都取得了极大的成功。通过实践，国家在文旅融合发展探索方面越来越成熟，2018年12月10日文化和旅游部部务会议审议通过了《国家级文化生态保护区管理办法》，自2019年3月1日起施行，为更好地加强非遗区域性整体保护，维护和培育文化生态提供理论依据。从2015年到2020年，文化和旅游部以"一带一路"重大倡议为指导，推动建立了一系列双边、多边文化旅游合作机制，开展了一系列"一带一路"文化产业和旅游产业国际合作重点项目与人文交流活动。政策的扶持为文旅融合的发展提供了肥沃的生存土壤。

旅游业是极具关联性的产业，旅游业传统六要素"吃、住、行、游、购、娱"几乎关联了住宿与餐饮业、制造业、文化业、娱乐业、高新技术产业等多项跨领域产业融合，庞大的受众群体，广泛的关联产业为旅游业带来极强的传播性。传统工艺的原始传播途径主要为人际传播、团体传播以及静态展示，相对这些传播方式，旅游业有着传播范围广、受众群体多、关联性强、体验性强等诸多优势，并且在传统工艺传承与拓展领域产生极大的促进作用。通过深入的挖掘传统工艺资源，充分的发挥旅游业独特优势，推出传统工艺本体及相关信息的高新科技展示；增设传统工艺体验互动项目；将传统工艺元素跨产业融合，形成品牌化的特色产业；传统工艺小课堂与线上教育等。传统工艺与旅游的结合是一项优势互补的合作，为旅游业注入更为深层的文化内容，也为传统工艺的传播与振兴发展注入新的能量。

（四）坚持以IP为引的再生产之路

鉴于当前以金缮工艺为代表的未被评为非遗的传统工艺的发展现状与诉求，无论从传统工艺开发、传播的角度还是从国家产业经济发展的层面，金缮工艺参与再生产代表了传统工艺在当代社会生活中产生经济、文化、社会效益，解决其生存问题的一项积极探索，也是金缮工艺在当代谋求自身发展必然途径。IP是Intellectual Property的缩写，也就是知识产权。IP理念在提出后掀起了整个文化产业、影视业、游戏业等进入市场的新潮流。IP理念进入传统文化开发领域后的良好经营也为传统文化开发带来新的角度。在金缮工艺参与再生产中应以金缮工艺元素IP为引导，依托特定的文化符号，借助宣传与推广等传播手段塑造品牌效应，打造文化影响力，引导文化消费，让金缮工艺的经济与社会价值经由文化资源转为文化产品的过程得以实现。

传统工艺元素IP的开发是传统工艺发展中不可缺少的一部分。从开发现状来看，不可否认良好的IP经营带来了可观的利益，像故宫博物馆，一年的文创产品收入就超过十亿；内联升布鞋也依靠商业化改善了僵化的生存环境；各个旅游点的文化体验项目也受到游客的一致好评。并且在当前时代，的确有很多人是通过这些类型的东西开始接触传统文化,对传统文化的宣传作用也不可否认。

传统工艺中包含的文化资源是人们在传统社会生活中不断摸索创造的具有文化内涵的精神成果,它能够通过合理的开发和利用转化为生产性资本,兼具社会和经济的双重功能。在当代,传统工艺不仅作为一种生产劳作的方式,也是一种文化资源。作为文化资源,传统工艺拥有文化资本构成所包含的物质与精神成果,以及其在生产的过程中所积累与形成的深厚文化内涵,同时传统工艺有着百年参与人民生活的群体情感认同基础,这也是它作为文化资源的独特优势。陈峰在《文化资本导论》中谈到"在物质和信息中被客观化的文化资本,在其物质性方面是可以传承的。所以以文化产品为载体的客观化文化资本,在市场机制中成为特殊商品,即文化商品,它具有物质性和象征性的双重特征。在物质方面,文化商品具有经济资本赋予的价值,而在象征性方面,文化商品则承载了文化资本的文化价值。"

传统工艺元素的IP发展借助传统工艺作为优秀且具有群众情感基础的文化资源优势,将相关元素经由多角度的产业开发打造为文化商品。这种文化商品不仅可以为文化产业带来经济利润,作为传统文化的反哺,提升传统文化传承人与保护者的积极性,良好的经济基础也为传统工艺发展赢得时间与探索资本,让传统文化保护与开发形成良性发展的循环;还能以元素参与方式,让传统文化以另一种面貌进入人民生活,对传统文化传播产生作用,推动传统文化复兴;更能为像金缮工艺这种需要变革以适应时代的传统文化提供新的变革思路。金缮工艺元素IP的开发虽然未能最直接参与到金缮工艺本体变化中,也会间接推动金缮工艺发展的脚步,所以金缮工艺元素IP的提取和发展至关重要。

通过对各个产业与IP结合的实践经验研究,提出金缮工艺元素IP的提取和发展应遵循"四有"原则,即"有趣""有异""有择""有合"。这个"四有"同样也适用于其他传统文化的元素IP开发。元素IP的提取最好是好玩有趣的,它包括本身趣味与趣味体验两个部分。在当前中国社交娱乐的潮流下,有趣而又具文化属性的IP可以有效满足人们对精神文化消费的需求,而现实生活的压力能让游客更为倾向有趣又富有体验的娱乐活动。故宫形象历来给人严肃、文化底蕴深厚的印象,像一位严肃的长辈。但是自从故宫发布了以雍正"卖萌"为主题的文创衍生产品后,立刻在网上走红,网友笑称其浑身是戏,与原设计风格相比,更有趣并让人眼前一亮，销量大增。除了优异的市场表现之外，故宫也赢得了口碑，其潮文化带动了一大批年轻人参与到故宫文化学习、保护中。

"有异"即个性鲜明，无论是外观还是内在的不同都可以提取出来，差异性是游客需求的重要属性，只有有个性才能吸引人去探索，去了解。近年来，人们对个性化文化需求的消费在逐渐提升，并不断渗入其日常生活，则差异性始终是人们选择的重要参考因素。

"有择"指的是金缮工艺元素IP的提取必须遵循一定准则，传统文化产生自带的社会属性注定了它的复杂性，在繁杂多样的传统文化构成中必然包含了良俗与陋习，我们所要保护的传统文化必然是优良传统文化，我们所要提取的元素IP必然是这些传统文化中的精髓。依据《中华人民共和国非物质文化遗产法》规定"三个有利于"的原则："有利于增强中华民族的文化认同，有利于维护国家统一和民族团结，有利于促进社会和谐和可持续发展。"结合当前社会发展需要，这三个有利于同样适用于金缮工艺元素IP的提取，让金缮工艺元素IP具备自身的价值观，更具生命活力。

"有合"即所提取的金缮工艺元素IP要适应跨界融合的需求。跨界融合是当代社会发展需求，而能够多领域共生本身就是IP具备生命力的特征。通过跨领域融合，让IP这种无形资产产生价值的转换，通过商业化运营与产业化融合，实现价值变现；同时在形成一定规模后反哺原始文化IP，形成良性循环体系。

对于金缮工艺发展方式的探索要做到与时俱进，用不断变化的、创新的视角来审视金缮工艺，探寻更顺应当代社会的发展方式。IP理念在金缮工艺发展中的应用使金缮工艺在坚持保护理念与参与现代工业生产之间找到了平衡，是一次切实可行的跨界融合探索。

第五章　古陶瓷的装饰方法探究

第一节　古陶瓷上的鱼纹装饰

鱼是中国古人生活中最常见的动物之一，常被古人赋予祥瑞的寓意，《史记·周本纪》中便记载有"鸟、鱼之瑞"的典故。从考古材料来看，早在新石器时代仰韶文化彩陶上就已出现鱼纹，具有特殊的象征意义。此后商周青铜器、汉代铜洗、唐宋以后的瓷器上，鱼纹都是常见的装饰纹样，代表着多种吉祥寓意（图5-1）。本节以安徽出土、传世陶瓷器上的鱼纹为例，试分析各时期鱼纹的特点。

图5-1 鱼纹装饰瓷器示例

一、汉唐朴素的双鱼纹装饰

陶灶是汉代一种常见的随葬明器，为仿墓主人生前日用实景，有些较精致的陶灶上不仅有釜、盆、勺等炊具模型，灶面还会塑有鱼、肉等待煮的食材图案。1965年安徽省定远县靠山集汉墓出土的这件绿釉陶灶，长45.3、宽23.1、高21厘米，现收藏于安徽博物院。此绿釉陶灶为东汉时期典型的陶明器，器型较大，灶面上方中部堆塑有两条鱼，象征着美味的食材，是一种特殊形式的"双鱼纹"。

双鱼纹铜洗是汉代至魏晋时期一种较为多见的铜器，而瓷质的双鱼纹洗则较为少见。1956年安徽省合肥市东郊三里街西晋墓出土有一件青釉双鱼纹洗，高13.7、口径26.5、底径16厘米，现收藏于安徽博物院。这件瓷洗折沿、深腹、平底，洗外壁施青釉，并印有麻布纹，上腹部饰三道弦纹，洗内壁、内底不施釉，内底部刻双鱼纹，纹饰较浅，较为模糊。此件青瓷双鱼纹洗造型和纹饰都与汉晋时期双鱼纹铜洗相似。

到了唐代，长沙窑中也有一类在壶流下方模印双鱼纹图案的执壶，1974年安徽省博物馆（今安徽博物院）在安徽省巢县征集入藏一件唐代长沙窑青釉模印双鱼纹执壶，敞口、长颈、溜肩，肩部前置八棱形短流，后置双股式鋬，瓜棱形鼓腹，平底实足，外壁满施青釉，釉面有细小的开片，执壶流口的下方模印双鱼纹，两条鱼并拢相连，合成一个双鱼结的纹样。

二、唐代有趣的三鱼共首纹装饰

安徽出土过两件唐代三鱼共首纹瓷器。其一为1984年安徽省六安市椿树镇唐代乾符三年（876）卢公夫人墓出土的邢窑白瓷三鱼纹擂钵，高3.2、口径13.2、足径5.5厘米，现收藏于六安市文物局。这件擂钵敛口，浅腹，矮圈足，口沿边开一流口。钵内刻有较深而细密的网纹，学者研究分析其用途是研磨器。钵内底中部巧妙地运用三条弧线刻画出共用一个鱼头的三条鱼纹，中心共一个鱼眼，三鱼身均以小弧线刻出鱼鳞。擂钵的口沿及外壁上半部施白釉，擂钵内壁及外壁下部、底足不施釉，胎质细腻粉白，釉色洁白，为唐代邢窑产品。因为该墓葬为明确纪年的唐代晚期墓葬，因此这件三鱼纹擂钵的时代也应为唐代中晚期。

同样为三鱼共首纹饰的唐代瓷器还见有一件安徽博物院收藏的寿州窑黄釉三鱼纹碗，高5.3、口径14.4、底径6.2厘米，1956年安徽省巢县柘皋出土。敞口、浅弧腹，圆饼形足，口沿部残缺三分之一。釉色深黄，有开片，碗内同样用三条弧线刻画出共用一个鱼头的三条鱼纹，并共一个鱼眼，又以细密的线条刻画出鱼鳞和鱼尾，刀法较为随意，具有梢出之感。

这种被称之为"三鱼共首"或"三鱼争头"的纹饰，最早在东汉时期的画像石上便已出现雏形，唐代以后的陶瓷器上有较多的运用，1987年安徽省宣城市养贤乡出土的一件元代黄釉三鱼纹扁壶，其腹部也刻有相似的"三鱼共首"纹。总而言之，三鱼共首纹相比于前文所介绍的双鱼纹具有更高的艺术性，构思巧妙，匠心独运。

三、宋元经典的双鱼纹洗装饰

宋元时期，龙泉窑和景德镇窑都常见一种双鱼纹洗或双鱼纹盘。安徽博物院收藏的这件元代龙泉窑青釉双鱼纹洗，高3.7、口径13.3、底径6厘米，20世纪50年代安徽皖南地区征集。折沿，弧腹，圈足。洗的外壁塑一周细密的菊瓣纹，内底模塑两条相向环绕、畅游的小鱼。器身内外均施青釉，釉层较厚，釉面有开片，胎体较为厚重。龙泉窑双鱼纹图案一般都采用模印技法，且图案呈凸起状，有较强的立体感。

景德镇窑双鱼纹也有采用印花装饰技法的产品，如安徽博物院收藏的这件南宋景德镇窑青白釉印花双鱼纹盘，高2.5、口径13.8、底径9.5厘米。敞口，浅腹，平底内凹，除口沿外通体施青白釉，口沿一圈不施釉，俗称"芒口"，是宋代覆烧（器物倒置于窑具上装烧）技法出现后，瓷器口沿部的特征。盘内壁和内底满饰模印纹饰，其中口沿下一周饰连续的回纹，其下饰一周荷叶、莲花等纹样，内底饰双鱼纹、水浪纹等，模印纹饰清晰。相比龙泉窑双鱼纹洗，景德镇窑双鱼纹盘纹饰更加丰富，以水浪、荷叶、莲花等纹饰表现出鱼儿在荷塘中畅游的情景。

景德镇窑也有采用刻画花装饰的双鱼纹，如安徽博物院收藏的一件南宋景德镇窑青白釉刻画花双鱼纹碗，高6.5、口径18.4、底径5.2厘米，1999年安徽省宿松县孚玉山出土。敞口，弧腹，圈足，通体施青白釉，釉色莹润，玻璃质感强，碗内壁及内底刻画水波纹、双鱼纹。纹饰划刻的技法灵动、飘逸，具有较高的艺术性。

汉晋时期的双鱼纹铜洗或瓷洗，器腹都很深，它们的功用应该是盥洗用具。北宋吕大临编撰的《考古图》、宋徽宗敕撰的《宣和博古图》中都着重介绍过汉代的双鱼洗，两宋文人好古之风盛行，亦注重文房雅玩，于是这类具有仿古特色的双鱼笔洗、双鱼纹盘便流行于宋元时期。另外，无论是盥洗用具的洗，或是文房用具的笔洗，都以盛水为主要用途，双鱼映衬在水中，更平添了几分雅趣。

四、明清各式彩绘鱼纹装饰

明清时期陶瓷器上的鱼纹装饰更为丰富，随着釉下彩、釉上彩瓷的出现，鱼纹也变得更加"多彩"。这件清代康熙时期的景德镇窑青花五彩鱼龙纹罐，高27.3、口径13.1、底径14厘米，安徽博物院藏。此罐以釉下青花和釉上五彩共同绘制了一组丰富多彩的纹饰图案，其中一面设一圆形开窗，开窗内"井"字线条分隔，周边填以各色彩纹样，中间方形开窗内绘一条大鲤鱼从水浪、山石中跃起。"鲤鱼跃龙门"是中国古代民间广为流传的传说，鲤鱼善跳，从水中跃起高度可达1米以上。相传黄河中的鲤鱼逆流而上，到达龙门口峡谷时，"鱼跃龙门，过而为龙"，民间也有"鱼化龙"之说，后来常用来比喻中举、升官等飞黄腾达之事，也比喻逆流前行、奋发向上。清代的纹饰图案常是"有图必在意，有意必吉祥"，这件青花五彩鱼龙纹罐亦是如此。

磁州窑是宋金元明时期北方著名的民间窑场，以白地黑彩瓷器闻名，其产品具有浓郁的民间生活气息，深受普通老百姓的喜爱。这件明代磁州窑白地黑褐彩双鱼纹碗，高11.2、口径20.8、底径7.5厘米，安徽博物院藏品，为20世纪50年代从安徽省歙县征集。碗作敞口，弧腹，高圈足，通体施白釉，釉色呈奶白色，釉层较均匀，器内底涩圈露胎，圈足及底部亦露胎，胎质较粗松，胎色呈红褐色。碗的口沿内、外壁均刻画两道弦纹，腹部两面分别以黑彩和红褐彩绘两条游鱼图案，辅之以水草等纹饰，画风清新活泼。磁州窑匠师们以纯熟而简练的笔法、黑（褐）白对比鲜明的形式，使白地黑彩瓷器具有很强的视觉冲击力，别具一格。

界首窑位于安徽省西北部的界首市，主要生产彩釉陶器，清代民国时期的界首窑彩陶在安徽及周边省份很有影响力，鱼纹也是其常见的纹样之一。这件清代界首窑彩陶鱼纹小口罐，高30.2、口径9.5、底径17.2厘米，安徽博物院收藏。撇口，平唇，短直颈，溜肩，弧腹，平底，底部露胎，显砖红色陶胎。罐身一面剔刻一条大鲤鱼穿梭于莲花、荷叶之中，另一面剔刻大、小六条鲤鱼嬉戏在莲池中，莲和鱼的组合是传统吉祥纹样，谐音为"年年有余"。界首彩陶的基本工艺一般是在胎体上施一层酱红色化妆土和一层白色化妆土，之后进行剔花工艺创作，剔除上层白色化妆土的部位就露出酱红色化妆土的地子，从而形成"酱地白花"的剔花纹样，再入窑素烧，取出后再施绿彩，再罩上一层透明釉，之后第二次入窑烧造，最终形成酱红、白、绿三色彩，这种色彩丰富的装饰效果符合民间百姓的通俗审美。

相比于唐宋以前的单色刻画、模印鱼纹，明清陶瓷器上的彩绘鱼纹更加醒目，具有更强的视觉感染力，鱼纹的选择常以肥大的鲤鱼、鲢鱼为题材，含有"鲤鱼跃龙门""年年有余"等美好寓意，更符合民间审美，更贴近民俗。

总之，中国古代陶瓷器上的鱼纹装饰不仅延续时间长，而且形式多样、内容丰富，很多蕴含着不同的寓意。

第二节　古陶瓷装饰中的色彩运用

色彩，无论是在平淡无奇的日常生活中还是千姿百态的自然界中，都无不体现其绚丽多彩的特性。在陶瓷设计形式美感因素中关键的一环就是色彩，在满足功能要素的前提下，对于消费者起到举足轻重作用的则是色彩的整体视觉效果。

任何陶瓷作品可以没有其他装饰，但不可能没有色彩。消费者对物体的最初视觉感受也往往是色彩、之后才是纹饰和造型，事实上理想的色彩境界与理想的色彩效果能使主题突出且能最快速激发起人们在感情上的共鸣，为平淡无奇的生活提供高品位的美感享受。

陶瓷装饰，基于型而表于人。在特定的陶瓷造型表面，围绕着人的思想情绪运用各种陶瓷工艺的、方法技巧的装饰手段，进一步美化陶瓷造型，为通常的陶瓷装饰观念，传统的陶瓷装饰形式虽然丰富多样，但因材料和技术的制约性，往往让作品不尽人意，如果将其与先进的艺术形式相结合，相信会产生更加丰富多彩的艺术效果。

一、陶瓷装饰中色彩的重要性

（一）色彩在陶瓷装饰中的意义表现

当色彩用于具体的陶瓷中，必然与装饰图案的结构、情调和所描绘的内容发生关系。设计人员在设计过程中要根据造型画面使色彩达到和谐统一，富有表现力。例如，用红色或者黄色的盛载食物，会显得更加垂涎，而用白色、蓝色或者淡蓝色的碗碟，则有一种饱足感，会使人吃得少一点。因此，可以看出色彩在陶瓷装饰中是不可或缺的，它能延承至今，不仅具有其使用价值，更因其本身的色彩美给予我们更高的欣赏价值，它是我国古代劳动人民的一项伟大发明，如何更精益求精熟练地掌握与运用更是成为我们不断追求的目标人们对色彩的追求早在传统的陶瓷设计中展现出来，例如，传承至今的景德镇青花。色彩在陶瓷装饰中是一种凸显陶瓷特色的手段，色彩给予了陶瓷灵动与生命。使之陶瓷不断在时代的变迁中仍然保持着它的生命力。

（二）陶瓷中色彩带给人们的审美情趣

色彩在陶瓷装饰中的重要意义不但给予了陶瓷生命力，更是给人们的生活带来了无限的审美情趣。使得陶瓷在与时俱进中不断创新，而色彩的调和也越来越符合人们的生活品味。而陶瓷色彩也从先前单一的色调转变为多元化，到现在形成了一种时尚性。正如陶瓷本身，从单一的本体化特征逐渐演变到现在的形体多样化，丰富的情感表达和思想内涵成为其本身不可多得的东西，同时也通过对材料的选择、独特的意境来表现自身独特的魅力，长久有效地内涵久美才是人们对美的需要，才能不被时代淘汰。

随着时间的推移，色彩不断地被融入陶瓷装饰中，它不仅具有该时代的脾气和特性，还会通过自身的特性在这个时代的内部产生反应，进而形成它与这个时代的产物，而设计师又要注意它本身特性的要求使之与色彩达到一种统一，更加富有表现力，使陶瓷色彩与我们的生活环境相和谐。

二、色彩在陶瓷装饰中的运用体现

色彩在陶瓷装饰中的运用一直是占有十分重要的地位：如若一个人的体态为造型，衣着为装饰，而使这个人鲜活过来的便是给予造型和装饰生命的色彩，在陶瓷艺术创作中这便显得尤为重要。在陶瓷色彩的创作中必须紧紧地抓住色彩三要素这根主线，充分地进行良好的调度和搭配，就能使陶瓷产生良好的视觉效果。

（一）色彩与陶瓷质地的关系辨析

陶瓷造型大多相似而简单，而加上了明快的色彩就赋予了它另一种生命，使它不再单调乏味，随着生活节奏的变化，为了迎合多数人的审美需求，色彩的运用也日益广泛，色彩的搭配也不断创新，近年来出现了以表现色彩为主的陶瓷装饰，它与以往的装饰图案的最大不同就在于它放弃之前的具体团，将块面、线和点作为主要的表现手法。通过灵活多变、构图方法，使色彩充分地表现其中的寓意和内涵，形成了简洁明了，收敛自如，内容形式多样化的装饰风格，同时从陶瓷的造型来看，色彩的运用涉及陶瓷的"形"，陶瓷的造型与块面色彩是陶瓷装饰的基本构成因素，陶瓷造型为块面色彩提供变化的空间，块面色彩则丰富了陶瓷造型的形体。所以说任何作品的构思创作都必须是形与色的结合。

白瓷质地运用于粉彩、窑彩、贴花，描金等装饰，如高档瓷属高白釉的质地，就运用粉彩窑彩来装饰，因为粉彩和窑彩的色彩柔和、淡雅、线条也柔软、轻淡、和索净柔和的高白瓷质是非常和谐的粉彩和窑彩在画中的颜色，一般彩度较低，明度较高，处于中间色调，故和高白瓷协调。但是还要根据图案中的需要，进行彩度的调配，才能得到釉面和瓷器质地相互衬托的艺术效果。

（二）色彩与陶瓷造型的关系辨析

如果我们在两个完全相同的瓷器不同的位置上填入相同的色彩，虽然仅仅是位置不同，但所产生的整体效果便有不同，让人感觉差别很大，进一步地向大家证明，不同的位置能够引起不同的色调欣赏。这种差别有大有小，同样的也会造成不同的情调和趣味。从陶瓷装饰设计的艺术规律来看，色彩的运用一般必须涉及"形"的结构。造型和色彩是陶瓷装饰中最基本的构成因素，任何作品的构思都必须是形和色的结合。

如果陶瓷装饰上的色彩仅仅富有外在的强烈，也可纵使陶瓷具有吸引人的媚力。但其欣赏力延续的时间较短，只有通过形的内容，才能提高色彩的运用，才能具有较久的欣赏趣味永久的美。

(三) 色彩与陶瓷装饰图案的面积、位置和配色的关系辨析

色彩在陶瓷装饰图案面积中也起到一定的意义。如我们可以在两个白胎上用同样的装饰纹样，然后填入同样的一组色彩，但是色彩填入不同的位置，这两件同样的瓷器，同样的装饰纹样，同样的色彩，而整体欣赏感受差别甚大。这说明色彩在图案中位置不同能引起不同的色调欣赏，这种不同的欣赏色调能给人们带来不同欣赏情调和不同的趣味。

陶瓷在色彩中的表现形式是多种多样的，设计者所涉及的作品要根据它在这一作品中想要凸显的感情来设定，这并非信手拈来，而是他们在生活中的学习，观察以及创作所得来的经验，当然在陶瓷图案的设计中不仅要注重色彩，还要考虑到图案的位置、大小避免形与色的冲突，甚至弄巧成拙。就如同我在毕业设计中的青花盘的制作中，为了喧宾夺主，将色釉的部分布置在小面积的一圈，未将其放置中间就是考虑到了色彩与装饰图案的面积，位置和配色的关系。使整个作品不失主调又有色彩上的变化，使整个画面更加丰富。因此，色彩在陶瓷图案设计中的运用，对面积、位置配色的关系是十分重要的。

第三节　古陶瓷装饰技法——剔花

剔花是我国古陶瓷装饰中最常用的技法之一。剔花瓷器，图案气象浑穆，线条遒劲有力，给人以古朴奔放之美感（图5-2）。

图5-2 剔花瓷器示例

剔花，即在半干的坯体上，使用竹木或骨石等制成的刀具，按事先设计的

图案，以一定的深度剔去纹饰以外的坯层的一种装饰技法。用这种方法作出的图案，具有很强的浮雕感。有时花叶上再用划花的方法划出花蕊叶筋，纹饰更显形象逼真，由于剔去的地子通常呈黄褐色，与黑色的釉子或白色的化妆土形成鲜明的色彩对比，这就使主题纹饰被更强烈地烘托出来。

剔花瓷器最早见于宋代，当源于漆器生产中的雕漆。雕漆又称剔红，漆器的各种装饰技法，直接影响着陶瓷的装饰艺术。汉代以来，陶瓷仿漆之风盛行。如汉彩绘陶和釉陶，从画法到釉色，均借鉴于同时代的漆器。在河南南部战国墓中出土的陶器，器表面往往髹有黑漆，使表面有一层黑亮的光泽，显然是摹拟漆器而随葬于内的。唐代及北宋前期，雕漆广泛流行，瓷器生产也空前繁荣，雕漆的艺术风格对瓷器难免产生某些影响。

唐代雕漆风格古朴，宋代则刀法娴熟，色彩多变。陶瓷剔花与雕漆是异质同工。北宋以前，漆器生产集中在北方，故陶瓷剔花工艺是由北方诸窑受雕漆剔红、剔彩工艺的影响而发明的，品种有白釉剔花、黑釉剔花、酱釉剔花等。北宋的河南修武当阳峪窑，鹤壁集窑、登峰曲河窑、河北的磁州窑、皖北区域的萧窑和烈山窑等均生产剔花瓷。不过，由于各地原料有差异，所以风格不尽相同。例如磁州窑以生产白釉剔花最盛，即在施白色化妆土的半干坯上剔刻花纹，再罩以透明釉，白色的化妆土与黄褐色的地子相得益彰，图案被巧妙地衬托出来。磁州窑的剔花图案多为山水花鸟等，民间风味较浓。当阳峪窑也生产白釉剔花，但风格与磁州窑不同，它有一种特殊装饰，即在瓶罐类物上除主题纹饰外，剔刻几何图案作辅助纹饰。故宫博物院藏有一件宋当阳峪窑剔花罐，罐身以剔缠枝牡丹为主要纹饰，花蕊与叶筋以划花技法作出，茎蔓缠绕，花叶连绵，线条流畅优雅。怒放的牡丹花朵，姿容娇娆，婀娜俊俏，在剔出的黑褐色地子映衬下，显得十分雅洁优美。瓶身下部剔出一周；缠枝花叶纹，以一道回纹将其与主题纹饰隔开。整个纹饰布局主次分明。这种白釉剔花的技法，也受到少数民族的喜爱，辽金陶瓷不乏精美之作。故宫博物院历代艺术馆里就陈列着辽代白釉剔花罐。山西诸窑以生产黑釉剔花取胜，故宫博物院藏有一件山西天镇金墓出土的黑釉剔花小口瓶，瓶身在黑色釉地上剔刻两层纹饰，肩部剔菊瓣纹一周，腹上用剔、刻两种技法作出花草纹、卷叶纹四组。该瓶造型浑厚，釉黑如漆，光亮如新，线条圆滑，转折自然，充分显示出陶匠娴熟的剔刻技法，具有浓厚的山西地方风味。

从雕漆移到陶瓷上的剔花工艺，经过工匠们的改进，成为很有特色的装饰技法。至今，我国许多地方瓷窑仍在生产剔花产品。剔花瓷器以其纯朴的艺术风格，浓厚的乡土气息，受到了国内外人民的喜爱，成为我国陶瓷文化中枝。

第四节　古陶瓷中的"局部铜红釉装饰"和釉里红装饰

古陶瓷学界有个约定俗成的认识，即将局部用铜金属氧化物作为着色剂的色料或色釉装饰的器物统称为釉里红装饰。张福康先生早在20世纪90年代撰写的《景德镇历代釉里红和"填红"研究》中，阐明了"填红"的概念，提出明清时期烧制的红三鱼、红三果之类是用剔花工艺与填"彩"结合形成的一种装饰方法——将白釉剔去，再以红釉为彩填入一次烧成——而非釉里红。据我们观察，从元代景德镇创烧釉里红开始，就出现了以铜红釉进行填、涂、绘的装饰方法，其效果与釉里红十分相似。

现代陶瓷工艺学中，作为色釉的铜红釉与作为色料的釉里红是完全不同的两个概念，因此以红釉涂绘装饰和以釉里红装饰是不同的两种装饰工艺。本节试图对两种装饰方式进行辨别，并希望提出一个更科学的命名予以区分。

一、"局部铜红釉装饰"的提出

古代陶瓷文献对一些铜红釉与釉里红装饰的模糊认识，造成了后世研究的误识，将局部用铜金属氧化物的色料或色釉装饰，在还原气氛下烧成的器物都误认为是釉里红装饰。但唐英在《陶成纪事碑记》中明确记载了以铜红釉为色料涂绘的工艺方法的历史事实："釉里红器皿，有通用红釉绘画者"。也恰恰是将这种"通用红釉绘画者"称为"釉里红器皿"，铸成后世无视"红釉绘画者"的工艺方法，并将其误以为是用釉里红色料绘制的釉里红器。

近来在一些极具学术意义的被称为"釉里红"的代表性器物上，越来越多铜红釉工艺痕迹被发现。如：1980年江西丰城发现的"至元戊寅"（公元1338年）铭的四灵盖罐及楼阁式谷仓、河北保定出土镂花花卉盖罐的铜红装饰部分都有明显的"露白"流釉的现象，而这些特征都应属于红釉的工艺特征。辨明这些器物究竟是釉里红还是铜红釉装饰有十分重要的学术意义。因此我们权且提出

"局部铜红釉装饰"的概念，用以区别于釉里红装饰。在工艺上"局部铜红釉装饰"分为两种：一种是在张福康、李家治等学者的论著中提到的"填红"。另一种是将铜红釉作为彩料，直接用毛笔蘸取，进行绘饰的方法。

二、"局部铜红釉装饰"与釉里红装饰的辨析

（一）制作工艺上的不同

如前所述釉里红与铜红釉是两种不同的材质，两者在制作工艺上的差别，主要体现在釉里红色料与铜红釉的化学成分组成的差异上，其中最为明显的是铜含量迥异。研究表明釉里红中铜含量高达20%以上，而单色红釉铜含量则在0.1～0.3%之间。铜含量巨大差异带来的物化反应将从二者的外观上表现出来。

（二）外观上的不同

传统釉里红色料中的铜含量较红釉铜含量高达数十倍至百倍以上，且装饰时是用毛笔在坯上进行绘画，由于落笔的轻重缓急致使色料分布不均；而铜红釉中CuO的含量一般只在0.1～0.3%之间，且CuO均匀分布在釉料中。这些差别使得"局部铜红釉装饰"和釉里红在外观上都有一定的区别：

（1）绿苔点装饰。釉里红的红彩区常有大小不同的绿苔点分布，而以铜红釉装饰的图案中则不存在。绿苔点的形成和色料分布不均有关。釉里红色料用毛笔彩绘时，运笔的轻重缓急会造成色料在坯体上分布不均。在一些色料特别厚的部位，色料中的钙和铜也富集于此。众所周知，CuO含量较高时兼有助溶作用，它们使这些色料聚集的地方熔融温度较其他部位低，导致其中的铜不易被还原，而以二价铜离子的形式出现，则形成了绿苔点。这种情况在铜均匀分布于釉中的红釉装饰图案中是不会出现的。

（2）晕散装饰。不少元代和明初釉里红都有晕散现象，即线条的边缘略见模糊。而类似宣德红三鱼等红釉装饰则无明显晕散。就我们所见而言，至少可以这样认为：以铜红釉进行局部装饰的图案不易产生晕散。晕散的产生是多种工艺因素影响的结果，色料或面釉中的助熔剂含量较高，或烧成温度偏高都易产生这种现象。而铜红釉是将色料放入釉中，其铜含量和助溶剂含量都很低，晕散现象一般不会出现。

（3）"露白"装饰。又称"露筋"，是指用色釉装饰的器物的口边或者有

凸现棱角之处不呈现釉的颜色而露出白色或淡青色釉质的现象。包括铜红釉在内的色釉都极易发生"露白"。"露白"的原因同于祭红的"灯草边"和郎窑红的"脱口"。科学研究表明，铜红釉的釉层必须达到一定的厚度才能在釉层中部形成红色层，如果釉层太薄，红色层无法形成，这时釉就不会呈现红色。山于釉都具有一定高温流动性，在器口处或器物有凸现棱角处都会山于向下流动而使釉层变薄，从而导致这些过薄的釉层处无法显不红色。而釉里红则不同，作为釉下彩料，釉里红是直接将彩料绘制在生坯上，再加之色料的化学组成不同于色釉，就不会出现因釉的流动而带来的"露白"现象。河北保定出土镂花花卉盖罐的红花上部边缘，以及1980年江西发现的"至元戊寅"（公元1338年）铭的四灵盖罐及楼阁式谷仓分别在四神的背脊部和龙、虎的头部、盖罐的钮顶处还有楼阁的屋脊、瓦楞处都有明显的"露白"现象。这正是用铜红釉装饰所显现的特点。

（4）突起感装饰视觉。局部以铜红釉构成的纹样装饰在视觉和触觉上都有较明显的突起感，而釉里红则没有。这是红釉和釉里红呈色条件的一定差别造成的。山于单色铜红釉的铜是均匀分布在釉层中，其厚度至少要在0.3 m。以上才能呈色。因此局部以红釉装饰构成纹样时，山于其呈色对釉层厚度的需求，这种装饰纹样就要比其周边的釉层要厚一些，而呈现突起感。釉里红内的CuO则是集中于胎的表面和釉层下部，因此其极薄的彩料层加上覆盖的釉层总厚度只需在0.15～0.25 m。就能呈现红色的纹饰，这和普通白釉器的釉层厚度没有什么差别。

（5）灰蓝色彩装饰。经实验表明，铜红釉在烧成和冷却阶段都采用强还原气氛会呈灰蓝色层。而釉里红山于其铜含量远大于铜红釉，过度还原则会出现十分明显的黑色层或山铜富集而成的黑色斑块。古代柴窑的烧制过程中，不能像现代窑炉及仪器控制下那样准确地把握烧成全过程，气氛和转折温态的控制会出现偏差，因此在不太成功的烧制中，以铜红釉进行的局部铜红装饰往往会出现灰蓝色，而以釉里红进行的装饰则显现绿色或黑色。如：景德镇御窑）遗址出土的被称为"宣德釉里红海怪纹靶盏"和"宣德釉里红海怪纹莲子碗"两件器物的海怪纹边缘，以及"宣德红三鱼靶盏""宣德红三果靶盏"的鱼、果纹的边缘都有明显的灰蓝色。可见这些器物并非釉里红装饰，而属于"局部铜红釉装饰"。

釉里红和"局部铜红釉装饰"无论在工艺还是外观上都有一定差别，是两种不同的装饰用材。明永乐宣德时期的红三鱼、红三果等都应是"填红"代表产品。雍正时模仿的宣德时期的"填红","有三鱼、三果、三芝、五福四种的宝烧红",此"宝烧红"即是"填红"。雍正时还把"填红"和青花结合,具有代表的是当时一种桃果高足碗,青花、"填红"的发色都十分鲜艳。永乐宣德时期的"红釉云龙碗"残片和"红釉海怪纹靶盏""红釉海怪纹莲子碗"则是红釉彩绘的代表。

因此,将现今统称为釉里红的器物应予仔细地判别,将真正釉里红装饰与"局部铜红釉装饰"区分开来。这对于认清器物的真实面貌,还原器物制作工艺,探索铜红釉和釉里红的发展规律都具有相当的帮助。而具有明确纪年的江西省博物馆藏的"至元戊寅"(公元1338年)铭的红釉四灵盖罐及楼阁式谷仓,其价值则在于证明景德镇至晚在元代后至元戊寅年已经有铜红釉而非釉里红瓷器的生产。

第六章　萧窑和烈山窑古陶瓷的绘画装饰艺术

第一节　绘画艺术对萧窑和烈山窑古陶瓷的影响

隋唐大运河通济渠650多公里，是古隋唐大运河中较长的一段，它流域的萧窑与烈山窑为皖北段主要窑口，在当时大运河文化中起到"南青北白"制瓷格局的条件作用，它出土瓷器装饰手法多样。

萧窑为安徽名窑，它与寿州窑、繁昌窑并成为安徽三大名窑，坐落于今宿州市萧县东南的白土镇。1960年至今经安徽省文物考古研究所于萧县博文馆对窑址进行发掘，出土唐宋黄瓷、白瓷、黑瓷多种，画花、刻花、印花、堆砌多种手法进行装饰。

烈山窑考古发现较晚，2017年9月于淮北市烈山镇烈山村发现宋金时期窑址，北部为宋代窑址，南部为金代窑址区。前者主要出土白瓷、黄釉瓷、绿釉瓷，后者主要出土白釉、白釉黑黑褐花、青釉、青黄釉、黑釉等多色装饰瓷器。

萧窑和烈山窑古陶瓷艺术采用的刻花、划花和印花手法对瓷器表面进行装饰，就内容题材的构图方法和表现形式都具有绘画性的特征。绘画艺术对萧窑和烈山窑古陶瓷的装饰影响深远，尤其是在对线条艺术的表现和运用上，和同时代的绘画艺术的表现在本质上是完全相同。特别是有些瓷器表现出了与绘画艺术的意境与追求完全一致的审美取向。

一、绘画艺术对萧窑、烈山窑瓷器装饰多元化体现

唐代的繁荣，五代的分裂，北宋的相对统一，宋金对峙，不同时期的政治形势与经济发展对美术有着不同程度的影响。由于社会政治经济的发展，城市商业发达，促进了手工业及工艺美术的发展和提高。皇室贵族对美术的爱好和重

视，社会各阶层对美术品需求量的增大，士大夫文人对书画文玩的收藏欣赏等各种因素的综合作用推动了美术的发展。城市市民阶层的壮大和城市商业的繁荣，使美术与社会群众建立了更为广泛和密切的联系，也扩展了美术的表现范围、题材和风格的多样化。

五代两宋是唐代之后中国绘画史上又一灿烂辉煌的鼎盛时期。虽然上承唐朝的五代与下启元代的南宋都在绘画发展中具有继往开来的特点。但南宋时期皇家画院的创立，画学兴办，文人士大夫绘画的兴起以及民间商品性绘画的兴盛，开创了宋代绘画的盛大局面。总体而言，这一时期是绘画繁荣的鼎盛时期，许多变化是前所未有的。各族文化也互相吸收融合，绘画艺术在唐末传统基础上继承发展，并带有一定的民族地方特色。山水和花鸟画的成熟与地位的上升，都集中地反映了这一时期的绘画发展盛况。其中以黄筌和徐熙为代表的花鸟画成为两种主流艺术样式得以确定并广为流行。

宋代绘画为金、元时期的画家所继承和借鉴，这个时期美术发展中各民族文化艺术交流融合，工艺美术、绘画、雕塑等繁荣发展，且带有一定的民族地域特色。另外陶瓷手工业有了飞速的发展，官府中设立专门的管理机构。由于城市的繁荣和商品经济的活跃，大量陶瓷产品向商品化、平民化方向发展，金代在真定、平阳、太原、河间等地都设有管理机构，并且在生产上具有相当的规模。

绘画是一种纯艺术的表达方式，对一个时代的文化风尚起着推波助澜的作用，绘画技法、表现题材和表现形式都深深地影响着这个时代的瓷器装饰，往往是这个时代艺术风格的引导。历史上古介休地区经济繁荣，文化底蕴深厚，宋金时期绘画名家辈出，周边名窑林立，这些对萧窑和烈山窑陶瓷装饰纹样的发展起到极大的促进作用。萧窑和烈山窑在宋金时期生产的白地黑花及彩绘瓷，呈现出的装饰图案具有明显的绘画性特征，这和唐代瓷器的工艺装饰纹样具有明显的不同之处。因此讲，绘画艺术的发展对于萧窑和烈山窑制瓷艺术的影响也是一个非常重要的因素。

二、折枝法对萧窑、烈山窑瓷器装饰的影响

"折枝"是中国花鸟画的表现形式之一，画花卉不写全株，只选择其中一枝或若干小枝入画，故名"折枝"。在中唐至晚唐时期折枝构图形式出现，边鸾

开始画折枝构图花鸟画，五代折枝画法已较为普遍，宋代时期，折枝花鸟已是画家最常见的构图形式。

《宣和画谱》评边鸾"作折枝花，亦曲尽其妙"，边鸾折枝花卉的创作是他所作花鸟画最突出的成就，对唐代花鸟画历史创作来讲是一个重要的进步。折枝法与画家的欣赏习惯相一致，李方膺《梅花》："写梅未必合时宜，莫怪花前落墨迟。触目横斜千万朵，赏心只有两三枝。"折枝法这种创作形式更为符合写意画的创作意图，更利于突出表现人们心目中最美好的花卉形象，这种画法影响很大，流传深远。这种折枝法的花卉表现形式在萧窑和烈山窑瓷器装饰中也有突出的表现，最明显的时期是五代宋金时期。

折枝牡丹纹样是萧窑和烈山窑陶瓷常见的装饰纹样。萧窑和烈山窑工匠选取人们最为喜爱的牡丹花为题材，以折枝形式进行了近似夸张的表现装饰在器物表面，所见的形式大多数以一朵硕大雍容的牡丹花头作为主纹饰的核心，以花枝生发出的枝叶作为辅助衬托，根据器物的造型进行适合装饰。常采用画花法、刻花法、划花法和剔花法等装饰技法综合运用。其中白地黑花加褐彩是萧窑和烈山窑的独创。白地黑花加褐彩元宝枕、白釉黑花褐彩圆罐盖盒、白釉黑彩红花盘、白地黑花加褐彩盘采用折枝牡丹纹样并运用了白地黑花加褐彩的方法，这种方式是萧窑和烈山窑的创新产品，在其他窑口很少见。黑釉铁锈花罐和黑釉铁锈红花鸡心罐采用了折枝牡丹纹样并运用了黑釉花铁锈红的装饰手法。白地黑花盘采用了折枝牡丹纹样，但只是画了黑花。白釉刻花如意形枕和白釉刻花如意形枕采用了折枝牡丹纹样，并运用了刻画花法的装饰技法。白釉刻剔花枕采用了折枝牡丹纹样，并运用了剔花法和划花法的综合装饰技法。

三、装堂花与铺殿花对萧窑和烈山窑古陶瓷艺术产生的影响

"装堂花"与"铺殿花"两个美术术语在北宋绘画著录著作《宣和画谱》被提及，与五代时期的一位大花鸟画家徐熙有关。结合历史文献和有关学者研究，"装堂花"与"铺殿花"应当是用于宫廷、殿堂之中的装饰性花鸟画。堂之中的装饰性花鸟画，题材上以牡丹等富贵、吉祥寓意的花卉为主。现藏台北故宫博物院五代时期徐熙绘制的《玉堂富贵图》和北宋画家赵昌的作品《岁朝图》都是这种风格形式的绘画作品，表现了富丽堂皇之气。"装堂花"除了给人感觉有

富丽堂皇之气以外，还有两个共同的特征就是："满"和"密"。在构图上"撞天接地"，多种吉祥物象构成的多种艺术表现符号形成集合，以多见满，几乎不留空白，达到"密不透风"的艺术效果，通过画面的组织与刻画，在密实中求丰富和统一。这种表现方法和折枝法重点表现一枝花卉的疏朗风格明显不同，差异迥然。究其原因，"铺殿花"与"装堂花"的实际功用在于，这种形式的画装饰宫中空间环境之用，具有装饰画的效果与作用。具有这种形式趣味的画面增强了人工雕琢的感觉，完全符合皇家所喜爱的那种富丽堂皇具有华贵之气的画面要求。

"装堂花"与"铺殿花"这种"满""密"的艺术风格具有特殊的装饰艺术效果和趣味。这种范式的装饰效果被中国瓷器的装饰所吸纳，也为萧窑和烈山窑装饰所借鉴和汲取，成就了宋代时期的萧窑和烈山窑装饰纹饰的风格样式。宋代萧窑和烈山窑的装饰纹样积极地从绘画艺术形式中吸取养分，从大量遗存的器物看足以证明这一点。虽然萧窑和烈山窑瓷器装饰大多数具有简约和疏朗的风格，但满密、繁杂的纹饰风格也是不可忽视的主要部分。

白釉珍珠地刻花行炉是萧窑和烈山窑五代—北宋时期的珍珠地刻花行炉瓷器，这件作品从上到下在瓷器表面刻花，整个牡丹纹样构图也显示出"装堂花"的艺术风格。萧窑和烈山窑陶器白釉刻剔百鱼纹梅瓶，在瓷器的表面以平面形式刻剔出"百鱼纹"装饰图案，整个空间全部被"百鱼纹"填满，画面形式与风格显示出了"满"和"密"的艺术风格，与"装堂花"的艺术风格颇有相似。在萧窑和烈山窑遗物中这种风格的例子很多。萧窑和烈山窑瓷大量吸取绘画艺术的营养，瓷器装饰纹饰题材和表现形式丰富多样，艺术性得到很大改进和加强。

四、团扇花样式对萧窑和烈山窑古陶瓷艺术产生的影响

团扇又称宫扇、纨扇，是中国汉族传统工艺品，是一种圆形有柄的扇子。宋代，团扇这种艺术形式绘画创作作品非常多见，由于其形式美感独特，表现对象丰富多彩，因而非常受当时人们的喜爱，成为传播和流散极广的一种艺术品。同时由于尺幅较小，便于流传，非常容易被萧窑和烈山窑的工匠学习和借鉴。从形式上来讲，团扇花样式和转轮拉坯制作出的碗盘类器具都具有圆形的空间形式，从而也决定了瓷器在构图上向团扇这种绘画形式学习和借鉴的前提条件，而

且这种借鉴的东西是多方面的。

牡丹是宋代团扇画常见的花卉题材之一。宋代牡丹圆形团扇多表现一朵盛开的牡丹花特写,硕大的花头,重瓣层叠,左右以绿叶相衬托,余处空白不多加处理,突出表现牡丹富贵雍容的娇艳之姿。这种圆形的绘画构图被萧窑和烈山窑装饰借鉴和取法。萧窑和烈山窑瓷器上的牡丹图案虽然借鉴纯绘画性牡丹造型的艺术表现形式与手法,但表现方法还是存在一定的差别,瓷器上的牡丹图案装饰更加倾向于适应器物造型与材料本身的需要,在一定的程度上进行了改造和处理。如萧窑白地黑彩赭粉花圆枕上的牡丹图案,表现形式和宋代牡丹团扇同出一辙,但是在花瓣处理手法上做了局部的设计与改造,仍能显示出牡丹硕大花头的特征。白釉刻花如意形枕使用了同样的方法处理,唯一不同的是把牡丹放在了适应器物造型的"如意形"空间中,采用了划刻花的装饰手法。总之,萧窑和烈山窑瓷在对绘画艺术进行吸收时,多做了适合性的改造,使得新的图案样式能够更好地适应工匠进行陶瓷艺术装饰。

第二节　萧窑和烈山窑瓷器装饰手法与美学追求

一、萧窑和烈山窑瓷器装饰手法

古代的陶瓷装饰方法,可谓是千变万化。经研究分析,萧窑和烈山窑瓷器表面采用的装饰手法种类很多,主要有画花、划刻剔花、印花、贴花、捏塑、镂空等装饰技法。根据对萧窑和烈山窑遗物的分析研究可见,这些装饰技法在其制瓷工艺中被灵活运用,常用不同的方法演绎发展,可谓变化无穷,创造出具有地域特色的瓷器产品。同一件器物,有的只采用了一种装饰方法制作,有的采用了两种或若干种装饰技法进行综合处理;同一种装饰技法,既可以运用不同的材质制作,也可以发展为不同的花色效果;同一个材料,既可利用多种类型的装饰技法,又可以创新出不同花样的瓷器品种。

(一)画花装饰法

画花装饰法亦称画花法,是用釉料直接在瓷胎上画花,多采用写意画的表现形式,用简练的笔法描绘自然界的景物,是建立在线描之上的一种绘画技术,其中有大、小写意之分。白釉黑画花，是北宋以来北方地区窑口普遍采用的装饰绘画手法。萧窑和烈山窑比较早地采用这种方法。一般是在瓷器表面画花草，寥寥数笔，生动有趣。也有写字的，一般只写几个字，信手拈来，手法随意自然。这些都是陶瓷工匠长期从事瓷器绘画而形成的手法，在以后的时期成为一套生产模式，从官窑到民窑都认可这样的装饰工艺。

萧窑和烈山窑白地黑花有两大显著特点：一是它的写意画较之临近的河北磁州同类装饰更加简练、夸张，线条把握也更加细腻；二是它的白地彩绘多采用铁褐色料为主而不似磁州窑的白地黑色料。介休白地彩绘瓷的装饰题材丰富而繁杂，生活气息非常浓郁，略显夸张的写意技法，往往会使人感受到三晋文化所折射出的地域文化气氛。古代的三晋大地，人才辈出，文风盛行，这些都给萧窑和烈山窑瓷画奠定了坚实的基础，简约、夸张、生动活泼是介休瓷画所体现出的总体艺术风格。介休写意画遵循的是中国传统写意画"一笔画"的意韵，花卉美景是激发匠师创作激情的原动力，作者通过简洁、疏密、断续和交错等多种构图变化，表现作者对景物刹那间所产生的心境活动，真实地表现了画者的思想感情，使画中形成了情、境、形、意、笔相互作用，统一完整的画面效果。以上来看隋唐大运河通济渠窑口对周边瓷窑相互影响与继承起着重要的作用，特别是大运河北部的定窑、磁州窑装饰手法渗透到萧窑与烈山窑的瓷器装饰。

宋代萧窑和烈山窑的白釉褐花瓜棱罐，圈足，鼓腹，腹部为瓜棱状，肩部是一圈褐色的鸟羽纹，轻灵活泼的鸟羽纹，线条流畅，散发着乡野，自然随意的气息，仿佛是工匠无意间的神来之笔，除了腹部的瓜棱状和肩部是一圈鸟羽纹以外，罐子上没有其他的装饰，质朴无华，表明是一件生活用具，可能是百姓家厨房用具。

（二）划、刻、剔花装饰法

划花是宋代制瓷工艺常用的主要装饰方法之一。划花法是在未干透的陶瓷器表面用竹条、木刀、铜铁制器等尖锥状的硬质工具按照设计样稿有计划地划刻出线条状花纹。犹如绘画中的"铁线描"，即以单线勾勒的形式表现简单纹样，线条刚劲流畅、富于动感，具有一定的绘画性。从表现特征上讲，划花和中国绘画中的线描有异曲同工之处，表现物象两度的平面空间，不是表现绝对的深度空间。划花法始于唐代越州（今浙江余姚）越窑，纹饰线条较粗；五代到宋初划花装饰比较流行，纹饰线条纤细，题材较唐代丰富，花卉、人物、鸟兽、龙凤、禽鸟等几乎无所不备。

白瓷刻花、划花的装饰手法产生于宋代。白釉刻、划花是在瓷器表面，利用白瓷的胎质和化妆土所不同的呈色，经过手工刻画取得的装饰效果。在未干透的胎胚料器表面，以铁刀或竹刀等工具刻画出花纹，然后施釉，或直接装窑焙烧。烧结产生的线条宽窄、转折富有变化，具有线面的艺术效果。表现的题材多为卷草纹、菊瓣纹、莲瓣纹、牡丹花卉等。有单线划花减地，划花不减地，划花戳珍珠地等手法。还有剔划嵌色，是剔划花后嵌以褐、黑釉色，在北方地区具有代表性。刻画文字与单线划花的手法相同，由于是手工刻绘，纹饰显得比较活泼，线条随意流畅，色调比较柔和，给人以简洁清新、朴素大方的感觉。这些装饰手法是受到西域金银器的装饰方法影响，是宋辽金时期磁州窑系的装饰手法。在山西的浑源、河津、介休、交城、榆次、太原孟家井等窑口均烧制这类产品。

烈山窑的一些瓷器装饰纹样就是以这种划刻手法在瓷器表面进行装饰的，最常见的装饰纹样为牡丹纹，有的一花独放、有的双花并开、有的花叶交错出现，有的还配有几何纹样，表现出的装饰纹饰既简洁又富于变化。隋唐大运河通济渠皖北段出土宋代珍珠地划花瓷枕，此器物呈腰圆形，枕面是诗句，上部在珍珠地上，装饰划花折枝牡丹，大朵盛开的牡丹，衬以卷舒流畅的枝叶，显得清丽不俗，下部为花瓣形半开光，开光内原本没有装饰，专家看到瓷枕时非常喜欢，误以为是定窑产品，现在就相关专家鉴定此物件为烈山窑产品。

刻花是在划花装饰工艺基础上发展起来的，是用竹质、骨质或铁质的平口或斜口的刀状工具在未干透的坯体上刻出花纹线条的装饰方法。与划花相比，刻花着力较大，雕刻的花纹较深，装饰图案有凹有凸，艺术效果会更有层次。刻花装饰是宋代陶瓷装饰中最为普遍的装饰技法之一，南北方诸窑大多都有采用。在通常情况下，刻花一般是与划花相结合运用的，故称为"刻画花"。

剔花装饰是萧窑和烈山窑陶瓷装饰常用的方法之一，此技法有直接在釉上或施有化妆土的胎体上单独进行的，也有与填彩相结合应用的（即"剔花填彩"）。剔和划的不同之处在于：剔花是先划出图案纹样轮廓后，继续把空地的釉层剔掉；而划花则只划出图案纹样的轮廓，不做空地处理。整体来讲，此两种装饰手法的目的是瓷器在施釉烧成后，显出清晰的装饰花纹，最终达到胎色与釉色形成鲜明的对比。剔花有留地剔花和留花剔地两种表现形式，最有特色的剔花装饰效果多为白地黑花或黑地白花，具体可分为黑剔花、黑地剔白花、剔花填白和剔花填黑四种方法。在装饰效果上，黑剔花与剔花填黑、黑地剔白花与剔花填白有着异曲同工之妙，无论是黑剔花还是白剔花，均显示出鲜明对比和强烈的视觉效果，装饰纹样突出清晰，给人以古朴厚实的艺术美感。

萧窑和烈山窑陶瓷有时刻花、划花、剔花工艺综合运用。如在瓶、盘、碗中心部位刻出折枝或缠枝花卉轮廓线，然后以花叶轮廓线为基础，运用刻花和剔花进行处理，综合处理的好处能使图案生动自然，有较强的立体感。萧窑和烈山窑白釉、黑釉剔划的产品居多，器形多为日用器的坛、罐、碗盘等，有的在罐、碗、盘内刻画出装饰图案。坛、罐上的文饰比较粗犷。

白釉划刻剔花是通过剔划，使含铁量高的胎土本身在烧成后形成的褐色或灰色与化妆土烧成后的白色，通过底色与纹样颜色的反差形成图案花纹。萧窑和烈山窑白釉划刻剔花的种类很多，可以分为留花剔地、戳珍珠地、单线划花、刻花剔地、仿哉金法和书写文字等。此装饰手法刻画的图案简洁，线条顺畅，色调柔和，给人以朴素文气、素雅大方的感觉。

黑釉剔划花是利用黄土釉烧成后的黑色和经过剔划后露出坯体的白色形成对比，产生出具有强烈颜色反差的图案花纹装饰。装饰特点：线条粗犷，纹样豪放，给人以肃穆端庄超越凡俗的感觉，具有装饰性强、艺术性高的品质。黑釉剔划花的种类多样，在萧窑和烈山窑的陶瓷中装饰中常见的有：留花剔地、划花剔地、留地剔花、单线划花、钩花划地等技法。装饰的题材有：缠枝牡丹、莲花、卷草纹、绣球锦等。

（三）印花装饰法

印花装饰亦称印花法，即用刻有纹样图案的印戳或模子在尚未干透的坯胎上拍印出花纹；或用刻有纹样的模子制坯，直接在瓷坯上留下花纹，这种技法称为印花。中国传统印花技法大致可以分为以下几类：拍印、压印、滚印、模印、模印贴花和戳印。不过，中国传统印模装饰技法并不限于这六种。通过对不同地区中国传统印模装饰器物图片的收集和分类，我们发现，在中国古代的陶瓷作品中，对各种印模装饰技法的运用都十分普遍；并且古代陶工在印模装饰技法上不断创新。推动了印模装饰技法和纹样的多样性发展。模印是宋代北方窑口广泛采用的陶瓷印模装饰技法，模具印花按不同的器形可分为阳模印坯和阴模印坯两种，碗盘等用阳模印花，瓶罐等用阴模印花。萧窑和烈山窑在宋金时期也广泛地应用这一技法，其碗盘多采用模印装饰技法制作。下面讲述印模技法的具体步骤：

模印的第一步是制作模子：拉坯成一个较厚的碗形泥坯，修坯磨光成蘑菇状坯体，再依据画稿用刻刀把纹样仔细地刻在泥坯上；待泥坯完全晾干，再烧制成模子。第二步是制作模印盘子、碗等器物。首先拉坯成碗盘等敞口器型，待有一定可塑性时，将其扣在大小适合、划有花纹的蘑菇状模子上；然后拍打底部，使碗盘里侧印上花纹；接着取下碗盘，将外侧和底部修坯挖足，完成造型装饰；最后，晾干、上釉、烧制，做成器物。

通过拉坯方法制作的模印装饰陶瓷器造型多为规矩的圆形，而一些方盘、海棠形盘、花瓣形盘等则采用另外一种方法。制作花纹模子的过程与前者相差无几，但制作器物时，不采用拉坯的方法，而是先拍打出厚薄、大小合适的泥片，再将泥片放在制作陶瓷器物部件的模子上，印好花纹，完成造型。模印装饰工艺，不仅可以印制盘类造型，还可以把两个印好花纹的盘形泥坯用泥装粘接起来，制作肩壶等立体的造型。

这一装饰技法得以广泛应用的原因主要有两点：一是由于某种风格和纹样装饰的瓷器倍受人们的喜欢，社会需求量日益增加，为了达到快速批量生产同一种产品而广泛使用；二是印花的工序简洁，便于操作，模具制成后，即使不会刻画的人，也可以使用模具制作出精美的装饰花纹。这种方法的优点是不仅提高了瓷器制作的效率，也使产量大增，因而广泛地应用在制瓷产业中。

白瓷印花是萧窑的代表性产品，装饰纹样多见有缠枝纹、攀枝婴戏图，少见的有刀马人物。整体风格上讲具有刻工精细、脱印清晰、胎白釉润、形美壁薄等特征，毫不逊于定器。

（四）贴花装饰法

贴花装饰法也叫贴塑，即捏塑或借助模子印出带有各种纹样的小泥片，再用泥浆贴塑在湿度相同的器物胚体表面上。有的贴花还带有某种实用功能，如系耳，但大部分只是单纯的装饰作用。该装饰技法常见于青铜器制作中，两晋时期的青瓷制作中也已出现，南北朝时期的莲花尊，主要的装饰技法即是贴花，唐代长沙窑运用了模印贴花，将贴花技法向前推进了一大步，宋元明清时期都有成功应用此类装饰技法。萧窑和烈山窑部分陶瓷的制作也使用了这种技法。

（五）捏塑装饰法

捏塑装饰是手捏和雕塑的合称，这种技法是用来制作在拉坯轮制中无法实现的器物造型或某种器物的部件，此方法便于制作小型或微小型的艺术造型。即采用手捏和雕塑的手法制作出艺术形象的造型或某种瓷器部件的一种装饰方法。捏塑法也是萧窑和烈山窑常见的装饰技法之一，多采用手捏和雕塑两种手法相结合使用，用于制作瓷塑观音造像、儿童玩具、瓷罐和瓷瓶的耳系等。

（六）镂空装饰法

镂空装饰法亦称镂空（孔）或透雕，是用尖利的工具在坯体未干时对坯体上已设计好的纹样部分透雕出纹饰或将纹样外的空地镂通，这种技法一般多用于相对简单纹饰。该装饰技法在新石器时期的陶器中就已出现，在宋代以前，多用于香熏、炉等器物的装饰，两宋时期除了用于传统的香熏、炉之外，盏托、盒盖、枕等器物也运用这种装饰技法，其表面均镂饰有美丽的装饰花纹和各种形状的几何图案。另外在一些祭祀用瓷、高级生活用瓷和陈设用瓷中也有应用。甚至在陈设用品中，这种技法也得到了充分的应用，使被装饰器物具有玲珑剔透的金银器和玉雕品的效果，艺术价值极高。

宋代萧窑出土的香熏盖，采用较为简单的菠萝纹、菊花纹等，通体镂空透雕，造型新颖灵动。

二、萧窑和烈山窑古陶瓷的美学追求

（一）实用、简洁与朴素的审美追求

宋代瓷器的艺术风格也向两个不同方向发展，一种是为少数贵族人设计的瓷器，精致华丽，注重装饰；另一种是为大多数中下层人的设计，朴素简约，注重实用。萧窑和烈山窑作为北方制瓷业具有区域化的民窑之一，顺应了这种商品市场需要，生产价格较为低廉的与人们日常生活中密切相关的使用器具，重视实用功能，装饰风格流向趋于简洁的特征，大量器物表面光素无纹饰做装饰。反映了萧窑和烈山窑瓷器产品追求实用与装饰简洁朴素的审美追求。

（二）自由、创新与个性的美学诉求

历代萧窑和烈山窑制瓷工艺借鉴和吸收了临近窑口的制瓷工艺，但在材料与制作工艺上高度自由与精巧，坚持自由创作和自由发挥，兼容并蓄学习名窑样式，做到赋予个性化的创新，风格简练大气充满自信，通过长期的实践探索，形成了划、剔、刻、贴、印、戳、镂、捏塑等多种装饰加工工艺，形成了成熟自由地布置适合纹饰于瓷器表面装饰方法，也逐渐形成了自身的美学风格，制作了具有地域特色和人们喜闻乐见的瓷器。

（三）材料、技术和情感相统一的美学传达

萧窑和烈山窑陶瓷因地制宜，就地取材，选用的制瓷原料较粗，为了改变较为粗糙的瓷胎表面，采用独特的制作工艺，普遍使用化妆土，而且根据釉色的不同使用了多种装饰技巧，把画花、刻花、划花、剔花、贴塑、镂空等手法综合地运用在制瓷工艺中，特别是萧窑和烈山窑的彩绘瓷，寥寥数笔，便能表现出形象生动的图案纹样。总之，萧窑和烈山窑工匠将材料、技术和情感融为一体，制作出了既具实用功能，具有独立审美品味的陶瓷艺术品。

第三节　萧窑和烈山窑古陶瓷对现代陶瓷艺术的启示

萧窑和烈山窑在近千年的历史发展中，因地制宜，就地取材，制作陶瓷源远流长，陶瓷品种繁杂，风格多样，一般生产与普通百姓日常生活息息相关的实用器具，且在陶瓷的器形、装饰、纹样、色彩等方面富有强烈的地方特色。虽然现在的萧窑和烈山窑古陶瓷已沉寂在历史的尘埃之中，但其灿烂的光辉依然为我们留下了宝贵的文化艺术遗产，其自身具有的物质文化财富和非物质文化的价值，是值得我们继承、发展和利用的。

一、萧窑和烈山窑古陶瓷是一种不可忽视的文化艺术遗产

萧窑和烈山窑在近千年的发展历程中，智慧勤劳的人民创造了灿烂辉煌的萧窑和烈山窑陶瓷艺术，为我们留下了极为宝贵的物质财富和精神财富，其本身具有很高的文化和艺术价值，也是一种不可忽视的文化艺术遗产。对萧窑和烈山窑古陶瓷的研究和重视，有重要的文化价值、经济价值和社会价值。我们保护、

整理、研究和发展萧窑和烈山窑的艺术遗产，不仅是对萧窑和烈山窑千年历史文化遗产的整体回顾，也是有利于提升山西文化品位和促进介休文化产业发展的大事。

在封建社会中国制瓷业向两个方向发展：一是官窑瓷器生产，满足皇家及少数贵族阶级使用的高档陶瓷奢侈品；二是民窑瓷器生产，满足广大人民群众日常生活需要的相对廉价的陶瓷产品。萧窑和烈山窑就属于后者，主要为广大人民群众生产日常生活用瓷，是皖北地区重要的民窑之一。由于萧窑和烈山窑因地制宜，就地取材，生产民用瓷器，在历史的各个发展阶段，既较为了解群众的喜好，也深知群众购买能力，因此在瓷器的生产中积累了丰富的制瓷实践经验，不断地向临近知名窑口学习，结合自身的生产工艺特点，创造出了各式各样的装饰方法，生产出了富于地域特色的萧窑和烈山窑瓷器。这些装饰方法巧妙地与萧窑和烈山窑制瓷工艺各道程序相结合，通过一定的工艺流程，运用多种装饰手法，最后取得了理想的装饰效果。萧窑和烈山窑装饰技法的优点是：就地取材，制作方便，装饰简洁，质地朴素，生动活泼，物美价廉，深受广大百姓的喜爱，也具较高的艺术欣赏价值。这些本身就具有重要的物质文化遗产和非物质文化遗产的价值。萧窑和烈山窑陶瓷艺人善于吸收名窑名品的先进生产工艺，而且在此基础上有自己的创新和发展，最终为我们留下了大量的宝贵的制瓷工艺技术和文化艺术遗产。

二、萧窑和烈山窑古陶瓷是皖北区域民俗文化的承载物

萧窑和烈山窑历史悠久，历经千年不息，烧造的品种繁多，工艺精湛，唐宋金元时期达到鼎盛，元代后逐渐衰落，明清未发现遗址尚存，废弃时间有待商榷。其元代衰落的主要原因有三点：

第一，元代以后景德镇青花瓷的大规模生产和使用有很大的关系，青花瓷可以大规模化地烧造，物美价廉，被人们广泛使用，这使得整个华中地区和全国很多窑口处于衰落的状态。

第二，元代皖北区域的人口规模有很大关系，由于战争和社会等原因，皖北区域元代的人口有减少，失去了往日的繁荣。

第三，皖北区域的交通有很大的关系。皖北区域在后期不如景德镇的水运

交通便利和经济，在萧窑和烈山窑历经千年发展的历程中，不仅生产了满足人民日常生活用瓷的需求，而且承载了当地民俗文化、经济发展和社会变迁等各个方面的信息。这些为我们研究皖北区域在宋辽金元时期的政治、经济和文化艺术等方面提供了基础性的资料。

三、萧窑和烈山窑古陶瓷对现代陶瓷艺术具备借鉴意义

科学的进步，新材料新技术的出现，更为陶瓷艺术的创作开拓了新的领域。如何充分运用现代科学新成果，以增加花色品种，丰富工艺美术的艺术表现力，创造出简洁、美观、明快、健康的新陶瓷艺术品，是新时代赋予的历史使命。陶瓷艺术与我们生活息息相关，时代在前进，生活在发展，历史给现代陶瓷艺术提出了越来越高的要求，既要具有独特的艺术风格，又要具有时代性的特征。

目前我们有一些陶瓷企业，只会照搬外地某现成的样子模仿生产，创新设计的生产较少，导致市场竞争力不够。分析主要原因是：强调"中国制造"，尚未重视"中国创造"，只会模仿与照搬，不会改进与发展。对当地古陶瓷艺术的研究较少，对传统陶瓷技艺处于无知状态，对其规律研究不够，更谈不上改进与创新了。反而，国外的一些陶瓷研究人员，竭尽全力的搜集我国地方的古陶瓷历史资料，经过研究分析在制作技术和艺术装饰上得到了许多宝贵的经验，并加以改进和发展，设计制作出了符合现代审美的陶瓷制品，也取得了较好的经济回报。反过来，我们又向人家学习，真是有点可笑。因此，我们要重视研究萧窑和烈山窑为我们留下的文化艺术遗产，继承和创新地使用优秀的东西，为发展新的萧窑和烈山窑产品而努力。

萧窑和烈山窑古陶瓷艺术为我们留下了丰富的文化艺术遗产资源，对现代陶瓷艺术的发展和创新具有重要的借鉴意义，今天我们应该重视它的历史价值，认真研究这些遗产，学习其精髓，继承萧窑和烈山窑优秀的制瓷工艺技法，结合现代社会的需求加以推衍发展和创新，并利用现代的科学技术加以提高和改造，创造出具有鲜明地方特色瓷器产品，提高产品在国内外市场上的竞争能力。如现在我们对萧窑和烈山窑古陶瓷装饰技法的学习，并不是要模仿，也不是要搞复古，而是要"古为今用"，继承其优秀内容并发扬光大，使之能为现代生活需求

服务，最终把古代的制瓷技艺和艺术遗产转化为物质财富。

现代陶瓷艺术同样具有物质生产和精神生产的双重属性，它既要满足人们物质生活的需要，也要满足精神生活的需要。为此，我们要在现在陶瓷艺术生产中善于把握"古为今用""推陈出新"，按照"适用、经济、美观"的设计原则，生产出符合当代人审美需求的陶瓷产品。

参考文献

[1] 中国硅酸盐学会编.中国陶瓷史[M].北京：文物出版社，1982.

[2] 朱伟洁.古陶瓷修复[M].杭州：中国美术学院出版社，2015.

[3] 龚钰轩.文物保护概论[M].合肥：中国科学技术大学出版社，2020.

[4] 蒋道银.古陶瓷修复技艺[M].上海：上海古籍出版社，2012.

[5] 俞蕙，杨植震.古陶瓷修复基础[M].上海：复旦大学出版社，2012.

[6] 毛晓沪.古陶瓷修复[M].北京：文物出版社，1993.

[7] 冯先铭.中国陶瓷[M].上海：上海古籍出版社，1994.

[8] 米凯利，詹长法.文物保护与修复的问题[M].北京：文物出版社，2009.

[9] 程庸，蒋道银.古瓷艺术鉴赏与修复[M].上海：上海科技教育出版社，2001.

[10] 许绍银，许可.中国陶瓷辞典[M].北京：中国文史出版社，2013.

[11] 十时启悦.漆器髹涂·装饰·修缮技法全书[M].北京：化学工业出版社，2018.

[12] （日）中村邦夫.金缮手账[M].江苏：江苏凤凰文艺出版社，2018.

[13] 夏锦文.大运河文化研究[M].江苏：江苏人民出版社，2019.

[14] 陈晓军.解读古陶瓷器上的"鱼"文化[J].收藏界，2009（04）：58-61.

[15] 陈泽铭.对古陶瓷修复仿釉涂料的几点思考[J].艺术科技，2016，29（11）：168.

[16] 程栋.论色彩在陶瓷装饰中的运用[J].艺术科技，2015，28（12）：109.

[17] 冯冕，欧阳世彬.古陶瓷中的"局部铜红釉装饰"与釉里红装饰[J].中国陶瓷，2015，51（02）：110-116.

[18] 付忠华.简析传统锔瓷手艺的现代价值与应用[J].天工，2019（12）：126-127.

[19] 高守雷.古陶瓷修复与保存[J].检察风云，2015（07）：86-89.

[20] 郭琪美，刘鹏.传统锔瓷手艺的现代价值与应用[J].艺术科技，2014，27（06）：25.

[21] 蒋道银,罗曦芸,刘伟,等.古陶瓷修复仿釉涂料的研究[J].文物保护与考古科学,2002(S1):92-100. [22] 李华清.关于古陶瓷修复工作的几点体会[J].文物鉴定与鉴赏,2019(15):66-67.

[23] 刘东.古陶瓷上的鱼纹装饰[J].东方收藏,2019(15):50-53.

[24] 刘欢.古陶瓷文物的修复构想[J].文物鉴定与鉴赏,2020(11):84-85.

[25] 刘宁.浅析古陶瓷修复中残缺美的表达及现代启示[J].安徽建筑大学学报,2020,28(04):117-121.

[26] 刘鹏,宋充.传统锔瓷手艺的存续与再生[J].中国陶瓷,2014,50(11):44-46.

[27] 吕成龙.古陶瓷装饰技法——剔花[J].中国陶瓷,1987(05):58-59.

[28] 吕金.色彩在陶瓷装饰中的运用[J].大众文艺,2013(24):130.

[29] 庞倩华,张艺博.古陶瓷修复保护技术概述[J].陶瓷,2017(01):63-65.

[30] 王汉辰.古陶瓷金缮修复的审美内涵[J].人文天下,2017(21):14-17.

[31] 王润珏.古陶瓷修复方法的探讨[J].文物鉴定与鉴赏,2018(06):10-13.

[32] 魏茜,欧阳雪芬.纤维材料在陶瓷修复中的独特性表现[J].装饰,2019(01):140-141.

[33] 吴媛,李雄德.色彩在陶瓷装饰中的运用[J].陶瓷研究,2003(04):19-20.

[34] 袁强亮.古陶瓷修复中材料的选择与应用[J].文物鉴定与鉴赏,2017(12):70-73.

[35] 钟新.古陶瓷修复技艺在当代传承的载体与路径研究[J].吉林工程技术师范学院学报,2020,36(08):62-64.

[36] 朱冰.以陶瓷修复为例探究金缮之美[J].东方收藏,2019(20):50-51.

[37] 陈馨.陶瓷修复技术之锯钉补瓷技术的起源发展及其相关[J].文博,2006(03):49-58.

[38] 黄修林,黄思洁,欧阳小胜.浅谈"锔瓷"传统工艺及其发展趋势[J].陶瓷学报,2015,36(04):434-436.

[39] 邓彬.金缮尽美[J].美术观察,2014(10):94-97.

[40] 李瑜琪.材料与设计思维:金缮工艺教学的新探索[J].装饰,2016(07):111-113.

[41] 邓彬.无常之美——金缮的技法和艺术表现[J].美术观察,2018(03):59-64.

[42] 熊帝兵.隋唐大运河与柳孜经济文化的繁荣[J].淮北师范大学学报(哲学社会科学版),2016,37(02):18-22.

[43] 葛剑雄.大运河历史与大运河文化带建设刍议[J].江苏社会科学, 2018, (02): 126-129.

[44] 王倩.安徽柳孜运河遗址出土红绿彩瓷器的艺术成就[J].中国陶瓷, 2015, 51 (11): 115-117; 120.

[45] 李喜宽, 崔海莲.有关南宋后期官窑的几个问题[J].故宫博物院院刊, 2009 (03): 6-23; 158.

[46] 管珮贤.古陶瓷修复保护及其传播初探[D].北京: 中国社会科学院大学, 2018.

[47] 乔会荣.宋代瓷窑鱼纹艺术风格研究[D].江西: 景德镇陶瓷大学, 2012.

[48] 任颖.金缮工艺传承与创新性发展研究[D].山西: 山西大学, 2020.

[49] 于渊.古陶瓷修复技艺的传承与发展[D].山西: 山西大学, 2015.

[50] 张卉.中国古代陶器设计艺术发展源流[D].江苏: 南京艺术学院, 2017.

[51] 阮富春.淮北隋唐大运河出土陶瓷器学术研讨会举办[N].中国文物报, 2011-07-06(002).

[52] 谢葵萍. 传统工艺的现代重生——基于锔瓷和金缮的田野调查[C]//2015年中国艺术人类学国际学术研讨会论文集:下.北京: 中国文联出版社, 2015: 113-118.

[53] 《文物学概论》编写组.文物学概论: 彩图版[M].北京: 高等教育出版社, 2019.